MW01174083

LE BOYS CLUB

DE LA MÊME AUTEURE

ROMANS

Thelma, Louise et moi, Montréal, Héliotrope, 2018.

Blanc dehors, Montréal, Héliotrope, 2015.

Les cascadeurs de l'amour n'ont pas droit au doublage, Montréal, Héliotrope, 2011.

Rose amer, Montréal, Héliotrope, 2009.

C'est quand le bonheur?, Montréal, Héliotrope, 2007.

Échographies, Gatineau, Vents d'ouest, 2007.

ESSAIS

Les filles en série: des Barbies aux Pussy Riot, nouvelle édition revue et augmentée, Montréal, Remue-ménage, 2018 (1re édition 2013).

Le monde est à toi, Montréal, Héliotrope, 2017.

Nan Goldin: guerrière et gorgone, Montréal, Héliotrope, 2014.

Histoires de fantômes: spectralité et témoignage dans les récits de femmes contemporains, Montréal, Presses de l'Université de Montréal, 2005.

Ventriloquies (en collaboration avec Catherine Mavrikakis), Montréal, Leméac, 2003.

Femmes psychiatrisées, femmes rebelles: de l'étude de cas à la narration autobiographique, Paris, Les empêcheurs de penser en rond, 1998.

MARTINE DELVAUX

LE BOYS CLUB

Couverture : Remue-ménage
Infographie : Folio infographie

Catalogage avant publication de Bibliothèque et Archives nationales du Québec et Bibliothèque et Archives Canada

Titre : Le boys club / Martine Delvaux.
Noms : Delvaux, Martine, 1968
Description : Comprend des références bibliographiques.
Identifiants : Canadiana 20190030917 | ISBN 9782890916845
Vedettes-matière : RVM : Féminisme et médias. | RVM : Sexisme dans les médias. | RVM : Harcèlement criminel sur Internet.
Classification : LCC P96.F46 D45 2019 | CDD 302.23082—dc23

ISBN (pdf) : 978-2-89091-685-2
ISBN (epub) : 978-2-89091-686-9

Neuvième tirage, 2020

Dépôt légal : quatrième trimestre 2019
Bibliothèque et Archives nationales du Québec
Bibliothèque et Archives Canada

Les Éditions du remue-ménage
C.P. 65057, B.P. Mozart
Montréal (Québec) H2S 2S0
Tél. : +1 514 876-0097
info@editions-rm.ca
www.editions-rm.ca

DIFFUSION ET DISTRIBUTION
Au Canada : Diffusion Dimedia
En Europe : Hobo Diffusion

L'auteure remercie le Réseau québécois en études féministes pour son soutien accordé à la rédaction de ce livre.

Les Éditions du remue-ménage bénéficient du soutien de la Société de développement des entreprises culturelles du Québec (SODEC) et du Conseil des arts de Montréal pour leur programme d'édition. Nous remercions le Conseil des arts du Canada de l'aide accordée à notre programme de publication. Nous reconnaissons l'appui financier du gouvernement du Canada pour nos activités d'édition.

Canada

I am the chosen one.

Donald Trump

We are legends.

The Riot Club

CHAPITRE PREMIER

CES HOMMES QUI POSENT DES QUESTIONS

Un jour, à la suite d'un entretien, du bout de la dernière rangée, tout au fond de la salle, une voix s'élève. C'est la voix d'un homme, qui pose une question. Il n'a pas levé la main. Il n'a pas attendu un tour de parole. Il s'est, tout simplement, mis à parler. Il parle haut et fort, et il ne me regarde pas. Il ne me regarde pas, moi, qui suis devant, et à qui il adresse sa question. Plutôt, il parle en regardant *vers* moi, son regard tombant juste à côté, dans le vide, là où personne n'est assis.

Il donne une impression de nonchalance, à demi affalé sur sa chaise, presque en retrait de l'assemblée. Mais en même temps, son ton, les mots précipités, tout ça dit qu'il y a urgence. Bien appuyé contre le dossier, la tête légèrement inclinée vers l'arrière, il parle depuis la position de celui qui a tout compris et qui est venu ici, aujourd'hui, pour poser la question qui tue : « Mais qui est derrière cette domination des femmes ? Qui, mais QUI en est responsable ? »

Un léger frémissement parcourt le public. Assise à la table, le micro à la main, je reste muette. Je le regarde, et j'attends. Dans ma tête, je tourne sa question dans tous les sens, essayant de voir si elle est sincère ou s'il s'agit d'un appât, si c'est la manifestation, naïve et humble, d'un manque de savoir, l'expression d'une attaque ou du mépris. Comme s'il demandait vraiment : « Qui est derrière cette *soi-disant* domination des femmes ? »

Brisant mon silence, je réponds à sa question par une question : « Monsieur, êtes-vous en train de me demander de vous expliquer ce qu'est le patriarcat ? » Je ris un peu et devant son regard qui maintenant m'a trouvée et se complaît dans l'affront, je renchéris : « Est-ce que vous voulez que je vous fasse le résumé des milliers de recherches menées, des études statistiques, des essais, des manifestes ? Je n'ai rien à expliquer, rien à prouver qui ne l'ait déjà été maintes et maintes fois ! Je ne peux pas et je ne veux pas répondre à votre question – le mieux, c'est d'aller vous informer ! »

Je réponds comme ça, ce qui veut dire que sous couvert d'une non-réponse, je réponds quand même. Et c'est ainsi que je suis bernée, moins par lui que par une culture qui m'a bien appris mon rôle. Car malgré tout, je ne l'ai pas envoyé promener, je n'ai pas haussé le ton, je ne me suis pas mise en colère, je ne l'ai pas humilié, je n'ai pas non plus fait mine de ne pas l'entendre, comme s'il n'existait pas. J'ai tout au plus laissé deviner une légère moquerie, j'ai sourcillé en lui envoyant une réponse teintée d'exaspération. Alors qu'en fait, j'aurais dû ne pas répondre. Il aurait fallu que je refuse de répondre, absolument. Il aurait fallu que moi aussi, comme lui, je laisse tomber mon regard à côté. Que je ne m'attarde pas à sa question. Que je ne la considère pas. Que je lui fasse à lui ce qu'on fait aux femmes depuis toujours : l'effacer, l'invisibiliser, pour qu'il ne compte pas.

Il n'y a pas que des mecsplicateurs[1] dans ce monde, des hommes qui nous expliquent la vie, qui nous interrompent avant qu'on ait fini de parler, qui finissent nos phrases, qui font mine de nous écouter ou de lire nos livres alors qu'au lieu de s'intéresser à nos mots, ils collent dessus un ensemble de préjugés, certains de savoir à l'avance ce qu'on va dire. Non, il n'y a pas que des mecsplicateurs. Il y a aussi les questionneurs, ceux qui posent des questions impossibles, des interrogations qui sont des fausses routes, le coup d'une queue de billard pour nous faire dévier. Ceux qui, comme les enquêteurs du cinéma, posent des questions qui sont des exigences de preuves, une série de petits cailloux traçant le chemin vers un verdict de culpabilité. De quoi, aux yeux de cet homme, étais-je coupable en tant que féministe, sinon de vouloir briser l'harmonie du monde tel qu'il le connaissait et souhaitait le conserver ? J'étais coupable de réclamer l'égalité, d'exiger la justice. J'étais coupable de renvoyer, sans cesse, l'image-témoin de corps de femmes violées, battues, assassinées.

En vérité, sa question était la suivante : À qui revient l'odieux (mais est-ce vraiment odieux ?) de la domination masculine ? À qui doit-elle être attribuée ?

« Le désir d'attribution est un désir d'appropriation », écrit Jacques Derrida dans *La vérité en peinture*. « En matière d'art comme partout ailleurs. Dire : ceci [...] revient à X, cela revient à dire : ça me revient par le détour du "ça revient à (un) moi". Non seulement ça revient en propre à tel ou telle, mais ça *me* revient en propre, par un bref chemin de détournement : l'identification[2]. » Par sa question, l'homme assis au fond de la salle s'identifiait aux « responsables de la domination masculine » – ces responsables anonymes, sans visage, dont il remettait l'existence en doute, renvoyant implicitement la responsabilité aux femmes et laissant entendre qu'elles se soumettent d'elles-mêmes. Ce faisant, il s'identifiait à eux, leur prêtait son visage.

Sa question était une sorte d'aveu : sa mainmise sur l'état des choses, le rôle qu'il y jouait et souhaitait continuer à y jouer aux côtés de ses pairs, de ses frères, anonymes comme lui. S'il ne m'a pas regardée en parlant, c'est que sa question me dépassait, qu'elle ne cherchait pas de réponse parce qu'elle n'était pas une question, mais une affirmation. Seul au fond de la salle, il n'avait pas besoin de me parler : il s'adressait tout simplement à ses semblables. Peu importe que ceux-ci soient présents ou absents, il s'agissait d'avancer tout seul mais fort d'une collectivité qui l'emporte sur tout : la compagnie des hommes. Je repense aux mots de Marguerite Duras offerts à Jérôme Beaujour au cours des entretiens qui sont devenus *La vie matérielle* :

> Si vous êtes un homme, votre compagnie privilégiée dans l'existence, [...] c'est celle de l'homme. C'est dans cette humeur-là que vous accueillez les femmes. C'est l'autre homme,

> l'homme numéro deux qui est en vous qui vit avec votre femme [...]. Mais le grand homme qui est en vous, l'homme numéro un, n'a de relation, décisive, qu'avec ses frères, les hommes[3].

Comme l'écrivait Simone de Beauvoir au début du *Deuxième sexe*: « Un homme n'aurait pas idée d'écrire un livre sur la situation singulière qu'occupent dans l'humanité les mâles. [...] Un homme ne commence jamais par se poser comme un individu d'un certain sexe: qu'il soit homme, cela va de soi[4]. » Et Virginia Woolf, quelques décennies avant elle: « Avez-vous une idée du nombre de livres qui sont écrits sur les femmes au cours d'une seule année? Avez-vous une idée du nombre d'entre eux qui sont écrits par des hommes? Êtes-vous conscientes d'être, sans doute, l'animal dont on parle le plus dans l'univers[5]? » Dans *Un lieu à soi*, Woolf se demande pourquoi autant de livres sur les femmes ont été écrits par des hommes, alors que l'inverse n'existe pas. Pourquoi les femmes sont-elles tellement plus intéressantes pour les hommes que les hommes pour les femmes?

> Des professeurs, des maîtres d'école, des sociologues, des hommes d'Église, des romanciers, des essayistes, des journalistes, des hommes sans autre qualification que de ne pas être des femmes, tous chassaient mon unique et simple question – pourquoi certaines femmes sont-elles pauvres? – jusqu'à ce qu'elle devienne cinquante questions[6].

On constate l'absence des femmes, on pense leur effacement ou leur domination, leur humiliation, leur sacrifice... mais est-on capable de penser l'omniprésence masculine? Ce que Virginia Woolf appelait le pouvoir hypnotique de la domination[7] et qu'on pourrait décrire comme l'état de fait de l'entre-soi des hommes. Une non-mixité si vaste, si étendue, si généralisée, si ordinaire, en somme, qu'elle passe inaperçue.

CHAPITRE DEUX

DES FILLES EN SÉRIE AUX BOYS CLUBS

En l'an 2000, l'artiste italo-américaine Vanessa Beecroft fait poser des membres des Navy SEALs – corps spécialisé de l'armée américaine pouvant combattre autant dans l'eau, sur terre que dans les airs. Contrairement à la majorité des photographies et performances produites par l'artiste à la même époque, qui mettaient en scène des femmes perchées sur des talons hauts et à demi ou complètement nues, les œuvres *VB39* et *VB42: The Silent Service* (1999) exposaient des marins en uniforme. La première performance, *VB39*, présentait 16 membres des SEALs du Naval Special Warfare Command à San Diego – les SEALs sont l'équipe spéciale de la marine, ceux qui sont le plus durement entraînés et qu'on envoie en premier, capables de se battre à mains nues et prêts à tuer. Vêtus de leur uniforme d'été blanc (les *summer whites*), les 16 hommes (comme dans un peloton en action) se tenaient debout au centre d'une pièce vide parfaitement blanche. La deuxième performance, *VB42: The Silent Service*, a eu lieu la nuit, sur le pont du SS Intrepid, un porte-avions amarré dans le port de New York. Au centre, 30 membres des SEALs faisant partie de la Undersea Warfare Community (guerre sous-marine), autour desquels le public circulait. Vêtus de bleu cette fois, les soldats se fondaient dans l'obscurité – on aurait dit les pièces d'un jeu d'échecs[1].

Contrairement aux performances « féminines » organisées par Beecroft, où les mannequins, haut perchées pendant plusieurs heures, tombent progressivement au sol de douleur, de fatigue, de froid et d'ennui, les soldats, eux, tiennent la pose. Ils ne clignent presque pas des yeux, leur maîtrise d'eux-mêmes est impeccable, laissant entendre qu'ils peuvent faire encore plus, toujours plus. Norman Bryson décrit une sorte d'aura grandissante autour des militaires, effet de la mémoire des films d'action se surimposant sur la scène[2]. Peu à peu, une esthétique impériale fait surface : les SEALs sont glorieux, ils sont surhumains. Le public n'est pas de taille à rivaliser avec eux ; les soldats ne seront pas intimidés, c'est tout juste s'ils peuvent être véritablement regardés. S'il y a une lutte pour savoir qui domine le champ visuel, les SEALs l'emportent. Comme l'exprime un des membres du peloton : « Une fois qu'on entre en scène, on est en mode militaire. On est concentré, et ce qui se passe au sein du public ne nous distrait pas. Il ne faut pas bouger, ça donne l'impression d'être une statue[3]. »

Les performances de Beecroft disent ainsi quelque chose de la rencontre entre le monde de l'art et celui de la guerre : à la manière de Leni Riefenstahl pendant les Jeux olympiques de 1936, Beecroft se met au service du fascisme. Ce qu'elle révèle, en bonne dictatrice, c'est le glissement entre l'esthétique et le politique. Et c'est là mon point de départ.

*

Gilda Williams décrit *VB39* et *VB42* comme une nouvelle version de l'œuvre de Duchamp qui, en 1917, avait placé un urinoir au centre d'une galerie d'art. Mais Beecroft, elle, procède à l'inverse : dans *VB42*, elle force le public à sortir de la galerie pour aller assister à une performance organisée sur un navire militaire. Comme si Duchamp, au lieu d'apporter l'urinoir dans la galerie, avait entraîné le public dans les toilettes pour regarder les hommes pisser. Et ce livre a sans doute quelque chose à voir avec ça : une invitation à me suivre pour voir ce que les hommes font ensemble, quel genre de club ils inventent.

Au départ, il y aurait donc deux images. Deux manières d'occuper l'espace. Deux figures parallèles, mais opposées : d'un côté, des mannequins qui défilent et s'arrêtent pour qu'on les regarde ; de l'autre, des

Vanessa Beecroft, vb35.377.ms, 1998, Solomon R. Guggenheim Museum, New York, USA © Vanessa Beecroft, 2019

Vanessa Beecroft, vb39.02-290.te, 1999, Museum of Contemporary Art, San Diego, USA © Vanessa Beecroft, 2019

Vanessa Beecroft, vb42.095.ali, 2000, Intrepid Sea Air Space Museum, New York, USA © Vanessa Beecroft, 2019

soldats en formation militaire. Parfois, les premières tombent, leurs pieds restent pris dans la traîne d'une robe, leurs chevilles se tordent sur les talons aiguilles, elles manquent d'énergie parce qu'elles ne mangent presque rien. Les seconds, eux, ne tombent pas, ils restent dans le rang, ils tiennent la pose, impassibles.

Ou encore : d'une part, un corps de ballet, des ballerines vêtues de tutus blancs, en rangs et synchrones, qui dansent *Le Lac des cygnes* ; de l'autre, les joueurs d'une équipe de football, debout les uns près des autres, en rond, têtes penchées pour se parler sans que ceux de l'autre équipe puissent les entendre. Debout, les unes à côté des autres ou à la file les unes derrière les autres, les filles ne se parlent pas, ne se regardent pas. Plutôt, elles sont offertes au regard, données à voir, mises en scène de manière à être observées. Et les hommes, eux, les *boys*, qu'est-ce qu'ils font ? Est-ce qu'ils sont là, eux aussi, seulement pour être vus, regardés, aimés pour leur beauté ? Oui, ils se ressemblent, eux aussi. Ils portent un uniforme « masculin » – le costume militaire, l'équipement sportif, le complet, la chienne, le queue-de-pie... Mais alors que les *filles* sont d'emblée réduites à leur apparence, à la figure esthétique qu'elles forment ensemble à des fins ornementales, mises en scène pour faire joli, l'uniformisation des *boys* a à voir avec la défense de quelque chose – une valeur suprême, une nation, un pays, une religion, une langue, dans tous les cas une forme ou une autre de pouvoir auquel ils veulent avoir accès, aux côtés d'autres comme eux.

D'une part, la beauté. De l'autre, le pouvoir. Chez les unes, une figure qui repose sur une forme d'anesthésie, le rêve éveillé de belles endormies. Chez les autres, une figure qui convoque le réseau, les échanges. Elles sont jeunes, minces et blanches, et elles bougent comme un ensemble. Ils sont jeunes ou vieux, riches et blancs, assis en rond, autour d'une table, ou debout, en cercle[4], autour d'un ballon. La table est celle d'un conseil d'administration, du caucus d'un parti, d'un jury, d'une haute instance universitaire, d'un collectif de rédaction, d'une salle de nouvelles, d'une rencontre de codeurs pour un réseau social ou un jeu vidéo, d'une séance d'écriture de scénaristes pour la télé, d'un groupe d'amis. Le ballon est une constitution, un texte sacré, un plan de jeu, un livre ou un film à critiquer, une partition à jouer, un animal à manger, une femme à baiser. Ce qui compte, c'est qu'ils soient ensemble. Ils sont tournés les uns vers les autres. Ils se regardent, s'observent, s'écoutent. Ils échangent des mots, des chiffres, des idées ou des croyances, des documents, de l'argent, des armes, des femmes. Dans tous les cas, ils échangent une chose qui a à voir, d'une manière ou d'une autre, avec le pouvoir. Un pouvoir qu'ils détiennent ou qu'ils veulent prendre. Un pouvoir qu'ils veulent garder pour eux.

Quand je pense à cette image, quand je vois cette table autour de laquelle ils sont assis et au centre de laquelle il n'y a rien d'autre que du vide, je me demande si, en vérité, ils ont besoin de quelque chose ou si, au contraire, ils n'ont besoin de rien pour s'assembler, pas de centre de table, pas de victuailles, pas de bouc émissaire, pas de trophée. Peut-être qu'il ne leur faut que le regard de celui qui leur ressemble, le regard qu'ils croisent et dans lequel ils se voient. Si les femmes, comme l'écrivait Virginia Woolf, ont de tout temps servi de verres grossissants « dont le magique et délicieux pouvoir réfléchissait la silhouette naturelle d'un homme en multipliant sa taille par deux[5] », peut-être que le verre grossissant ultime se trouve dans le regard de l'autre homme, que cet échange de regards entre ceux qui se ressemblent a un effet démultipliant et agrandissant. Ou, comme l'écrit James B. Twitchell dans *Where Men Hide* : « Les femmes deviennent féminines contre l'arrière-plan des hommes, alors que les hommes deviennent masculins en compagnie des hommes. Est-ce que ça expliquerait en partie pourquoi les hommes, quand ils sont en groupe, représentent, aux yeux des deux sexes, une puissance troublante[6] ? »

Assis en rond, ils se regardent, et plongeant leur regard dans celui des autres, ils gonflent. Se voir dans le regard de leurs semblables, ça leur suffit. Je me dis que dans les faits, les hommes n'ont pas besoin d'un objet commun autour duquel faire communauté : l'objet commun, c'est eux ; ce qui les relie, c'est la figure même de l'Homme placée au centre. Un pour tous et tous pour un, à la défense du groupe qu'ils forment, cet ensemble qu'on appelle communément le *boys club*.

CHAPITRE TROIS

FIGURE, IMAGES, MONTAGE

La répétition d'une figure, d'une image, est l'aveu d'un système. C'est le symptôme d'un état du corps social, ce qu'on en sait et ce qu'on en ignore ou préfère ignorer. C'est pour cette raison qu'il s'agira, ici, de quelque chose comme d'un montage. J'essaierai moins d'expliquer les images que de les montrer, les exposer, élaborer une syntaxe qui permettra de filer le sens en alignant les exemples. Passer moins par le savoir que par le voir, avec l'espoir que le voir provoque un passage à l'action.

C'est une affaire de choc. Entre le flâneur du 19e siècle et le spectateur de cinéma des années 1920, il y a la guerre, le trauma, et « c'est précisément ce choc, à la fois culturel, social, psychologique et physique, que le montage cinématographique parvient à restituer[1] ». Pour le dire avec Eisenstein : le « montage des attractions » a pour objectif « le façonnage du spectateur dans le sens désiré à travers toute une série de pressions calculées sur son psychisme[2] ». Il s'agit littéralement « de saisir par les cheveux le spectateur abasourdi et, d'un geste impérieux, de le mettre face aux problèmes actuels[3] », de troquer la contemplation pour la sidération, et d'engager une réaction sur le plan social. Dans tous les cas, il s'agit d'être confronté et de se confronter à ce qui est devant soi. Le montage nous « amène à ne pas rester cois devant [un] meurtre enregistré en temps réel[4] ». Ne pas rester muette, silencieuse, ce qui signifie, pour moi, écrire, déplier, morceau par morceau, image par image, en essayant d'avancer pour arriver, au final, à comprendre (et à dénoncer) quelque chose :

> On sait bien, devant un montage donné, que le même matériau, dans un montage différent, révélerait sans doute de nouvelles ressources pour la pensée. C'est en cela que le montage est un *travail* capable de réfléchir et de critiquer ses propres résultats. C'est en cela qu'il correspond exactement à la forme de l'*essai*. Il opère selon un acte de recueillir et de lire la diversité des choses[5].

Ainsi, je fais miens les mots de Theodor Adorno sur l'essai comme outil des dominé·e·s, regard qui leur permet « peut-être de devenir maîtres de leur souffrance », et pensée qui est « en réalité plutôt une vision qu'une pensée[6] ». Ce livre sera à l'image du cinéma qui me hante, un film dans lequel nous jouons depuis la nuit des temps et où nous voyons, d'abord et avant tout, toujours au premier plan, cette figure qui représente des hommes, ensemble. Dans les pages qui suivent, je fais le pari du montage comme ce qui permettra de restituer le choc d'une vie sous le régime de la domination masculine. Ainsi, je serai la flâneuse traumatisée de cette guerre ordinaire, cette guerre de tous les jours qui est la guerre que les hommes font aux femmes et à tous ceux et celles qui ne correspondent pas à ce qu'est « un homme », et à laquelle, comme la narratrice de *Trois guinées* qui se demande ce que les femmes peuvent faire pour empêcher la guerre, il ne faut jamais cesser de penser. C'est-à-dire ne jamais cesser d'interroger notre « civilisation »[7].

*

Mais comment faire pour parler des hommes alors que je n'en suis pas ? Comment attraper une figure qui ne me « concerne » pas, dont je ne devrais rien dire puisqu'il ne s'agit pas de moi ?

De tout temps, les hommes ont écrit sur les femmes, imposant leur point de vue, leurs analyses, leurs lectures sociologique, psychanalytique, anthropologique, philosophique, misogyne ou romantique de qui nous sommes, de manière à inventer LA femme, celle qu'ils désirent, celle qu'ils fantasment, celle que nous devrions toutes incarner.

Je ne suis pas un de ces auteurs-là. Je ne m'improviserai pas spécialiste des hommes, je n'ai aucun désir de définir ce que sont les hommes, encore moins de le prescrire. Je n'ai aucune velléité de tout comprendre et d'imposer sur le monde un savoir que je détiendrais. Ce qui m'intéresse, c'est de poser mon regard sur la manière dont les hommes sont mis en images, et en particulier quand ils sont plusieurs. Je m'intéresserai à la représentation des hommes ensemble – ce cinéma-là, en l'occurrence hollywoodien (et donc davantage américain), qui sature notre regard, détermine en grande partie notre imaginaire, et fonde ainsi nos sociétés[8].

Cet essai se présente comme une chasse à l'image. Je veux poser les yeux sur ce qui trop souvent, encore aujourd'hui, nous échappe, une image invisible, transparente, que notre regard traverse tellement elle est présente. Je veux tracer les contours de cette forme qu'on ne voit pas du fait qu'elle est prédominante, partout et donc nulle part. Je veux la débusquer, l'empêcher de se cacher ou de se défiler, la faire apparaître pour qu'en apparaissant elle perde de sa superbe, de son vernis, et qu'ainsi se trouve entamée notre affection pour elle : le confort qu'on prend dans une image connue, la paresse ordinaire qui nous incite à laisser glisser les images, devant et sur nous, sans crainte, sans penser à ce qu'elles disent de notre monde, sans tenir compte du mal qu'elles font, pour vrai.

Je veux dévoiler le boys club, en faire défiler les représentations de manière à le détacher d'une « tradition », d'une habitude, voire du culte qui lui est voué pour le révéler comme mécanisme de pouvoir. Je veux faire surgir le boys club comme ce qu'il est : une organisation des corps, une chorégraphie qui est un rouage du patriarcat, la mécanique qui permet à la domination masculine de s'actualiser chaque minute de chaque jour de notre vie.

*

Il s'agit donc d'autre chose, ici, que de s'intéresser à la masculinité *en tant que telle*[9]. La masculinité, tout comme la féminité, est un ensemble de stéréotypes, de clichés et de scripts que les humain·e·s adoptent et au moyen desquels elles et ils se fabriquent une identité[10]. Il s'agit plutôt de tenter de penser la masculinité dans cet état qu'est le groupe.

Dans les pages qui suivent, le boys club sera donc vu et présenté comme une figure et un dispositif, la manière dont certains individus s'associent au pouvoir afin de le maintenir en place et de préserver l'organisation de « ce monde-là ».

En 1977, Michel Foucault définissait le dispositif comme « un ensemble résolument hétérogène comportant des discours, des institutions, des aménagements architecturaux, des décisions réglementaires, des lois, des mesures administratives, des énoncés scientifiques, des propositions philosophiques, morales, philanthropiques ; bref, du dit aussi bien que du non-dit[11] ». Suivant le chemin tracé par Foucault, Giorgio Agamben reprend le terme à son compte et lui confère le sens suivant : le dispositif s'inscrit toujours dans une relation de pouvoir. Et élargissant encore la catégorie élaborée par Foucault, il définit le dispositif comme

> tout ce qui a, d'une manière ou d'une autre, la capacité de capturer, d'orienter, de déterminer, d'intercepter, de modeler, de contrôler et d'assurer les gestes, les conduites, les opinions et les discours des êtres vivants. Pas seulement les prisons donc, les asiles, le *panoptikon*, les écoles, la confession, les usines, les disciplines, les mesures juridiques, dont l'articulation avec le pouvoir est, en un sens, évidente, mais aussi, le stylo, l'écriture, la littérature, la philosophie, l'agriculture, la cigarette, la navigation, les ordinateurs, les téléphones portables et, pourquoi pas, le langage lui-même[12].

Le boys club emprunte à la machine et à la discipline ; il est un élément de grammaire dans le langage des rapports de sexe.

Quant aux « femmes » dont je parle (et dont je fais partie), elles seront ici : cisgenres, trans ou refusant la binarité identitaire, c'est-à-dire des femmes au sens où, d'une manière ou d'une autre, elles ne sont pas des hommes ; des femmes qui s'excluent ou sont exclues de la catégorie « hommes », et qui se trouvent en marge, à l'extérieur du club, qui sont parfois invitées à en faire partie de façon temporaire ou à des fins utilitaires, mais qui en sont le plus souvent exclues de manière absolue. Je prendrai, dans les pages qui suivent, le «risque de l'essence», pour emprunter l'expression de Diana Fuss[13]. Je ferai le pari d'en rester aux termes «femmes» et «hommes», prenant ainsi appui sur la logique binaire qui fonde l'Occident, mais dans le but de la démonter. Et, au final, du moins je l'espère, faire miroiter un horizon différent.

*

Pour le dire avec Walter Benjamin, je veux «organiser mon pessimisme» en découvrant un espace fait d'images qui sont «le monde d'une actualité intégrale et, de tous côtés, ouverte[14]». Je veux regarder ce monde parce qu'il est le mien, il est le nôtre, et parce qu'il faut l'interpréter, l'analyser, pour tenter d'y repérer ce qui s'y répète, ce qui est dit et redit, montré et montré à nouveau, si souvent que l'image finit par disparaître. Biches ou cerfs qu'éblouissent les phares d'une voiture, nous ne voyons rien.

Je veux faire apparaître le boys club pour lui retirer son aura, sa qualité irréelle et immortelle, «unique apparition d'un lointain», dirait Benjamin, «si proche soit-il[15]».

Je veux détacher le boys club «du domaine de la tradition», substituer «à son occurrence unique son existence en série[16]», pour que notre compréhension du boys club ne repose plus sur un rituel, mais sur le politique[17].

Je veux faire que son existence n'aille plus de soi, qu'elle soit révélée, mise à nu, et qu'on puisse désormais la surveiller.

CHAPITRE QUATRE

ORIGINES

Un boys club c'est :

- Une organisation qui traditionnellement exclut les femmes et est contrôlée par des hommes.
- Un groupe d'hommes âgés et fortunés qui détiennent un pouvoir politique.
- Un groupe de personnes en position de pouvoir qui se servent de ce pouvoir pour leur propre bénéfice, et le plus souvent indirectement. En Angleterre, le *good old boys club* est un réseau d'hommes issus des écoles privées de garçons, ces *boys* qui après avoir reçu leur diplôme deviennent les *old boys.*
- Une expression qui renvoie au souhait de préserver les élites. Comme on dit : « Ce n'est pas ce que vous savez qui compte, c'est qui vous connaissez. » Le boys club est un groupe serré d'amis-hommes qui se protègent entre eux.

Le club est un type de regroupement bien précis. Il ne s'agit pas d'une foule aux visages indistincts, mais bien d'un réseau, d'un clan, d'une famille, d'un régiment, d'une équipe, d'un concile, d'une fraternité, d'un gouvernement… c'est-à-dire d'un groupe dont les membres sont liés entre eux – dépendant les uns des autres, se rapportant les uns aux autres, et unis par un intérêt commun, une croyance partagée, un idéal auquel tous adhèrent. Dans certains cas, la structure est claire, transparente. On se trouve en présence d'une organisation non mixte qui s'affiche en tant que telle : l'Église catholique, par exemple, et le Vatican plus précisément ; ou encore l'armée. Si des femmes sont présentes dans les rangs des religieux ou des militaires, elles ne le sont pas à tous les niveaux (sinon très peu, dans le cas de l'armée) ni au même titre que les hommes (du moins dans le cas des églises liées aux monothéismes), qui, eux, représentent la quasi-totalité des membres et les principaux dirigeants. L'Église et l'armée sont quelque chose comme l'hypostase du boys club, son incarnation la plus forte. Toutefois, ce qui m'intéresse dans les pages qui suivent, c'est la version plus souterraine de ce système, quand le boys club est invisible, quand il passe incognito ; quand tout nous incite à ne pas le voir[1].

*

Au tournant du 20e siècle, il y avait plus de 200 clubs privés en Grande-Bretagne. Les listes d'attente pour y être admis étaient très longues, on pouvait attendre jusqu'à 20 ans. Des *coffee houses* du 19e siècle (qui prenaient appui sur des intérêts commerciaux et l'affiliation politique), on est passé aux clubs « sans bénéfices » dont les revenus proviennent de frais d'inscription et qui s'organisent autour de professions, de loisirs, de positions politiques. En parallèle avec le rêve d'une pièce à soi pour les femmes, comme l'écrivait Virginia Woolf, une chambre autre que matrimoniale, on trouve, au fil des ans, le club, la garçonnière, le garage, le vestiaire sportif, le camp de chasse, le sauna, mille et une versions du lieu pour hommes. Les clubs privés s'inscrivent dans cette pratique qui consiste à séparer les sexes socialement et spatialement. D'ailleurs, le mot « club » vient de *cleave*, c'est-à-dire « cliver ». Les rapports de sexe, à la fin du 19e siècle en Grande-Bretagne, ne vont pas sans heurts : si la modernité veut faire avancer les droits des unes contre la suprématie des autres, la reine Victoria, elle, s'y oppose.

> La Reine attend avec impatience d'engager tous ceux qui savent parler ou écrire à surveiller cette folie entourant les « droits des femmes », avec toutes les horreurs qui l'accompagnent, et auxquels s'intéresse le sexe faible, oubliant toute apparence de sensibilité et de convenance féminines… C'est un sujet qui enrage tant la Reine qu'elle ne peut plus se contenir. Dieu a créé

> les hommes et les femmes en tant qu'êtres différents – il faut donc les laisser chacun à sa place[2].

L'ère victorienne, écrit Jan Marsh, est presque synonyme de l'idéologie des « grands hommes » – ces individus sont célébrés à la National Portrait Gallery (fondée en 1856) et dans le *Dictionary of National Biography* (lancé en 1882). On chante leurs exploits dans des textes comme *Heroes and Hero Worship* de Thomas Carlyle (1841) et le *Self-Help* de Samuel Smiles (1859). Les valeurs masculines de courage et d'entreprise sont liées aux campagnes militaires et à l'expansion économique, alors que le rôle des femmes est d'être patientes et sacrificielles. La maternité est idéalisée, tout comme l'innocence virginale, mais de manière générale, les femmes sont dénigrées et infériorisées. Ou pour le dire avec Ruskin : l'épouse est « le centre de l'ordre, le baume de la détresse, et le miroir de la beauté », alors que l'époux est « celui qui fait les choses, le créateur, le découvreur, le défenseur[3] ». Au final, c'est l'inégalité entre les hommes et les femmes qui domine, un état de fait dénoncé par John Stuart Mill en 1867 :

> Songez à ce que doit penser un garçon qui passe à l'âge d'homme avec la croyance que, sans mérite aucun, sans avoir rien fait par lui-même (même s'il est le plus frivole et le plus stupide des hommes), il est, du seul fait d'être né de sexe masculin, supérieur de droit à toute une moitié de l'humanité et sans exception. [...] Ces personnes ne savent pas combien chez un garçon élevé différemment la conscience de sa supériorité personnelle sur une fille naît de bonne heure, se développe et se consolide à mesure qu'il grandit lui-même et se fortifie. Elles ignorent comment un écolier peut le transmettre à un autre. Un jeune homme apprend vite à se sentir supérieur à sa mère ; il croit lui devoir seulement des ménagements, mais nul respect réel. Il éprouve un sublime sentiment de supériorité, spécialement sur la femme à qui il accorde l'honneur de partager son existence. Imagine-t-on que tout cela ne corrompt l'homme tout entier, à la fois comme individu et comme membre de la société[4] ?

Si les filles ont commencé à avoir accès à l'éducation universitaire en Angleterre à partir de 1860, seuls certains domaines étaient considérés appropriés pour elles et tous les autres pour les garçons, qui ont ainsi atteint des niveaux d'éducation supérieurs. Si, petit à petit, plusieurs d'entre elles se sont insérées dans le monde du travail, les femmes de la classe moyenne ou de la bourgeoisie ne travaillaient pas à l'extérieur de la maison, se consacrant à l'espace domestique et aux soins des enfants, des personnes âgées ou des malades. Cette mainmise des femmes sur le domicile familial est étroitement liée à l'invention des clubs privés.

> Le profond désir d'affiliation masculine, impliquant le besoin de se séparer des femmes, a duré jusqu'au début du 20e siècle avec la résurgence d'une société mixte. Au lieu de les percevoir comme une fuite loin de la domesticité, on peut voir dans les clubs pour hommes une fuite loin des femmes et de leurs activités sociales. Les hommes du 19e siècle qui fréquentaient les clubs ont fait leur le concept de domesticité de manière à satisfaire leur besoin de confort tout en minant l'influence du foyer[5].

Le club était convivial, un lieu de repos et de confort où le réseautage pouvait s'effectuer sans la présence dérangeante des femmes. C'était un lieu de désirs homosociaux et hétérosexuels, les seconds servant d'écran aux premiers, et les deux prenant appui sur la misogynie et reproduisant une homophobie qui en est le paravent. Ces clubs sont défensifs : ils viennent calmer l'angoisse que suscitent les femmes, les anges du foyer, et bientôt aussi, le mouvement des suffragettes. Ce qui dérange, c'est peut-être justement l'association des femmes entre elles dans le but d'être autre chose que des ornements, le fait que l'équilibre social, matrimonial, sexuel soit menacé. Comme le disait un adepte des clubs londoniens : « un club est un lieu où les femmes cessent de déranger et où ceux qui sont fatigués peuvent se reposer[6] ».

*

Au moment où fleurissent les clubs, on assiste à une augmentation du nombre de femmes dans le monde du travail, des lois sont votées qui leur donnent du pouvoir en ce qui concerne la propriété et l'accès au divorce, l'Empire britannique flétrit avec la montée de l'Amérique et de l'Allemagne dans le champ géopolitique. En parallèle, l'âge moyen au moment du mariage augmente, et le taux des naissances au sein de la classe moyenne ou de la bourgeoisie diminue: «les hommes de l'ère victorienne se trouvaient confrontés à une double menace: l'extinction et la dégénérescence[7] ». Face aux pressions qui s'exercent sur les hommes à qui il incombe de nourrir la famille, le club est un entre-deux: il est le passage entre la maison où on a grandi et le foyer conjugal.

Les clubs participent de la fabrication d'une persona publique pour les hommes. Extension des écoles privées, ce sont des usines à gentlemen[8] qui leur permettent d'explorer autrement la ville, se trouvant au centre de la vie urbaine[9]. Le club est le domaine du dandy et de l'homme élégant, partagé entre les conceptions éphèbes et musclées de la masculinité. Ici, il est un homme à la fois puissant et délicat qui évolue dans un «monde d'hommes» exigeant où la performance de genre est complexe, où on ne saurait dire s'il y a virilisation ou féminisation, affirmation de l'hétérosexualité ou exploration du désir homosexuel parce que c'est tout ça en même temps. Barbara Black, citant Morowitz et Vaughn dans *A Room of His Own: A Literary-Cultural Study of Victorian Clubland*, ouvrage sur la culture du club privé dans l'Angleterre victorienne, décrit ce *clubland* comme une « répétition du patriarcat», au sens d'une répétition avant un spectacle[10]. Les clubs ont tout à voir avec la mise en puissance des hommes et représentent ainsi une menace pour l'institution du mariage en leur qualité de seconde demeure, maison de remplacement pour les célibataires comme pour les hommes mariés.

Le club est un refuge, c'est l'adresse de référence, le lieu où les hommes se dirigent en premier, par exemple, à leur retour à Londres. C'est le lieu qui leur permet de fuir la domesticité, et la femme qui y est associée. Black affirme que les hommes issus du monde non mixte des écoles privées ne se sentent pas si à l'aise dans la mixité domestique, domesticité conjugale dès lors remplacée par la domesticité entre hommes. Si le club comprend toutes les pièces d'un foyer (salle à manger, bibliothèque, dortoir, sauna, bureau), il se veut un sanctuaire contre le stress et les soucis liés à la vie de tous les jours; et c'est un lieu où l'amitié fait figure de famille. Avec son décor de palais, le club est une demeure de prestige et de distinction ; le luxe, les dorures et les mets raffinés (un choix, dit-on, plus diversifié qu'à la maison) font du club un foyer à la valeur augmentée. Alors qu'à la maison, les hommes n'exercent pas de pouvoir puisque domine l'ange au foyer, ils le retrouvent au club :

> La popularité des clubs auprès des hommes mariés, comme l'ont remarqué des étrangers, remettait en question la vérité de l'adage « *home sweet home* ». À cause de leur superbe confort, raillaient les critiques, les clubs encourageaient « le culte de l'égoïsme, l'abandon des valeurs familiales, un goût exclusif pour les plaisirs matériels, et un relâchement moral déplorable dont toute la nation, un jour, subira les conséquences funestes[11] ».

Comme l'écrit Barbara Black dans sa préface, si elle a choisi de se pencher sur cette structure, c'est parce qu'elle en perçoit les vestiges autour d'elle, depuis les clubs de son enfance (pour la plupart non mixtes) jusqu'aux fraternités et sociétés secrètes de son université, en passant par l'insigne franc-maçon au doigt de son père, et les poignées de main et bizutages secrets. La culture du club reste actuelle – qu'on pense, par exemple, aux réseaux sociaux (Facebook, Instagram et autres). Ce qui reste tout aussi actuel, c'est la ségrégation qui les accompagne. Si les clubs privés à l'ère victorienne ont fait de Londres une ville masculine[12], un « monstre », pour reprendre le mot de l'écrivaine Flora Tristan travestie en homme pour pouvoir y avoir accès et critiquer la manière dont les clubs nourrissent l'« immobilité de l'âme » et la fétichisation du matérialisme social qui fabrique l'élite britannique[13], il faut se demander ce qu'on conserve aujourd'hui de cette culture. Comment la vie d'aujourd'hui, fidèle au *clubland* d'antan, est caractérisée par la non-mixité masculine. On vit dans une grandiose demeure aux multiples plafonds de verre.

Interface entre le privé et le public, les fenêtres des clubs donnaient sur la rue, mais leurs murs (l'entrée, la carte de membre, les frais d'inscription) opéraient d'emblée la division des populations – « *a flight from difference* », écrit Abigail Solomon-Godeau[14], c'est-à-dire un retrait, un refus et une fuite par rapport à ceux et celles qui ne leur ressemblaient pas. Ou comme le disait George Augustus Sala dans sa caricature des clubs, en 1857, c'était une arme utilisée par les sauvages pour maintenir la femme blanche à distance[15]. Dans sa lecture du phénomène des clubs, Black est tributaire de l'anthropologue Clifford Geertz, qui a étudié « la définition, la création et la consolidation d'une identité collective viable[16] ». Car c'est bien à la création d'une identité collective masculine que participent les clubs privés anglais, et c'est cette identité, telle qu'elle est contenue entre les murs du club, qui m'intéresse ici.

Comme l'écrit Black, les clubs sont formés de

> groupes de frères qui ne sont pas liés par le sang mais qui néanmoins forment une communauté vitale, une culture d'association qui repose fortement sur la notion du même aiguisée à la pierre de la différence, une manière d'exclure et d'inclure, une compréhension de la distinction sociale qui maintient à distance le groupe social constitué comme tel[17].

Les clubs faisaient de Londres une « communauté imaginée » qui en disait long sur ce que c'était qu'être un homme[18], bourgeois en l'occurrence :

> En tant que culture institutionnelle prenant appui sur des idéologies fraternelles pour construire une masculinité publique et professionnelle qui repose sur un ensemble de pratiques culturelles et la sociabilité masculine bourgeoise, les clubs victoriens étaient une manière d'organiser les relations de classe et d'encourager – en fait, de réguler – l'identification des individus à leur propre classe sociale[19].

Le « Man in the Club Window » (légende de l'illustration de l'ouvrage de James Hogg, *The Habits of Good Society: A Handbook of Etiquette*, 1859[20]), en était la métonymie la plus célèbre. À l'instar du flâneur, l'homme dans la fenêtre du club donne l'impression d'observer les choses calmement depuis ce point de vue privilégié, protégé, depuis l'intérieur du club cossu. Mais aussi, comme Sherlock Holmes après lui, depuis cette position, il peut lire les signes de classe sociale, car il sait que l'identité sociale a à voir avec la performance et l'exposition de soi, et que c'est dans les clubs que la culture est produite et consommée[21]. La porte du club est le seuil entre convenance et inconvenance – l'homme dans la fenêtre du club est le concierge du comportement humain.

CHAPITRE CINQ

DES HOMMES, ENSEMBLE

Je veux écrire depuis la perspective de la « femme devant la fenêtre du club ». Contrairement à l'homme qui observe ce qui se passe dehors depuis l'intérieur luxueux du club privé, me voilà debout sur le trottoir, tentant de saisir ce qui se passe à l'intérieur. Voyeuse plutôt que flâneuse, j'essaie d'accéder à ce qui m'exclut d'emblée, ces scènes cachées qui concernent la fabrique du pouvoir et de la masculinité.

*

Dans sa préface à la réédition de l'essai fondateur des études littéraires LGBTQ+, *Between Men* d'Eve Sedgwick, Wayne Koestenbaum met en lumière le fait que cet essai paru en 1985, le premier traitant de l'homosocialité, a été publié dans une collection féministe. Il écrit :

> Sedgwick était une femme ; s'insérant avec audace dans un caucus d'hommes, elle incarnait son argument du fait qu'elle montrait en quoi la fraternisation entre hommes était une sorte de trafic qui circulait à travers et par-dessus son corps, et qu'en tant que femme, elle était la mieux placée pour faire un commentaire sur cet embouteillage[1].

Sedgwick renvoie à la définition que propose Heidi Hartmann du patriarcat: « des relations entre hommes, qui ont un socle matériel et qui, même si elles sont hiérarchisées, établissent ou créent de l'interdépendance et de la solidarité entre les hommes de manière à ce qu'ils puissent dominer les femmes ». Et elle ajoute:

> Dans n'importe quelle société dominée par les hommes, il existe une relation particulière entre le désir masculin homosocial (y compris homosexuel) et les moyens servant à maintenir et à transmettre le pouvoir patriarcal: une relation fondée sur une harmonie structurelle intrinsèquement et potentiellement active. Pour des raisons historiques, cette relation particulière peut prendre la forme d'une homophobie idéologique, d'une homosexualité idéologique ou d'un mélange, très conflictuel mais très organisé, des deux[2].

Contrairement à la simplicité du continuum des rapports entre femmes qui fait qu'il n'y a pas d'interruption marquée entre « les femmes qui aiment les femmes » et « les femmes qui défendent les intérêts des femmes » (un continuum qui rend fluides les passages entre l'érotique, le social, le familial, l'économique et le politique), les rapports entre hommes seraient non seulement plus rigides, mais leur association, le fait qu'ils se retrouvent « entre eux » prendrait appui à la fois sur une misogynie (s'opposer aux femmes et se différencier d'elles à tout prix) et une homophobie (se distinguer des homosexuels considérés efféminés, et cacher leur propre désir homoérotique). Les hommes « entre eux » participeraient d'une défense de l'hétérosexualité et du marché des femmes – du troc des femmes entre groupes d'hommes.

Si Sedgwick renvoie à la notion de désir mimétique chez René Girard, elle signale comment le penseur ne sexualise pas les actants de son triangle (dont les pointes peuvent être occupées autant par des humains que par des héros, des dieux, des œuvres d'art…) même s'il s'agit presque toujours de deux hommes rivalisant, d'une façon ou d'une autre, pour une femme. Comme l'indique Lévi-Strauss en ce qui concerne le mariage, la relation d'échange n'a pas lieu entre un homme et une femme, mais entre deux groupes d'hommes au regard desquels la femme figure comme un objet d'échange et non pas comme un des sujets impliqués. Le triangle, écrit Sedgwick, rend intelligible d'un point de vue graphique les mouvements de désir et d'identification par le biais desquels les individus négocient leur prise de pouvoir au sein de leur milieu. Le boys club est à l'image de ce triangle : l'organisation « entre hommes » exclut les femmes de manière à préserver leur valeur d'échange.

*

Le décor du Travellers Club français, sur les Champs-Élysées, est un aveu : « des peintures de femmes nues ornent chacune des lourdes portes de bois sculpté. Au-dessus du bar, un large tableau représente une belle de dos, dans le plus simple appareil[3] ». La tradition veut que ce soit une image de la Païva, célèbre courtisane du 19e siècle dont l'un des amants a fait bâtir pour elle l'hôtel particulier qui abrite aujourd'hui le club : « Dans ce lieu fréquenté par des *businessmen* du monde de la finance, on s'amuse de voir tant de représentations féminines au milieu des moulures et des boiseries, alors que l'adhésion est restreinte aux seuls hommes[4]. » Cette admission des femmes sous forme d'images seulement rappelle les photos pornos dans les casernes militaires.

On n'a qu'à écouter comment les membres des *gentlemen's clubs* d'aujourd'hui, en France, en Angleterre ou aux États-Unis, défendent l'exclusion des femmes. Un gentleman préférant rester anonyme prétexte que « les pièces sont petites ; on ne saurait pas où placer les femmes[5] ». Graham Snell, secrétaire du Brooks's, affirme que « la question ne s'est jamais posée. En fait, ce n'est pas un sujet de conversation ». Anthony Lejeune, 77 ans, membre du White's, avance que « c'est le seul lieu où on peut vraiment être décontracté. Lorsqu'une femme entre dans une pièce, les décibels augmentent. Il devient difficile de faire la sieste après un bon repas[6] ». Interrogé sur l'exclusion des femmes, Mel Keenan, vice-président du Royal Northern and University Club, un club vieux de 160 ans, répond que « les hommes changent en compagnie des femmes et inversement. Les hommes se parlent différemment entre eux, ils se confient des choses[7] ». Le patron de ce club dit que les hommes, en l'absence des femmes, sont dans la camaraderie, le badinage, ce qui n'est plus le cas dès lors qu'elles sont là, alors qu'un membre se plaint du fait qu'elles parlent trop.

En 2014, Anthony Layden, président du Travellers Club de Londres, a mené une consultation auprès des 200 membres au sujet de l'inclusion des femmes. Les réponses des membres, telles que notées dans son rapport, montrent « une antipathie envers les femmes et un malaise en leur présence[8] ». Un membre a souligné dans son commentaire qu'il trouverait « incommode de devoir s'asseoir droit et d'avoir l'air civilisé parce qu'une dame pourrait se pointer »[9], d'autres craignent que la présence de femmes mette en péril le statut du club comme lieu où on peut jouir du « badinage masculin sans avoir à se soucier du protocole qu'on doit nécessairement suivre en présence des femmes[10]. »

*

Le boys club a tout à voir avec le mépris des femmes, voire avec la haine des femmes – ce qui constitue, au sens propre, de la misogynie. Le boys club, tout homosocial soit-il, repose sur une homophobie qui est l'autre face du rejet du féminin. Si, en vérité, les groupes homosociaux masculins ouvrent souvent sur l'homosexualité, la figure elle-même fonctionne à la manière d'un écran, d'un alibi : la hiérarchie entre hommes et femmes se répercute dans une inégalité entre hétérosexuels et homosexuels, qui elle-même sert à cacher le véritable désir qui se trame derrière les portes closes du boys club. Véritablement homophobe et véritablement homoérotique, le boys club est doublement masculin, fréquenté par des hommes qui veulent être avec des hommes, voire qui veulent (sans se l'avouer) coucher avec des hommes, qui tiennent à leur identité et au pouvoir qui lui est associé.

CHAPITRE SIX

LES FIDÈLES

La télésérie *Patrick Melrose* (adaptation des cinq romans d'Edward St. Aubyn) explore et dénonce la cruauté qui sous-tend le pouvoir de ceux qui appartiennent au boys club. Mon intention n'est pas d'associer boys club à cruauté et pédophilie, ce qui se trouve au centre du récit, mais de montrer comment la télésérie lève le voile sur la perversité potentielle de ceux qui détiennent le pouvoir, régnant du haut d'un statut que leur confère un compte de banque bien garni et l'appartenance à la « haute » culture. Suivant l'évolution du protagoniste, Patrick, toxicomane, fils d'un héritier de grande fortune qui l'a violé et torturé à répétition pendant son enfance, ce qu'on découvre, c'est le versant obscur des hommes de pouvoir, leur capacité à faire le mal en toute impunité.

Dans le premier épisode, Patrick quitte Londres et traverse l'océan pour récupérer le corps de son père mort à New York. Pendant son séjour, il rejoint des amis de son père dans un des nombreux clubs privés new-yorkais. Ces hommes se ressemblent, même uniforme, même coupe de cheveux, enfilant le même drink singulier : un *bull shot*, mélange de consommé de bœuf et de vodka – « *an acquired taste* », commente l'un d'eux, un goût qu'on développe quand on fait partie de ce club et d'une certaine classe sociale. La rencontre est brève, mais suffisamment longue pour réactiver le trauma de Patrick qui se remémore la cruauté paternelle. Le club, où des hommes sont assis dans des fauteuils de cuir rouge tout autour de la salle, et de surcroît en compagnie des amis du père complices d'une manière ou d'une autre de son sadisme, apparaît comme une extension du mal, un pavillon satellite de la maison paternelle où l'enfant a été violé. « *The gang's all here* », dit l'un des amis du père en s'assoyant à table, toute la bande est là, c'est-à-dire ceux qui comptent.

Les hommes décrivent le défunt comme ayant été un grand homme, un gentleman qui refusait les compromis, exigeant rien de moins que le meilleur. « Ne jamais demander pardon, ne jamais s'expliquer », ajoute Patrick au concert d'éloges avec sarcasme, « c'était un autre de ses principes. Ne pas essayer, l'effort est vulgaire, les choses étaient mieux au 18e siècle, oh ! et mépriser les femmes et surtout votre mère. » Le silence tombe. Le serveur arrive avec les verres. Patrick, prétextant décrire une scène de chasse sur le tableau en face de lui, dit « Fidèles chiens de chasse », renvoyant à la fois aux animaux représentés sur la toile et aux hommes assis à la table. Sans saisir l'allusion, l'un d'eux entreprend de raconter, au grand dam des autres qui la connaissent par cœur, une anecdote de chasse. Mais Patrick l'interrompt, proposant plutôt une anecdote qu'il a entendue, à l'âge de huit ans, dans la bouche de son père. Nicholas, qui était présent au moment où le père a raconté l'histoire, regarde Patrick avec effarement et colère, tentant de l'empêcher de parler, mais Patrick continue, rappelant comment son père était parti chasser en Inde dans les années 1920 avec un groupe de juges et de généraux. Un des hommes ayant été mordu par un chien sauvage porteur de la rage, à trois jours de distance de l'hôpital, les hommes l'avaient hissé dans un filet de chasse suspendu au-dessus de leurs têtes pour toute la durée du repas. Comme il criait sans arrêt, le père a fini par le tuer d'une balle dans le front.

Suit le flashback du père racontant l'histoire à son ami Nicholas qui s'esclaffe pendant que le petit Patrick est assis non loin, et qu'il entend l'histoire. On comprend que le père prend plaisir à raconter ce récit de cruauté, pour terroriser son fils. Au club, une musique s'élève, quelqu'un est au piano, Patrick est pris de nausée : le trauma a été réactivé. La scène se termine sur lui vomissant dans un évier des toilettes. Un membre du club lui fait le reproche : « Vous auriez pu aller dans une cabine. » « Bonne idée », réplique Patrick, qui s'enferme dans une cabine pour s'injecter une dose d'héroïne.

Cet épisode non seulement fait le lien entre les boys clubs américains et britanniques, mais met en lumière le sadisme qui les sous-tend tous, d'une manière ou d'une autre. Il illustre les vases communicants que sont le privilège, le pouvoir et la cruauté, la compagnie des hommes et la violence envers les femmes, mais aussi envers les garçons, autre figure de féminité avec tout ce que celle-ci porte, par opposition à la masculinité stéréotypée (et toxique), de fragilité et de sensibilité. Patrick Melrose se trouve devant un choix impossible : devenir comme son père, ou échapper au moule, s'évader au moyen de l'intoxication. Fils de cet homme riche, il est aussi le fils d'un boys club complice du mal qui lui a été fait quand il était enfant, comme s'il avait été violé, humilié, torturé non seulement par son père, mais par toute une collectivité. La violence sexuelle exercée par le père sur son fils (et comme on l'apprend, au fil de la série, sur la mère aussi – Patrick est un enfant du viol) s'inscrit plus largement dans l'exercice du privilège. Le père est un homme blanc, très fortuné, qui fréquente des hommes de la haute société, avance sur les territoires étrangers comme un colonisateur, trône au-dessus de la mêlée, comme on le voit à plusieurs reprises dans la fenêtre de sa chambre au dernier étage du manoir où ils vivent, hurlant des ordres aux membres de la maisonnée. Il fait partie d'un groupe qu'il représente, groupe dont son fils est automatiquement membre à cause de l'argent dont il hérite, mais dont il ne cherche qu'à s'éloigner, rejetant le mauvais sort qui lui a été jeté à la naissance par cette fée Carabosse qu'est le boys club.

*

Aujourd'hui, à Londres, nombre de clubs existent qui n'acceptent pas les femmes comme membres : le Beefsteak Club (1876), Boodle's (1762), Brooks's (1764), le Buck's Club (1919), le Garrick Club (1831), le London Sketch Club (1898), le Travellers Club (1819). Au East India Club (1849), les femmes peuvent être invitées, comme c'est le cas au Flyfishers Club (1884) – sur le site web de ce dernier, on lit : « Même si nous sommes un club pour gentlemen et que nous n'accueillons donc pas de femmes en tant que membres, les membres peuvent inviter des femmes à se joindre à eux pour le lunch, le thé l'après-midi, des verres ou le dîner, et tout événement organisé au club auquel des invités masculins sont aussi admis. » Le Savile Club (1868) a permis à une femme trans qui s'était d'abord inscrite en tant qu'homme et qui faisait partie du club depuis des années de rester membre, même si elle s'identifiait désormais comme femme[1].

Mais parmi les clubs existants, deux retiennent particulièrement l'attention. D'abord, le Pratt's Club (1857), un club pour aristocrates:

> Quand j'ai téléphoné au Pratt's Club pour demander si les femmes étaient admises, une hôtesse m'a expliqué qu'elles ne le sont pas. Son explication était difficile à suivre: «On n'accepte toujours pas les femmes parce qu'il s'agit d'un club pour le dîner; on n'ouvre qu'à 19 heures. Les femmes ne sont admises que le midi puisque le repas a lieu à un autre étage.» Elle n'a pas expliqué pourquoi 19 heures, c'était trop tard pour que les femmes sortent, ni pourquoi les femmes devraient manger le midi à un autre étage. Au Turf Club, la personne qui a répondu ne voulait pas me dire clairement si les femmes étaient admises ou non (elles ne le sont pas) et a rapidement raccroché[2].

Ensuite, le Savage Club:

> Le Savage Club a été fondé en 1837 et demeure l'un des plus importants Bohemian Gentlemen's Clubs de Londres. Des clubs, ailleurs, en ont emprunté le nom et le style, et continuent de se consacrer à la «quête du bonheur» – une quête rendue décidément plus agréable par la camaraderie des membres qui se reconnaissent en tant que «frère Savage»[3].

Les femmes ne sont pas admises, sauf lors de soirées précises: «Plusieurs fois par année, les membres peuvent inviter des dames à partager le repas du soir et le spectacle – parfois en tant qu'interprètes. Pour l'occasion, parmi les invitées se trouvent les veuves d'anciens Savages[4].» Enfin, White's (le plus vieux *gentlemen's club* encore actif, 1693) est considéré comme le plus exclusif, et donc comme le plus prestigieux. C'est le seul club où il est expressément dit que les femmes ne sont pas les bienvenues, autant à titre de membres qu'à titre d'invitées ponctuelles.

Conclusion: on calcule le prestige d'un établissement ou d'un groupe selon sa capacité à exclure d'autres catégories de personnes. Peu importe que ces clubs acceptent les femmes ou non, dans les faits, ils n'en restent pas moins tous conçus pour les hommes par des hommes, dans un esprit « traditionnellement masculin », allant de la décoration (boiseries, couleurs sombres, portraits de « grands hommes » et sculptures de femmes nues) aux activités proposées (sports, jeux de cartes, jeux d'argent, soirées thématiques *beefsteak*, scotch, cigares…)[5].

*

En janvier 2018, Robert Verkaik publiait dans *The Guardian* une dénonciation en règle des clubs londoniens actuels « pour hommes seulement »[6]. La culture sexiste et secrète de ces institutions, écrivait-il, a influencé une manière de penser selon laquelle il n'y a aucun problème à organiser un événement qui donne lieu à un festival de harcèlement sexuel. Les clubs londoniens, précisait Verkaik, sont nés d'un besoin chez les riches de se retrouver entre eux dans une salle à manger pleine de fumée de cigarette mais vide de femmes, pour jouir de plaisirs masculins. L'alcool, le jeu, les femmes faisaient partie du divertissement. Aujourd'hui comme alors, les membres des clubs sont issus des écoles privées et des *societies* universitaires. Le plus souvent, les femmes ne sont pas les bienvenues, voire non admises : c'est le cas du célèbre Brooks's Club, du White's Club où le prince Charles a célébré la fin de son célibat la veille de son mariage avec Diana, et du Beefsteak Club, moins connu mais férocement réservé aux hommes, où les membres doivent promettre de garder le secret sur tout ce qui s'y passe.

Le souhait de Verkaik, en écrivant sur les boys clubs d'aujourd'hui, est de mettre en garde contre le rôle qu'ils jouent : ces lieux où se rencontrent des politiciens, des banquiers, des investisseurs pour conclure des ententes et former des alliances mettent en péril la démocratie. Les listes de membres étant secrètes, impossible de savoir quel ministre en fait partie et de quelle façon cela a un impact sur les décisions en matière de politiques publiques. Même chose en ce qui concerne les juges…

L'Angleterre permet encore aujourd'hui que des clubs soient créés sur des principes d'association : des clubs peuvent n'avoir comme membres que des femmes ou des personnes issues d'une communauté culturelle spécifique. Toutefois, puisque la majorité des clubs sont fréquentés par des hommes blancs issus des classes privilégiées, force est de constater que la loi permet de n'admettre que des gens qui partagent certaines caractéristiques. Ce qui n'est pas le cas des partis politiques, qui n'ont pas le droit de limiter le *membership* sur la base de la race ou du sexe. Ce que Verkaik pointe, au final, c'est l'importance de rendre publique la liste des membres de ces clubs afin de s'assurer que gouvernance et justice ne sont pas en train de se tramer dans les salons enfumés des clubs pour hommes.

*

Dans le troisième épisode de la télésérie britannique *London Spy*, Scottie, ancien agent secret, emmène le jeune Danny dans un club privé londonien, le Whitehall, dont il est membre et où il a pris rendez-vous avec un ancien collègue pour tenter de lui soutirer de l'information concernant le meurtre d'Alistair, l'amant de Danny rencontré dans un autre type de « club », un bar. Dans la rue, avant d'entrer dans le club, Scottie fait ses recommandations à Danny:

> — N'admire pas le décor. Adopte un air de léger ennui. N'en fais pas trop. Ça doit sembler facile. Si tu exagères, tu vas te trahir. [...] Il faut juste faire planer le doute pour qu'ils te laissent entrer. Nous avons l'avantage. Ils détestent les scandales plus que tout.

Ils entrent ensuite dans le club:

> — Bonsoir, Monsieur.
> — Un invité.

Un des hommes à l'accueil tend discrètement à Danny la liste des règles du club. Les deux hommes se dirigent vers la salle et s'installent au centre, dans des fauteuils de cuir rouge autour d'une table basse, sous un immense luminaire et devant le foyer. Sur les fauteuils près d'eux, des hommes, blancs, lisent le journal ou discutent à voix basse en buvant. Des poutres immenses soutiennent un plafond très haut. Deux bustes d'hommes célèbres, posés sur des socles, encadrent la scène. Le menu dans les mains, Danny demande:

— Comment savoir ce que ça coûte ?
— Tout est mis sur la note du membre. Les membres sont censés pouvoir payer. Ici, il n'est jamais question d'argent, on ne le voit pas et on n'en parle pas.

Danny se penche pour remonter ses chaussettes, des chaussettes ornées du Petit Renne au nez rouge. Scottie sourit, attendri.

— Il y a plus de femmes dans un club gay, dit Danny.
— Les femmes ne sont pas admises.
— C'est légal ?
— Combien de femmes, d'après toi, ont demandé à faire partie ?

Sur ce, arrive James, l'ancien collègue de Scottie. James jette un regard réprobateur sur Danny. Tout de suite après les salutations, Scottie demande à James :

— Que peux-tu me dire sur le meurtre d'Alistair Turner ?
— As-tu perdu la tête ? réplique James.
— Je te demande d'être indiscret, mais en retour, je ne le serai pas.
— Tu as traîné dans trop de coins sordides, *old friend* !

Et il ajoute en regardant Danny :

— Tes fréquentations sont en train de déteindre sur toi.
— Oh non, répond Scottie. Ces leçons me viennent d'en haut.
— Tu es sûr de vouloir suivre cette voie ?
— J'en suis parfaitement sûr.
— C'est vraiment dommage. Je vais te raconter une blague, qu'en dis-tu ?
— Ça dépend si je la trouve drôle.
— Elle est tordante. Un Anglais, un Chinois, un Français, un Américain, un Russe, un Israélien et un Saoudien entrent dans un bar. Et ils sont tous d'accord.

Scottie s'enfonce dans son siège, abattu. Danny ne comprend pas la blague.

— Tu l'expliqueras à ton *boy* plus tard, dit James en se relevant. Comme je te l'ai dit, *old friend*, c'est vraiment dommage.

Scottie est abasourdi et se lève immédiatement après le départ de James en disant à Danny: « Il faut partir. »

Ils traversent la salle, suivis du regard par les hommes assis tout autour. Près de la sortie, le majordome demande à Scottie de régler sa note. Dehors, Danny demande ce que ça voulait dire:

> — Que mon adhésion au club est annulée avec effet immédiat. Dommage, ils faisaient de merveilleux œufs bénédictine.
> — Non, la blague, Scottie, la blague.
> — Je croyais que c'était clair.
> — Non.
> — Remplace la nationalité par l'agence de sécurité: le MI6 britannique, le ministère chinois de la Sécurité de l'État, la CIA américaine, le Mossad israélien, le FSB russe, le GIP saoudien...
> — OK.
> — La blague c'est qu'ils sont tous d'accord.

Tous d'accord malgré ce qui les sépare... le boys club espion se forme autour d'une cause commune (dans *London Spy*, il s'agit d'une recherche menée sur la manière de reconnaître quand quelqu'un est en train de mentir, et dont tous les organismes nationaux de surveillance veulent empêcher la diffusion, raison pour laquelle Alistair a été assassiné). Pendant ce dialogue, la caméra se met à tourner autour des personnages, de plus en plus vite, comme si elle les isolait du reste du monde, et en particulier des membres de ce club privé fréquenté par des hommes politiques, des *businessmen*, des agents secrets. Qui sont Scottie et Danny une fois exclus de la communauté des hommes[7]?

Il faut noter qu'il s'agit de deux personnages homosexuels, un vieux et un jeune, un *old boy, old friend* et un *boy* – c'est le mot prononcé avec mépris par James pour décrire Danny, sous-entendant qu'il n'est qu'un amant d'un soir, un travailleur du sexe, un criminel quelconque, et que dans tous les cas, il appartient à une classe inférieure qui mérite d'être méprisée.

Danny est un *boy* qui ne mérite pas d'avoir accès au *club*.

CHAPITRE SEPT

LES GOOD OLD BOYS

B*oy*. De l'anglais, qui signifie « garçon ». Un jeune mâle, habituellement un enfant ou un adolescent. Comme dans la locution « *It's a boy!* », « C'est un garçon ! » clamée au moment de la naissance à la vue d'organes génitaux assignés comme masculins.

Boy. Du moyen anglais *boi* ou *boye*, qui signifie à la fois garçon et serviteur, domestique, esclave, parfois même démon, mais aussi jeune homme qui panse les chevaux de course (1872), serviteur indigène dans certains pays d'Afrique noire ou d'Asie (1890), danseur de music-hall (1947). Du néerlandais *boef*, il signifie « (criminel) fripon, coquin, garçon[1] ».

Les racines germaniques, proto-indiennes-européennes ou norvégiennes renvoient toutes au mot « frère ». Et les *boys* sont bien des frères. C'est le nom qu'on donne aux groupes d'hommes adultes engagés dans une activité qui les lie les uns aux autres (en anglais, on parle de *bonding* entre hommes, mot utilisé aussi pour décrire les liens étroits, par exemple, entre un parent et son enfant). Les boys seront donc : les membres d'une même équipe sportive, un groupe d'amis, les membres d'une fraternité ou d'un corps de travail (policier, par exemple), les membres de l'armée : *our boys*. On se sert de *boy* pour nommer un superhéros ou une créature fantastique (*Aquaboy*, par exemple) et le mot fait partie de nombreuses expressions comme *bad boy*, *boy-crazy*, *boys will be boys*[2].

*

Aujourd'hui, on utilise *boy* au lieu de *man* dans un contexte où les liens sociaux sont hiérarchisés. Il faut garder en tête à la fois le racisme qui sous-tend l'utilisation du mot par un Blanc pour identifier un Noir, la notion de fraternité et l'évocation (suivant l'étymologie) d'un rapport à la criminalité. La jeunesse éternelle des *boys* est au centre de ce qui traverse la notion de boys club. Ou pour le dire avec Michael Kimmel: la formation d'un *guyland*[3].

Arrêtés dans une jeunesse éternelle, les *boys* ne vieillissent jamais, l'apparition de cheveux blancs et de rides étant socialement valorisée, contrairement au sort fait aux femmes qui avancent en âge. Si, chez celles-ci, on déplore le passage du temps – préférant le corps « magnifique » des jeunes femmes (comme disait l'écrivain Yann Moix dans une entrevue donnée à l'occasion de la parution de son livre *Rompre*[4]) –, à eux, on permet de traverser les années et l'Histoire tout en gardant le statut de jeune. Un statut qu'ils se donnent entre eux et qui fait loi. Les hommes sont non seulement partout, mais ils sont éternels, du moins ceux qui sont en position de pouvoir. Les *good old boys* ne sont pas marqués par le temps, ils le dominent ensemble, et le monde avec lui par l'entremise du réseau de relations qu'ils élaborent et maintiennent, défendent. Comme l'écrivait Michel Foucault:

> Le pouvoir, ça n'existe pas. Je veux dire ceci: l'idée qu'il y a, à un endroit donné, ou émanant d'un point donné, quelque chose qui est un pouvoir, me paraît reposer sur une analyse truquée, et qui, en tout cas, ne rend pas compte d'un nombre considérable de phénomènes. Le pouvoir, c'est en réalité des relations, un faisceau plus ou moins organisé, plus ou moins pyramidalisé, plus ou moins coordonné, de relations[5].

Ces mots résonnent avec ceux de Pierre Bourdieu dans *La domination masculine*: « La virilité [...] est *une notion éminemment relationnelle*, construite devant et pour les autres hommes, contre la féminité, dans une sorte de peur du féminin et d'abord en soi-même[6]. » Ou encore, pour citer le dramaturge David Mamet, au sujet des États-Unis: « Les femmes, dans l'esprit des hommes, occupent une place si basse dans l'échelle sociale de ce pays qu'il ne sert à rien de se définir par rapport à une femme. Ce dont les hommes ont besoin, c'est de l'approbation des hommes[7]. » C'est bien contre la féminité que s'érigent les boys clubs, en opposition à elle, pour se défendre contre elle, mais aussi tout près d'elle, à ses côtés, collés sur elle… Quant à la peur que les hommes auraient des femmes ou de ce qui, d'une façon ou d'une autre, est associé au féminin, elle n'est qu'une autre manifestation du rejet, du dégoût qui vient avec le fait de désirer celle-là même qui est méprisée. C'est le symptôme du sentiment de honte que décrit Emmanuel Lévinas, dont l'effet se fait sentir dans le corps comme l'expression de cette impossibilité dont on souffre de ne pas pouvoir rompre avec soi, s'évader de soi. Rivés à eux-mêmes, c'est-à-dire à cette condition humaine qui au lieu de les distinguer des femmes les associe à elles, les boys du club, sous leur armure en forme de complet-cravate, sont nus, livrés à eux-mêmes, peu importe à quel point ils sont entourés, verrouillés à leur condition. « Ce que la honte découvre, écrit Lévinas, c'est l'être qui *se découvre*[8] », et qui se découvre comme humain, « supplanté par sa propre passivité[9] ». Cette passivité, étroitement liée à la féminité, le boys club l'exècre et la rejette (les hommes vont au club pour brasser des affaires, économiques et politiques, ensemble) et en même temps la permet : bien mis, enfoncés dans leurs fauteuils de cuir, les *boys* boivent, fument, mangent, lisent, discutent, se prêtant ainsi aux usages « féminins » de la parole, faisant circuler des rumeurs[10] et partageant confidences et secrets. Du point de vue des représentations de genre à l'œuvre dans les clubs, il y a à la fois un ravin et un infime écart entre le masculin et le féminin. Malgré tous leurs efforts, les misogynes du boys club fréquentent sans cesse le seuil de ce qu'ils associent, avec mépris et arrogance, au domaine de la féminité. C'est en ce sens qu'ils sont des *old boys* : éternellement enfantins.

*

Lili Loofbourow décrit l'année 2018 comme l'année des *old boys*[11] – le *old boy* en chef étant, bien entendu, Donald Trump. Si l'idéal masculin glorifié depuis toujours dans la culture des États-Unis est un homme rude, impoli, un Marlboro Man qui tire plus vite que son ombre et pour qui la galanterie est efféminée, le modèle de Trump est celui d'un gamin mal élevé, capricieux, enfant gâté qui n'a aucun sens de l'étiquette et qui s'en fout complètement, s'érigeant sur un manque de savoir-vivre et de savoir-faire. Il insulte sans scrupules, fait fi des protocoles, refuse les bonnes manières. Il est bien un petit garçon âgé, un *boy* qui est *old* et à qui tout est permis.

Si les boys clubs sont partout aux États-Unis comme ailleurs, et que personne n'a jamais cru que la Maison-Blanche en était dissociée, la spécificité de Trump a à voir avec sa manière frontale, sans compromis et sans aucune honte, de l'incarner. Trump ne correspond pas à l'image qu'on se fait d'un homme de pouvoir, pas seulement fortuné mais éduqué, cultivé, bien habillé, qui se croise les jambes quand il s'assoit et sait moduler le ton de sa voix; mais il est parfaitement ce *boy* du boys club au sens où il en incarne l'essence. Il en révèle, sans filtre, les caractéristiques: comment ils savent être cruels, user d'humiliation et d'intimidation; comment ils ont recours aux cris, aux insultes et aux moqueries; comment ils se placent au-dessus de la loi et agissent en toute impunité. Autant de traits enfantins inadmissibles en situation de pouvoir.

Mais ces boys-là ne changent pas. Bien au contraire. Insister, défendre, préserver cette identité et le faire à tout prix: voilà ce qui les motive. De Donald Trump à Brett Kavanaugh en passant par Roger Ailes, Les Moonves et Roger Stone, les *old boys*, malgré le costume qu'ils portent et qui les inscrit dans la masculinité, restent *puffy*, comme l'écrit Loofbourow[12]. Ils sont bouffis et avides, veulent toujours plus de pouvoir et d'argent (et de femmes, aussi) parce qu'il leur est impossible d'en avoir un jour trop. Ce qu'ils ne supportent pas, c'est d'être, là-dessus, interrogés. Si on les questionne, ils se gonflent comme des pigeons, rougissent et haussent le ton, frappent du poing sur la table ou croisent les bras pour signifier qu'ils sont en train de bouder. Parfois même, ils se mettent à pleurer, ils versent des larmes de crocodile comme celles de Harvey Weinstein[13] quand une de ses victimes le rabrouait ou qu'un journaliste menaçait de révéler les actes de violence sexuelle qu'on lui attribuait. Ils mentent sans s'en cacher, et quand on le leur signale, leur colère n'a pas à voir avec le fait d'avoir été découverts, parce que la vérité ne leur importe pas: ils sont agacés qu'on les dérange encore une fois avec ça. Ils préfèrent se tourner vers leurs alliés, ceux qui sont comme eux et qui jouent au même jeu – et tout pour eux relève d'un jeu où il faut marquer des points pour l'emporter –, ceux qui adhèrent à ce régime du faux parce qu'il leur permet à tous d'acquérir du pouvoir. Le *old boy* entretient aussi un drôle de rapport à son père, dont il est l'héritier, dont il est tributaire et qu'en même temps il repousse, rival dérangeant qu'il éloigne parce que les seules personnes à qui il peut être loyal, ce sont les autres *boys* comme lui.

La même chose pourrait être dite de son rapport aux institutions qu'il représente ou au sein desquelles il travaille. Comment réagir à Donald Trump, demande Loofbourow, quand on ne sait pas par où prendre le problème ? Où commencer pour expliquer que ce qu'il fait va à l'encontre de l'intérêt public ? Parce que pour communiquer, il faut un champ de référence commun, et dans ce cas-ci, qu'est-ce que la population peut bien avoir en commun avec son dirigeant[14] ?

Trump est un fonctionnaire, il doit servir l'intérêt public ; mais pour lui il n'y a pas d'intérêt public, tout ce qu'il y a, c'est Trump. Trump et ses semblables. Trump et tous ceux qui peuvent gagner quelque chose en se tenant, d'une manière ou d'une autre, près de lui. C'est là que la notion de *club* devient centrale : les *boys* n'existent que par le réseau dont ils font partie et qui leur permet d'échapper à la loi. Ainsi, l'un est l'avocat de l'autre qui est le partenaire financier d'un troisième qui est investisseur dans l'entreprise d'un quatrième dénoncé pour violence sexuelle par une jeune femme et qui sera défendu par le premier… Tout est affaire de réseau, tissé serré par des intérêts financiers, entre des *boys* qui se tapent sur l'épaule pendant une partie de golf, forts de cette loyauté qui leur permet de nourrir leur dépendance non pas, strictement parlant, au pouvoir ou à l'argent, mais au fait d'en avoir et d'en vouloir plus, toujours plus. Comme l'enfant qui hurle dans l'allée d'un grand magasin devant le refus de son parent et pour qui *plus* ne sera jamais suffisant.

*

La série *The Good Fight (Une lutte exemplaire*[15]), qui suit les péripéties entourant un bureau d'avocat·e·s de Chicago, est ancrée dans l'actualité, commentant l'ère Trump et réfléchissant sans détour sur la manière de résister dans ce monde où la réalité est si incroyable qu'elle se confond à la fiction. Dans le premier épisode de la troisième saison, on voit le personnage principal, Diane, une avocate dans la soixantaine, allongée contre le dos de son époux endormi. Elle parle en fixant son épaule marquée d'une ecchymose jaune qui soudain s'anime et devient le visage de Donald Trump. L'époux de Diane, expert chasseur, a reçu une balle à blanc, tirée par Eric ou Donald Trump Jr. pendant un safari en Tanzanie, lesquels ont attendu d'avoir tué leur proie avant de l'amener à l'hôpital se faire soigner.

Depuis le tout premier épisode, diffusé par CBS un an après l'élection de Donald Trump, *The Good Fight* s'en prend à la droite américaine, à la suprématie blanche et masculine, au racisme, au sexisme et à la misogynie. Au cœur de la série se trouve ce bureau d'avocat·e·s du Midwest américain dont la majorité des membres sont noir·e·s et où les femmes jouent un rôle prédominant. Au cœur de la série, aussi, on entend une dénonciation constante, persistante, de Trump et du Parti républicain, parti dont est membre l'époux de Diane, qui, démocrate jusqu'au bout des ongles, aime cet homme malgré ses allégeances politiques parce qu'il est, dit-elle, d'une profonde bonté. Allongée derrière lui endormi et à qui elle reproche d'être devenu le « valet du roi », elle s'interroge à haute voix :

> — Qu'est-il arrivé aux hommes ? Où sont passés les vrais hommes ? Pourquoi avons-nous maintenant ces petites créatures sournoises aux cheveux gominés et parfumés ? Qu'est-il arrivé à Paul Newman et Burt Lancaster ? Qu'est-il arrivé aux hommes difficiles à mettre en colère et responsables [...] ? Quand Trump et Kavanaugh sont-ils devenus notre idée de l'homme contrarié ? Les lèvres tremblantes, blâmant tout le monde sauf eux-mêmes.

Et à Trump, qu'elle imagine en train de répliquer avec arrogance « Bla, bla, bla », elle lance : « Dieu que je te déteste ! Je ne crois pas à l'enfer, mais parfois j'aimerais que des gens comme toi finissent là-bas. Ou je me dis que tu es vraiment malheureux dans tout ton bonheur doré. »

*

Le monologue de Diane n'est pas sans rappeler la célèbre lettre, publiée dans les journaux par Donald Trump le 1er mai 1989, après le viol brutal d'une joggeuse blanche dans Central Park. Alors que la victime est toujours dans le coma et avant le procès des cinq adolescents accusés (noirs et latinos, de 14, 15 et 16 ans), il paye 85 000 $ un espace publicitaire dans quatre journaux new-yorkais, où il réclame le retour de la peine capitale: « *BRING BACK THE DEATH PENALTY. BRING BACK OUR POLICE!* » Nulle part il ne nomme les cinq garçons, mais le lien est clair.

Les mots de l'avocate dans *The Good Fight* reprennent ceux de Trump dans sa lettre: « *Qu'est-il arrivé* à notre ville au cours des 10 dernières années? *Que sont devenus* le droit et l'ordre? [...] *Qu'est devenu* le respect pour l'autorité [...][16]? » Trump condamne alors les « bandes de criminels sauvages » et profite de l'occasion pour s'opposer (encore une fois) au maire de New York et exprimer sa haine – cette haine que Diane lui renvoie 30 ans plus tard:

> Le maire Koch a affirmé que la haine et la rancune devraient être retirées de nos cœurs. Je ne le crois pas. Je veux haïr ces voleurs et ces meurtriers. [...] Récemment, j'ai vu un reportage au téléjournal où on essayait d'expliquer cette colère chez les jeunes hommes. Je ne veux plus comprendre leur colère. Je veux qu'ils comprennent notre colère. Je veux qu'ils aient peur[17].

Le crime de Central Park aura servi la soif de célébrité de Trump, son désir d'être au centre de l'attention, partout et tout le temps. Attisant le feu, il contribue à l'hystérie collective autour d'un crime horrible, inacceptable, qui venait s'ajouter aux plus de 3000 viols commis la même année, dont la majorité des victimes étaient noires ou brunes et dont aucune n'aura retenu autant d'attention. Yusef Sallam, Raymond Santana, Kevin Richardson, Anton McCray et Korey Wise, tous mineurs, interrogés violemment en l'absence d'avocats et de parents, interdits de sommeil et de nourriture, ont été amenés à livrer de fausses confessions, terrorisés. Dans les faits, aucun d'eux n'a admis avoir commis le crime, mais tous ont admis en avoir été témoins, impliquant dès lors l'ensemble du groupe[18].

Les garçons ont été trouvés coupables par le jury et condamnés à la prison. En attendant leur procès, et à la suite de la publication de la lettre signée par Trump, les menaces de mort ont fusé contre eux et leurs proches. En 2002, le vrai coupable, Matias Reyes (un homme blanc qui a agi seul), condamné à la prison à vie pour d'autres crimes, a avoué le viol de Trisha Meili – les tests d'ADN ont confirmé sa culpabilité et l'innocence des cinq garçons[19]. Au terme d'une longue bataille juridique au civil, ceux-ci en sont venus à une entente avec la Ville de New York et ont obtenu 41 millions de dollars en dédommagement. Trump ne s'est jamais excusé ; bien au contraire, il a exprimé sa colère, décrivant l'entente comme le « cambriolage du siècle ». Se servant de mots semblables à ceux prononcés après les événements de Charlottesville, les deux manifestations opposées et simultanées, antiraciste et suprémaciste blanche (ainsi que l'assassinat qui s'en est suivi d'une militante antiraciste par un suprémaciste blanc), il déclarait à la Maison-Blanche le 18 juin 2019 : « *You have people on both sides of that. They admitted their guilt*[20]. » Trump, ici, s'accroche à une compréhension manichéenne des événements. De son point de vue, il y a deux camps, deux groupes d'individus qui ne voient pas les choses de la même façon. Ce faisant, il défend le corps policier et le système de justice responsables de la condamnation des garçons, et même après que le contraire a été démontré, il maintient la culpabilité des cinq hommes : « Ils ont avoué ».

Il y a aujourd'hui un écho des « *sentimental journeys* » décrits par Joan Didion au moment du procès des Central Park Five. Didion dénonçait la polarisation médiatique entre la joggeuse incarnant tout ce que New York avait de bon et les Five, tout ce que la ville avait de mauvais. Il était plus facile de regarder New York à travers cette lentille manichéenne que de chercher à penser la corruption qui sous-tendait son organisation à tous les niveaux, qu'il s'agisse du genre sexué, de la classe socio-économique, de la couleur de la peau… La complexité de l'analyse cédait le pas à une lecture romantique, sentimentale, récit auquel adhère le discours de Donald Trump encore aujourd'hui, avec son sempiternel « *Make America Great Again*[21] ».

CHAPITRE HUIT

LE DONALD

Donald Trump est à lui seul un boys club. S'il s'entoure d'hommes blancs, assoiffés de pouvoir comme lui et pour qui la loi est une notion élastique (qu'on pense à Roger Ailes, Roger Stone, Roy Cohn, Steve Bannon ou Michael Cohen, entre autres), il incarne, dans sa *guilded happiness*, cette vie menée dans l'or plaqué[1], le privilège de ceux qui, forts d'une puissance économique (elle-même fallacieuse parce qu'addition d'un ensemble de dettes), n'ont pas besoin d'être compétents pour réussir. Il est la personnification du cynisme. Il représente, à lui tout seul, ce qui fait du tort aux femmes dans ce monde : l'agression sexuelle, les politiques discriminatoires, un sexisme qui réduit les femmes à l'état d'objets et encourage la violence... lui dont le bonheur chargé de dorures s'érige, sans scrupules, sur le dos des autres.

Depuis l'élection de Trump à la présidence des États-Unis le 8 novembre 2016, les longs-métrages et téléséries à son sujet se sont multipliés, la majorité travaillant à entamer l'idole et à en gratter le vernis (pas si épais, d'ailleurs). Trump président de plâtre.

Dans son documentaire *Fahrenheit 11/9*, Michael Moore fait le récit de l'accession au pouvoir du milliardaire, depuis sa jeunesse jusqu'à son élection, ascension dont un des jalons se trouve à Flint, au Michigan, ville où Moore a grandi et à laquelle toujours il revient. En 2014, l'eau de Flint a été contaminée, un drame provoqué par le gouverneur de l'État, Rick Snyder, qui a pris la décision de déplacer la source d'eau potable depuis le lac Huron et la rivière Détroit vers la rivière Flint – dont les taux de plomb étaient trop élevés, intoxiquant la population, les enfants en particulier. Des habitants abandonnés par les démocrates : dans une séquence du film de Moore, on voit Barack Obama, devant une assemblée de résidants, prétexter la soif pour demander un verre d'eau, qu'il fait mine de boire pour confirmer le discours officiel selon lequel les taux de plomb sont tout à fait acceptables. Cette trahison d'une population à majorité noire par le premier président noir à la tête des États-Unis aura eu pour effet de la détourner du processus électoral. On pourrait penser qu'il s'agit là d'un détail, mais ce qui a eu lieu à Flint a lieu tous les jours de mille et une façons : la collusion entre hommes de pouvoir qui protègent leurs intérêts, qu'il s'agisse d'économie ou de partisannerie politique. Comme Moore le suggère au début de *Fahrenheit 11/9*, les États-Unis ne sont pas majoritairement républicains, la population américaine n'est pas majoritairement de droite ; ce qui est à droite, c'est le boys club qui tient les rênes du pouvoir.

Les années 1980 signent l'âge d'or de Trump, lui qui se targue d'avoir un « *killer instinct* » et dont le nom est mentionné une trentaine de fois dans le roman de Bret Easton Ellis, *American Psycho*. Trump est l'idole de Patrick Bateman, héros psychopathe, meurtrier en série, à l'image de ceux qui viendront après lui et qui font partie du même club : Tony Soprano, Hannibal Lecter, Walter White, boys club d'antihéros criminels et aimés. Le personnage de Bret Easton Ellis garde un exemplaire du livre de Trump, *The Art of the Deal*, sur son bureau de travail et rêve d'être invité à le joindre sur son yacht. Ainsi, quand *The New Statesman* met en page couverture une caricature du président avec pour titre « American Psycho », le lien est clair.

Si le roman de Ellis a suscité la controverse lors de sa parution en 1991, entre autres chez certaines féministes, l'adaptation cinématographique – réalisée en 2000 par Mary Harron, non seulement une des rares femmes réalisatrices, mais dont le premier film était *I Shot Andy Warhol* – donne l'impression d'un oracle. Le télescopage est immédiat entre les années Reagan, âge d'or des loups de Wall Street, et ce que nous vivons aujourd'hui. Comme l'écrivait Bret Easton Ellis en 2016, s'il avait écrit *American Psycho* au cours des dernières années, Bateman mangerait au French Laundry avec Mark Zuckerberg ou chez Manresa avec Reed Hastings de Netflix. Il porterait un *hoodie* de Yeezy (la marque de Kanye West) et taquinerait des filles sur Tinder. S'il était vivant aujourd'hui, suggère Dwight Garner, Bateman assisterait sans doute à un rallye pour Trump coiffé d'une version designer de la casquette *Make America Great Again*[2].

*

On dit de Trump qu'il est « *all about publicity* » – tout ce qui compte, pour lui, c'est la publicité. Il veut voir son nom imprimé en grosses lettres – sur des hélicoptères, des avions, des immeubles, une multitude d'objets. Comme le disait l'animateur de télé Phil Donahue (un des premiers *talk-show host* américains) en 1987, Trump ne peut pas se lever le matin sans se voir partout : « *This guy can't get up in the morning without being surrounded with himself.* » Et quand on demande à Trump quel acteur pourrait jouer son rôle, il répond : « moi-même ».

Trump est une coquille vide, un personnage en quête d'auteur : dépourvu de texte (la pauvreté de sa langue et de sa rhétorique en témoigne[3]), il se résume à un costume. Héritier de millions de dollars laissés par son père, il s'invente en *self-made man*. Fort de son désir de surpasser son père, qui avait amassé sa fortune entre autres grâce au Trump Village de Brooklyn, le fils s'improvise magnat de l'immobilier à Manhattan – un lieu prestigieux où il s'impose parmi les *big boys*, comme le dit son amie de longue date Nikki Haskell. Manhattan est la scène sur laquelle il fait son spectacle. On dirait un film, disent plusieurs, faisant écho au fait que Trump a jadis hésité entre Hollywood et l'immobilier, pour finir par les confondre.

Ainsi, dans les années 1970, il transforme le Commodore Hotel en Grand Hyatt. Puis, il érige la Trump Tower, première d'un ensemble de tours, parsemées à travers le monde comme autant de phallus tout en hauteur arborant son nom, colonisation immobilière qui participe à faire de lui une marque de commerce qu'il décrit comme « *luxury, successful, gets things done, does well* ». Trump s'invente en Midas, incarnation du *American Dream*, laissant croire que tout ce qu'il touche devient de l'or, alors qu'en vérité, dans les années 1990, il a beaucoup perdu, et que s'il est ressuscité de ses cendres, c'est grâce à des magouilles et à une émission de télé : *The Apprentice*[4].

Il faut voir un lien direct entre l'émission de téléréalité (qui était nez à nez avec la comédie *Friends* en termes de cotes d'écoute) et cette réalité télévisée que sont les élections américaines. Au départ, le bureau de Trump dans la Trump Tower n'était pas si chic, ça n'avait rien à voir avec l'empire que *The Apprentice* avait pour objectif de commercialiser. Les producteurs de l'émission ont donc tout construit, tout réinventé : une salle de conférence qui était un décor en carton-pâte, un fauteuil qui ressemblait à un trône, une atmosphère créée de toutes pièces pour provoquer un climat propice à l'intimidation. Et enfin, cette prise de vue où on voit Trump descendre l'escalier roulant de la tour – la même que celle qui sera utilisée pour annoncer sa candidature à la présidence (suivant le conseil de Roger Ailes, alors PDG de Fox News). Une scène moquée dans les médias : « *Only losers walk. Presidents take stair-force one* », dira Jon Stewart imitant la voix de Trump au *Daily Show* – seuls les perdants marchent, les présidents eux prennent le « *stair-force one* » (jeu de mots sur l'avion présidentiel, Air Force One). Même les *Simpsons* ont repris la scène : Homer descend dans l'escalier roulant derrière le futur président dont la chevelure, qui s'est transformée en tentacules, l'enserre comme un lasso avant de l'engloutir. L'escalier roulant est devenu célèbre, décor des entretiens télévisés du milliardaire et désormais curiosité touristique[5].

On pourrait dire que la Trump Tower est une « pièce de résistance » dans la construction de Donald Trump. Grâce à elle, il se retrouve en page couverture des magazines et dans les médias. On pourrait même dire que la Maison-Blanche n'en est qu'une version augmentée. Comme si Trump n'en était pas le locataire, terme habituellement utilisé en référence au président américain, mais le propriétaire. Car les immeubles, pour lui, sont des trophées, de la même façon que les femmes sont des objets à posséder. Ainsi, quand son épouse Ivana commence à lui peser (elle a eu ses enfants, et pour reprendre les mots de Trump : il ne veut pas coucher avec une femme qui a eu des enfants), alors qu'il est en relation avec celle qui deviendra sa seconde épouse, Marla Maples, voyant le Plaza Hotel depuis son bureau dans la tour, il décide de l'acheter et de charger Ivana de le diriger. Interviewé, il affirme devoir posséder cet immeuble, ne pas accepter de ne pas être propriétaire de ce bijou. Trump ne supportera pas de voir Ivana au cœur du Plaza et peu de temps après, s'ensuivra le divorce de la décennie.

*

La personne responsable du chantier de la Trump Tower était, contre toute attente, une femme : l'ingénieure de 31 ans Barbara Res. Depuis l'élection du magnat de l'immobilier, elle donne des entrevues, écrit des lettres d'opinion, a même publié un livre : *Alone on the 68th Floor*[6]. Elle est une des rares ex-employées de Trump qui accepte de parler ouvertement de lui, sans crainte de représailles.

Res parle de la Trump Tower comme de sa création. Seule femme entourée d'hommes au moment de la construction de l'immeuble, elle faisait face à Trump et savait lui tenir tête. C'était avant qu'il ne devienne celui qu'il est aujourd'hui. Car entre l'homme qu'elle dit avoir connu et celui qu'il est devenu, on dirait une sorte de chute : ses traits se sont durcis, ainsi que son arrogance et son mépris, son désir d'humiliation et de vengeance. Mais Res n'est pas timide : elle déclare à propos de son ancien patron qu'il est un mauvais président, et qu'elle travaille désormais contre lui. Il est « hors de contrôle », affirme-t-elle, il ne sait plus distinguer le vrai du faux, il est de moins en moins humain. Res le décrit comme un mégalomane et un prédateur qui, à l'époque, ne cessait de scruter les femmes, de commenter leur apparence, se vantait de ses prouesses sexuelles et traitait ses compagnes comme des trophées[7]. Et si Trump acceptait alors qu'elle donne son avis et qu'elle le défende, aujourd'hui, elle estime qu'il incarne une masculinité toxique refusant toute remise en question : « Je pense qu'aujourd'hui, il ne respecte plus personne. Je ne pense pas qu'il y ait une seule personne vivante qu'il respecte, parce qu'il se prend pour Dieu[8]. »

Néanmoins, une partie d'elle-même reste fidèle à celui avec qui elle affirme avoir connu une véritable relation. Il aimait les femmes fortes. Il disait de Res qu'elle était une « tueuse » et était d'avis que si, « en général, les hommes sont meilleurs que les femmes [...] une femme de qualité est meilleure que 10 hommes de qualité ». Plus tard, il décrira ainsi ses relations d'affaires avec les femmes : « J'ai vraiment donné de grandes chances aux femmes. Malheureusement, une fois qu'elles deviennent des vedettes, je ne m'amuse plus. C'est comme un processus de création, c'est presque comme créer un immeuble. C'est vraiment triste. »

Détail intéressant : pendant la durée du chantier, on avait peint sur un mur une gigantesque figure de femme. On l'appelait « Sarah », c'était une pin-up de sept mètres placée là, disait-on, pour encourager les ouvriers.

*

Entre une femme, un immeuble et un pays, pour Trump, il n'y a qu'un pas (ou une descente en escalier roulant).

Trump aura flirté trois fois avec la présidence. Déjà en 1980, dans une entrevue à la télé, quand Rona Barrett lui demande ce qu'il ferait s'il perdait toute sa fortune, il répond qu'il se présenterait peut-être à la présidence : « *Maybe run for President* ». Aussi, à la fin des années 1980, pour attirer l'attention sur son livre *The Art of the Deal*, de faux rallyes présidentiels sont organisés.

Dix ans plus tard, début 2000, il annonce encore une fois qu'il brigue la présidence. Il utilise les médias – il se fait attendre, les force à tourner les caméras sur les foules qui patientent pour l'entendre parler, provoquant ainsi un phénomène d'amplification.

La fois suivante sera la bonne, surtout parce que dans le clan Trump se trouve maintenant Roger Stone. Si Trump se targue d'être le Pygmalion des femmes qu'il rencontre, Roger Stone, lui, est le Pygmalion des hommes de pouvoir : il est la tête chercheuse du boys club. C'est Stone qui a fabriqué Trump : « Je trouvais qu'il avait l'air d'un président. Il n'en avait pas envie, mais j'ai tout fait pour le persuader. [...] J'étais comme le jockey qui cherche un cheval. Tu ne peux pas gagner la course si tu n'as pas un cheval, et à mon sens, Trump est un cheval politique de première qualité. »

Trump l'étalon. Trump la caricature du « *man's man* » (un homme comme les aiment les hommes)[9] qui vient rassurer son électorat – masculin, blanc et sans diplôme universitaire –, un électorat qui craint la perte de pouvoir, aussi infime soit-elle, de l'homme tel qu'il a toujours été :

> Le fait que l'impulsivité de Trump et son étourderie continuent à être valorisées plutôt que punies est bien la preuve qu'on est dans un système où « *boys will be boys* »[10].

*

Tim O'Brien, écrivain fantôme de livres signés du nom de Trump, le décrit comme un primitif, un homme qui a une vision binaire du monde – divisé entre victimes et prédateurs – ; il est sans conscience, il ne fait pas la différence entre le bien et le mal, au final, dit-il, c'est un sociopathe.

On ne le sait que trop bien maintenant : Trump est un menteur. Le *New York Times* fait l'inventaire de ses mensonges depuis le début de son mandat[11]. Il fabrique la réalité de la même façon qu'on a fabriqué son émission de télé, et rien ne peut l'arrêter. Le jeune homme plutôt discret qui marchait dans les pas de son père est devenu un septuagénaire impitoyable, machine du pouvoir qui s'emballe et ne s'arrête devant rien.

Trump s'entoure d'hommes, et d'hommes comme lui. Il s'adresse à eux, les mobilise, les galvanise. Qu'il s'agisse d'hommes d'affaires ou de journalistes, de lobbyistes ou d'hommes politiques, ils partagent avec lui une pratique du harcèlement et de l'agression. Des visites surprise de Trump dans les coulisses du concours Miss Universe pendant que les candidates à demi vêtues se préparent, jusqu'aux nombreuses dénonciations le concernant (il y en a eu 22 à ce jour[12]), en passant par la célèbre séquence vidéo « *Grab'em by the pussy* » (les attraper par la chatte) diffusée à la veille des élections et qu'il a expliquée comme un cas de discussion de vestiaire[13]… ont dévoilé le vrai visage d'un homme pour qui la présidence n'est qu'un jeu dans l'immense cour d'école du pouvoir. « Trump aime les hommes forts », affirme Michael Moore, et « il a toujours commis ses crimes au grand jour ». Les Américains ont élu un *boy* en chef qui est aussi un criminel en chef, à l'image d'un parrain de la mafia, les *Godfather 1, 2* et *3* pour qui la famille importe plus que tout, une famille composée d'autres hommes comme lui ; ceux qui, s'ils ne veulent pas se faire expulser du club, doivent tout accepter.

Trump ne jure que par ces « *good men* », ces hommes blancs de l'*alt-right*, suprémacistes et nationalistes, néonazis et miliciens[14] qui ont manifesté à Charlottesville en août 2017 (« *Unite the Right* », sous l'égide entre autres de Richard Spencer[15]) pour le maintien d'une statue de la Confédération. L'un d'eux a fait rouler son camion sur des contre-manifestants antiracistes, tuant Heather D. Heyer, militante pour les droits civiques. Trump a défendu ces représentants de l'Amérique rêvée comme « *great again* », affirmant, après la mort de Heyer : « Je crois qu'il y a de la faute des deux côtés. Il y avait des gens très mauvais dans ce groupe-là. Mais il y avait aussi des gens très corrects des deux côtés[16]. »

Si Trump a été obligé de revenir en partie sur ses paroles, le masque (si masque il y avait) est néanmoins tombé, et avec lui le constat : les États-Unis sont présidés par un raciste. Celui qui non seulement défend la violence de suprémacistes blancs, mais qui la provoque, l'alimente et la mène. Le même qui érige un mur entre le Mexique et les États-Unis, déporte ou enferme les réfugiés dans des camps, sépare les parents et les enfants, laisse mourir. Comme l'écrit Ta-Nehisi Coates : « Certes, tout électeur de Trump n'est pas un suprémaciste blanc, de la même façon que dans le Sud, sous Jim Crow, tout Blanc n'était pas un suprémaciste. Mais tout électeur de Trump a trouvé acceptable de confier le destin du pays à un suprémaciste blanc[17].

Trump, avec sa chevelure jaune devenue sa marque de commerce, chevelure à l'image des dorures dont il s'entoure, est le parangon de la blancheur qu'il défend. Une blancheur qui n'est pas n'importe laquelle. Une blancheur masculine, fortunée, hétérosexuelle et bien portante. Pour le dire avec l'ironie doublée de colère de Toni Morrison, au lendemain de l'élection de Trump, quand le projet consiste à « *make America* white *again* », les Blancs sont prêts à se sacrifier[18]. Leur peur est si grande, leur amertume si puissante, qu'ils sont prêts à tout pour défendre la supériorité blanche. Ces gens-là qui ont choisi de voter pour Trump ne sont pas tant furieux que terrifiés, écrit Morrison ; ils ont si peur qu'ils votent pour celui dont la firme immobilière a été poursuivie en justice parce qu'elle refusait de louer des appartements à des Noirs. Pour celui qui a demandé à voir le certificat de naissance de son prédécesseur à la Maison-Blanche. Celui qui a refusé d'embaucher des personnes noires dans ses casinos. Celui qui est ami de David Duke et qui a l'appui du Ku Klux Klan. Comme dans *Absalom, Absalom* de William Faulkner, écrit Toni Morrison, plutôt que de perdre la blancheur, la famille américaine choisit le meurtre.

CHAPITRE NEUF

LE JOYAU DE LA COURONNE DE PALM BEACH

Je n'ai pas boycotté les États-Unis après l'élection de Donald Trump. Je continue régulièrement à m'envoler vers la Floride, et Mar-a-Lago, le club privé de Trump qui est aussi sa résidence secondaire, n'est jamais loin d'où je vais. Marchant dans les rues de Miami, je mesure la proximité entre l'extrême fortune et l'extrême pauvreté. Non, Trump n'est jamais loin, tout comme les chiens de garde de son pouvoir. Il est omniprésent, dans notre monde actuel et dans nos pensées, et s'il occupe autant de place dans ce livre, c'est qu'il est partout, tout le temps. Son influence est virale et chacune de ses apparitions, chaque mention de son nom confirme l'existence du boys club. Trump est la personnification d'un phénomène le plus souvent diffus, invisible parce que, malgré le fait qu'il s'incarne dans un homme en particulier, il n'a jamais un seul visage. Trump est la figure d'une uniformité des corps qui met à mal toute diversité politique[1]; il représente la blancheur ultime du boys club comme véhicule, tout-puissant parce qu'omniprésent, d'un pouvoir qui s'exerce sur les corps qui ne ressemblent pas au sien[2].

*

Donald Trump est l'illustre propriétaire du club privé Mar-a-Lago, club dont les frais d'inscription sont de 200 000 dollars et les cotisations annuelles de 14 000 dollars. Les membres sont tenus de dépenser un minimum de 2 000 dollars par année en repas, et entre juin 2015 et mai 2016, par exemple, le club a engrangé 29,7 millions en revenus bruts. Mais surtout, Mar-a-Lago est devenu une extension de la Maison-Blanche.

Laurence Leamer, auteur de *Mar-a-Lago : Inside the Gates of Power at Donald Trump's Presidential Palace*, voit ce club et Palm Beach, où il a été planté il y a une centaine d'années par sa première propriétaire, la fille du céréalier Post, comme un terrain d'essai : au moment de transformer la demeure majestueuse en club privé, Trump a réussi à diviser l'île entre les pour et les contre, comme il le fera un peu plus tard avec les États-Unis au grand complet. Sa manière de se battre pour obtenir ce qu'il veut – le droit de transformer une demeure en club privé et d'obtenir ainsi une réduction d'impôts – est un des éléments appréciés par sa base électorale. Trump se décrit comme le « roi de Palm Beach », que les milliardaires aiment et dont ils lèchent les bottes avant de partir en disant qu'il est horrible : « *They all come over, they all eat, they all love me, they all kiss my ass. And then they all leave and say: "Isn't he horrible?" But I'm the king*[3]. » « Je suis le roi », dit-il. Objet de moquerie de la part des « anciens riches » de Palm Beach, haï par nombre d'entre eux, Trump s'installe néanmoins pour y rester, télescopant Maison-Blanche et club privé, présidence et royauté : car ce qu'il préfère en matière de style, c'est Louis XIV. La salle de bal de Mar-a-Lago, ajout de 6000 mètres à la maison originelle, est une copie de la Galerie des glaces du château de Versailles. Même les toilettes sont des minipalais, écrit Leamer : « Partout le palais doré criait sa richesse. De l'or. De l'or, et toujours plus d'or[4]. »

Si les présidents américains ont toujours aimé avoir une résidence secondaire où passer les vacances, le cas de Trump diffère : Mar-a-Lago n'est pas sa maison, mais bien un club où circulent sans arrêt des centaines de personnes. Deux petites semaines après son entrée en fonction, Trump s'envolait à bord d'Air Force One vers Mar-a-Lago en compagnie de ses acolytes Steve Bannon et Reince Priebus. Du jamais vu. Au fil du temps, les week-ends passés à Palm Beach auront coûté près de 130 millions de dollars aux contribuables américains. La liste des membres du club comprend des douzaines de promoteurs immobiliers, des financiers de Wall Street, des chefs d'entreprise du domaine de l'énergie, et autres hommes d'affaires. Au moment où Leamer publie son livre, au moins trois membres du club sont en lice pour des postes d'ambassadeurs. Boys club sélect, car la plupart des membres ont été admis avant l'élection de Trump et peu de places sont encore disponibles aujourd'hui[5].

*

Quand Trump est à Mar-a-Lago, c'est *business as usual*, qu'il s'agisse de se retirer à une table sur le patio pour discuter d'une crise en politique étrangère, ou de recevoir le premier ministre du Japon. Entrer à Mar-a-Lago peut être décisif pour obtenir quelque chose du président : tout ce qu'il faut, dit Robert Weissman, du groupe non partisan Public Citizen, c'est avoir l'occasion de murmurer quelques mots à l'oreille de Trump.

C'est là que le bât blesse. On assiste à une marchandisation de la présidence sans précédent dans l'histoire américaine[6] : s'il y a toujours eu un cercle d'élus issus des classes les plus riches, le fait de faire partie d'un club et de payer pour pouvoir passer du temps en compagnie du président, ça, c'est une nouveauté.

Au lendemain des commentaires de Trump en réaction à l'émeute de Charlottesville, de nombreux membres de Mar-a-Lago ont quitté le club, emportant avec eux leurs généreux dépôts. Les fondations qui y organisaient des collectes de fonds ont elles aussi annulé les événements prévus, le tout le plus discrètement possible. Alors qu'à une époque, toutes sortes de personnes fréquentaient le club, des stars du cinéma ou des joueurs de tennis, désormais, on n'y trouve que des *businessmen* ou des politiciens. À présent, Mar-a-Lago est fréquenté par des gens peu recommandables comme Don King, le promoteur de combats de boxe. Des années plus tôt, celui-ci avait assassiné deux hommes ; il s'est retrouvé en liberté conditionnelle après quatre ans de prison et a finalement obtenu le pardon du gouverneur de l'Ohio.

King était comme le fou du roi[7]. En mars 2018, au terme d'une soirée où King lui avait tenu la jambe pendant un long moment, Trump s'est retiré avec Melania dans les appartements de la famille. Derrière eux, pendant qu'ils avançaient dans le couloir vide, les cris de Don King résonnaient : « *THE PRESIDENT!!! THE GREAT PRESIDENT*[8]!!! »

CHAPITRE DIX

XANADU

Parmi les films préférés de Donald Trump se trouvent *Bloodsport*, *Goodfellas*, *The Godfather*, *The Good, the Bad and the Ugly*, et aussi *Citizen Kane*[1].

Interviewé par le réalisateur Errol Morris en 2002 parmi une série de personnalités à propos de leur film préféré, Trump commentait ainsi le film d'Orson Welles: «*Citizen Kane* a vraiment à voir avec l'accumulation, et au terme de l'accumulation, on voit ce que ça donne, et ce n'est pas nécessairement positif. [...] Avec Kane, on apprend que ce n'est pas tout d'être riche, parce qu'il était riche, mais il n'était pas heureux[2].» Quand Errol Morris lui demande quel conseil il donnerait à Kane, Trump répond: «Trouve-toi une autre femme.»

Mais l'histoire de *Citizen Kane* est bien différente de ce qu'en retient Trump. Plutôt que l'histoire d'un homme qui échoue, ce qu'Orson Welles nous montre (et qu'il dénonce par le biais de la fiction), c'est le destin d'un homme qui vend son âme au diable... de l'argent. C'est l'histoire du type d'homme que Welles exècre: héritier ambitieux qui, après avoir investi sa fortune dans les journaux, invente les nouvelles pour les vendre. Quand ça ne suffit plus, il se lance en politique, sa course interrompue par un scandale sexuel dont les éditeurs de ses journaux détournent l'attention en criant à la fraude électorale. La politique s'avérant une mauvaise piste, Kane décide de mousser la carrière de chanteuse de son épouse, de peu de talent, dont il fabrique la célébrité; elle sera l'objet de tant de moqueries qu'elle tentera de se suicider. Kane lui-même se retire à Xanadu, son palais qui semble une fusion de la Trump Tower et de Mar-a-Lago, où il meurt seul, sous le regard de ses serviteurs[3].

Orson Welles a réalisé *Citizen Kane* en 1941, peu de temps avant Pearl Harbor, à un moment de la Deuxième Guerre où les États-Unis se demandaient s'ils devaient ou non y participer. Ce qui intéresse Welles, c'est l'idée du fascisme, lui qui venait d'obtenir les droits d'adaptation du livre de Joseph Conrad, *Au cœur des ténèbres*. Le projet tombant à l'eau, il s'allie à Herman Mankiewicz, un scénariste qui avait tenté pendant plusieurs années de réaliser un film contre Hitler intitulé *The Mad Dog of Europe*, et qu'Hollywood avait refusé de financer de peur de nuire aux affaires avec l'Allemagne. Ensemble, dans *Citizen Kane* Welles et Mankiewicz donnent une image de ce à quoi pourrait ressembler le fascisme aux États-Unis. Mais derrière *Citizen Kane* se trouve l'histoire de Welles lui-même : Roosevelt lui avait demandé de se présenter comme sénateur au Wisconsin pour tenter de faire passer cet État des mains des producteurs de lait à la gauche libérale. Welles a refusé, convaincu qu'il n'avait aucune chance d'être élu puisqu'il était de gauche et, qui plus est, divorcé. Au final, c'est Joseph McCarthy qui sera élu, célèbre pourchasseur de socialistes et de communistes dans les années 1950, et accédant au pouvoir avec lui, Roy Cohn, futur mentor de Trump, célébré à Mar-a-Lago quelques mois avant sa mort le 2 août 1986.

*

Orson Welles incarne Citizen Kane qui est William Randolph Hearst (le magnat de la presse reconnu comme étant l'inspiration de Welles) qui est Donald Trump. Comme dans la dernière image du film, Citizen Kane, démultiplié dans une enfilade de miroirs, est à lui seul un boys club : la série de tous les hommes de pouvoir blancs, avides d'argent et mus par une ambition sans bornes, qui fabriquent les États-Unis d'Amérique et le monde en général. D'où l'importance de cette demeure qui occupe le centre du film : Xanadu.

Bricolage de style médiéval – roman et gothique – et de baroque, le « domaine littéralement incroyable » de Charles Foster Kane, comme l'écrivent Welles et Mankiewicz dans le scénario, Xanadu est un château, un royaume. Décor de la Casa del Prado du parc Balboa de San Diego, Xanadu renvoie au Hearst Castle à San Luis Obispo en Californie. L'histoire raconte que William Randolph Hearst s'est tant reconnu dans le personnage de Kane qu'il a tout fait pour nuire au film : il a fait pression auprès de l'Académie des Oscars pour qu'il ne soit pas récompensé (ça a marché !), il a refusé d'en faire la publicité dans ses journaux, a essayé d'obtenir la bande originale pour la détruire et a réussi à convaincre Edgar Hoover de faire enquête sur Orson Welles, enquête qui aura duré une décennie. Hearst s'est invité dans *Citizen Kane* avec son ancienne compagne, l'actrice Marion Davies, qu'il a retrouvée sous les traits de Susan Alexander, la chanteuse-épouse de Kane dont ce dernier veut faire une star.

Mais Xanadu est plus que le château Hearst : il est tous les domaines des Michael Jackson (Neverland, dont on sait aujourd'hui ce qui se passait derrière les grilles), George Lucas (Skywalker Ranch), Tom Cruise (Telluride), Bill Gates (Xanadu 2.0) et bien entendu, Donald Trump (Mar-a-Lago). On trouve écho de ce désir, manifeste depuis toujours, qu'ont les hommes de posséder la plus grande demeure dans la télésérie *Billions,* où le héros, qui a acheté un manoir dans les East Hamptons, s'installe dans sa salle de cinéma privée pour visionner… *Citizen Kane.* Il est devenu milliardaire en investissant à la bourse européenne dans des fonds liés au voyage et à l'aviation au moment même où les tours du World Trade Center tombaient (récemment mis à pied, il était en train de négocier sa prime de départ dans un bureau d'avocats pendant que ses ex-collègues mouraient). Sans cesse interrompu par des affaires à brasser et des documents à signer, il n'arrive jamais à voir du film autre chose que le début. Et c'est justement cette scène d'ouverture qui retient ici mon attention, lorsque Xanadu apparaît à l'écran[4].

Xanadu est un superchâteau tout comme Kane est un surhomme. Le scénario décrit avec précision comment le lieu mythique doit apparaître à l'écran :

> Maintenant, alors que la caméra s'approche lentement de la fenêtre qui a la taille d'un timbre-poste dans l'image, d'autres formes apparaissent : des barbelés, des clôtures cyclones et maintenant, contre un ciel d'aurore, une énorme grille en fer. La caméra longe ce qui se révèle être une gigantesque passerelle

> sur laquelle se trouve un énorme « K » qui devient de plus en plus foncé contre le ciel de l'aube. À travers cela, et par-delà, on aperçoit le sommet de la montagne de Xanadu, digne d'un conte de fées, la silhouette du magnifique château dont seule la petite fenêtre est visible dans l'obscurité. Son flanc droit occupant 40 miles le long du golfe, le château se déploie dans toutes les directions, aussi loin qu'on puisse voir. Auparavant plat et presque entièrement dépouillé – c'était, comme on l'apprendra, pratiquement un marais quand Kane l'a acheté et transformé –, c'est maintenant un terrain accidenté, comprenant plusieurs collines et une montagne de belle taille, le tout de la main de l'homme. Presque tout l'ensemble du terrain a été amélioré, soit par l'agriculture, soit par l'aménagement paysager et la création de parcs et de lacs. Le château lui-même, une énorme combinaison de plusieurs véritables châteaux européens et d'architectures variées, domine la scène depuis le sommet de la montagne[5].

Une série de prises de vue montrent différents aspects du domaine, depuis la grille de l'entrée jusqu'à la fenêtre illuminée du palais, lumière qui, une fois la fenêtre atteinte par la caméra, soudainement s'éteint. Quand la lumière s'allume à nouveau, l'image est brouillée par des flocons, « gros, impossibles », qui tombent sur une scène campagnarde, maisonnette et bonhomme de neige. Un gros plan sur la bouche de Kane est suivi de la célèbre réplique : « Rosebud... ». La caméra recule pour révéler que la scène de campagne est contenue dans une boule à neige qui tombe de la main inerte de Kane agonisant. Une infirmière entre dans la pièce, ramène les bras sur le ventre de l'homme, relève le drap pour lui couvrir le visage. S'ensuit une description de Xanadu, qui contient « tout le butin du monde ». Son locataire vient de mourir, le Kubla Khan des États-Unis : Charles Foster Kane.

*

Le film d'Orson Welles suit l'enquête menée par un journaliste qui veut trouver le sens du dernier mot prononcé par Kane, « Rosebud ». Interviewant sa dernière épouse et deux de ses collaborateurs les plus proches, lisant le manuscrit de celui qui a été le tuteur de Kane, il avance dans la vie énigmatique de cet homme plus grand que nature.

Et c'est bien une question de proportions : comment un homme devient-il trop grand pour lui ?

Sorte d'Alice au pays des merveilles, Kane aura bu une potion magique – l'ambition – et aura évolué comme un géant dans un monde de plus petits que lui. Depuis l'immense salle dans laquelle trône une table démesurée où, sous un portrait surdimensionné de Kane, le journaliste lit le manuscrit du mentor, jusqu'aux dernières scènes, tout est jeu de proportions : vers la fin du film, l'épouse de Kane, minuscule dans le décor gigantesque, est en train de faire un casse-tête. Après son départ, Kane, furieux, détruit le décor en carton-pâte des appartements de sa femme, trop petits, donnant l'impression d'une maison de poupée. Comme si le monde commençait à rapetisser jusqu'à se retrouver dans la boule à neige. L'échelle architecturale dit quelque chose de l'échelle humaine : Charles Foster Kane est un homme plus grand que tous les autres autour de lui, ce boys club que forment ses employés et qu'on voit, pendant un banquet, assis autour d'une table pendant qu'un groupe de *chorus girls* est invité à les distraire. Un boys club mis en scène, aussi, pendant la course de Kane au siège de gouverneur de l'État : debout devant une assemblée, sous une affiche de lui dont la taille rappelle celles des mouvements fascistes, il est entouré de dizaines d'hommes qui se ressemblent et lui renvoient sa propre image.

Comme Trump qui, quand il allume la télé ou feuillette les journaux, ne peut que se voir partout où il pose les yeux, Kane est une figure démultipliée – démultiplication, nous disent Welles et Mankiewicz, qui est la cause de sa chute. Il voulait tout, et il a tout perdu ; il voulait être le plus grand, et il est disparu : « Rosebud » est le nom de la luge avec laquelle il jouait au moment où ses parents l'ont confié à son tuteur, une luge brûlée dans la dernière séquence du film, avec un tas d'autres objets jugés inutiles ou de peu de valeur, sans que personne n'en ait jamais compris le sens.

*

Un des commentaires que fait *Citizen Kane*, à travers la représentation du domaine de Xanadu, ne concerne-t-il pas les hommes et l'architecture, les hommes avides de pouvoir qui construisent le monde à leur image, des architectes qui tiennent le monde au creux de leur main ?

Les jeux d'échelle exploités par Welles ne sont pas sans évoquer le travail d'une star du design comme Philippe Starck. Jouant d'ironie à l'hôtel Delano de Miami South Beach, Starck invente un univers digne de l'autre côté du miroir, combinant, comme Welles dans Xanadu, époques et genres divers, pour créer un effet surréel, monde de cauchemars ou de rêves où la plage lumineuse cède la place à un château écossais, sombre et mystérieux, où il sera quelque peu étrange de rentrer en bikini au retour de la mer. Mais quand c'est logique, dit Starck, ce n'est pas érotique, d'où le besoin de faire le contraire de ce à quoi on s'attend :

> J'en ferai un château obscur en Écosse. Quand on ira à la plage au soleil, dans nos petits bikinis, on reviendra au château et ce sera terriblement sexy. Ce sera un peu dérangeant d'être presque nus au milieu d'un château irlandais ou écossais avec un foyer et des couvertures de fourrure. C'était ça l'idée, et ça marche. Avant, on disait qu'en vacances, on n'a pas besoin de culture. Ce n'est pas vrai. En vacances, on a le temps d'apprécier la culture. C'est pour ça que j'ai mis la chaise Salvador Dali et tout cet art. À l'époque, c'était très, très chic, pour Miami, et ambitieux[6].

Le *very chic* chez Starck comme dans l'univers fictif créé par Orson Welles, est en lien avec cette pratique de l'accumulation et du collage, emprunts à différentes époques et à différents styles, manière d'évoquer, dans le cas de Welles, l'impérialisme européen, qui a tout pillé pour remplir ses musées. Comme l'écrivent Welles et Mankiewicz dans le scénario de *Citizen Kane* :

> 100 000 arbres, 20 000 tonnes de marbre, voilà les ingrédients de la montagne de Xanadu. Le bétail de Xanadu : les volatiles du ciel, les poissons de la mer, les bêtes des champs et de la jungle – deux de chaque ; le plus grand zoo privé depuis Noé. Le contenu du palais de Kane : des tableaux, des photographies, des statues, les pierres d'autres palais, tout ça envoyé en Floride depuis les quatre coins de la planète, depuis d'autres maisons de Kane, des entrepôts, où ça a dépéri pendant des années. Assez pour 10 musées – le butin du monde entier.

Si Charles Foster Kane personnifie ce colonialisme cambrioleur qui n'aura jamais de butin assez gros, l'architecte-designer qu'est Starck accomplit un geste semblable, empreint d'ironie, on pourrait même dire de cynisme. Ici aussi, on remarque non seulement l'accumulation, mais l'usage de la surdimensionnalité : l'individu qui circule dans ces espaces et côtoie de tels meubles, s'y perd, se perd, perdant pied comme si un miroir avait été traversé. Aveu d'un fort égo architectural ? Cynisme de celui qui affirme changer les choses, rendre le design accessible, faire des choix éthiques, s'occuper des moins privilégiés (comme Charles Foster Kane au début de sa carrière) alors qu'en vérité, il œuvre dans le monde des nantis ?

Si Starck se targue de prendre en compte les désirs de tous, il procède suivant une organisation binaire du monde, où les femmes et les hommes existent séparément et consomment depuis cette division. Il invente et vend des produits de luxe qui lui assurent sa place sur l'échiquier du design et de l'architecture, mais sous couvert d'humour, d'ironie, de légèreté, comme s'il cherchait à ne rien gagner, comme s'il entretenait un rapport distrait avec son travail et avec le monde dans lequel il opère. Distraction qui rappelle les mots de Walter Benjamin sur l'architecture. Si, comme ce dernier le suggère, la masse distraite recueille l'œuvre d'art, « les édifices en sont les exemples les plus évidents. De tout temps, l'architecture a été le prototype d'une œuvre d'art perçue de façon à la fois distraite et collective. Les lois de la réception dont elle a fait l'objet sont les plus instructives. [...] Les édifices font l'objet d'une double réception : par l'usage et par la perception ». Une réception « qui n'est pas un effort mais une perception incidente[7] ». Ou comme le dit le personnage de Tonya Neely, dans le film *The Architect* (2006), qui veut que l'architecte qui a conçu un complexe de logements sociaux à Chicago signe une pétition réclamant leur démolition : « Ça fait bizarre de penser que quelqu'un les a imaginés, vous savez, un homme ou son fils. On a toujours l'impression qu'ils sont simplement arrivés. » Comme si les immeubles apparaissaient par magie. Comme si l'architecte était une sorte de dieu.

CHAPITRE ONZE

DES VILLES À EUX

Ce que Philippe Starck, Orson Welles, Donald Trump et les clubs privés nous invitent à penser, c'est le boys club non seulement en tant que configuration d'individus de genre masculin s'associant dans l'enceinte d'un lieu précis, mais comme lieu en soi. Le boys club est à l'image de ces immeubles dont la majorité sont dessinés et fabriqués par des hommes, sièges de nos institutions, de nos gouvernements et de nos États. Le boys club est un immeuble qu'on investit collectivement à tout instant, mais distraitement, c'est-à-dire en oubliant où on se trouve, en ne se rendant pas tout à fait compte du lieu où on met les pieds.

Le boys club est un immeuble dans une ville où tous et toutes, en principe, ont le loisir de circuler. Mais comme on le sait, encore trop souvent, à des degrés divers partout dans le monde, la ville appartient aux hommes, à plus forte raison dès le coucher du soleil. Dans *Genres, violences et espaces publics: la vulnérabilité des femmes en question*[1], la sociologue Marylène Lieber montre comment les femmes subissent un ensemble de rappels à l'ordre qui n'ont rien de grave en soi sinon qu'ils leur rappellent sans cesse qu'elles sont des proies potentielles dans l'espace public: commentaires salaces et allusions sexuelles, sourires et regards soutenus, sifflements... autant d'événements qu'on peut qualifier de micro-agressions dans la rue. L'intimidation, le harcèlement, l'exhibitionnisme, les menaces, les attaques, les violences à caractère sexuel... autant de risques encourus par les femmes qui osent s'aventurer à l'extérieur de ce qui, depuis l'ère victorienne, leur a été confié : le foyer familial. « *A woman's place is in the home* », la place d'une femme est à la maison, affirme le dicton devenu un des principes fondateurs du design architectural et de l'urbanisme américains depuis le 19e siècle, un principe dénoncé par Dolores Hayden en 1980. Reléguer les femmes à l'espace domestique, aux maisons de banlieue éloignées du centre-ville et isolées les unes des autres par un terrain, une piscine, une clôture... a pour effet de séparer les femmes au foyer du boys club. Comme l'ont exprimé les militantes françaises de l'organisation La Barbe :

> Bravo les garçons ! Grâce à votre enthousiasme et votre persévérance, vous continuez à construire des belles villes que les hommes ont toujours beaucoup de plaisir à habiter ! Nul doute que les prochains stades, les quartiers d'affaires et leurs commerces spécialisés, boîtes de nuit et salons de massage, viendront ajouter à l'attrait de ces villes dans une compétition internationale de plus en plus dure ! Comment attirer des richesses économiques dans des villes qui ne sont pas ludiques et récréatives pour vous[2] ?

*

On dit que quand les femmes sont dans la rue, c'est pour faire quelque chose ou aller quelque part. Contrairement aux hommes, elles n'ont pas le « droit » de séjourner (flâner, traîner) dans l'espace public. Du moins, le faire est risqué, et le risque encouru est celui de devenir une « femme publique ». La femme qui ne bouge pas, comme l'explique la sociologue Irene Zeilinger, est une femme mise à disposition. Pascale Lapalud, du collectif français La Barbe, investit les lieux publics avec d'autres barbues et intervient à l'Assemblée nationale et ailleurs pour dénoncer la domination masculine. Avec Chris Blache et d'autres, elles ont fondé l'organisation Genre et ville afin de contester et de comprendre la place, « sournoise et imperceptible pour la majorité, des stéréotypes du genre dans la ville ». Comme il existe peu de statistiques, le collectif, par l'expérience de « marches sensibles », observe « l'appropriation différenciée de l'espace public à partir d'un échantillon ». Ainsi, disent-elles :

> Nous avons remarqué qu'aux alentours de Belleville, 95 % des personnes assises sur un banc étaient des hommes. L'usage du banc en lui-même varie selon le genre. Nous disons souvent que les femmes s'occupent dans l'espace public tandis que les hommes l'occupent. Sur un banc, les femmes lisent, fument une cigarette, mangent un sandwich ou s'y retrouvent à plusieurs et discutent. Les hommes, eux, sont plus souvent oisifs et observent simplement les passants. On les appelle les « ravis ». Dans la rue, les femmes poussent, tirent, portent, et vont d'un point A à un point B. Et les hommes, on dit parfois d'eux qu'ils « tiennent le mur »[3].

Si cette manière d'occuper l'espace public est peut-être plus spécifique à certaines villes européennes que nord-américaines, cette analyse de la rue en tant que territoire des hommes, territoire occupé par les hommes, dépasse les frontières nationales. Pisser dans l'espace public, contre un buisson ou un mur ; parler, rire et crier fort ; marcher en groupe compact de manière à occuper le trottoir sans se soucier de le partager en ralentissant ou en se plaçant de côté... autant de façons d'occuper l'espace. Dans les transports en commun, le *manspreading* a été dénoncé au cours des dernières années, certaines femmes imitant la manière masculine de s'asseoir cuisses écartées, ce qui non seulement expose les organes génitaux mais double la surface occupée, astreignant la personne voisine à se tasser sur elle-même[4].

À quoi ressemblerait une ville non sexiste ? demandait Dolores Hayden[5]. À des espaces communs et coopératifs (des immeubles d'habitation construits autour de cours intérieures, ou des quartiers où il est possible de faire du covoiturage), des rues et des parcs sécuritaires, c'est-à-dire accessibles et bien éclairés, des réseaux de transport collectif (métro, autobus, vélos) aux horaires agencés et adaptés aux vies des femmes, plus à même de se déplacer plusieurs fois par jour (elles sont encore souvent responsables des tâches domestiques, des soins à donner, en plus du travail salarié, et sont plus fréquemment pigistes que leurs pairs). À Vienne, en 1993, des urbanistes ont développé le projet Frauen-Werk-Stadt (Femmes-Travail-Ville), élaborant des immeubles à logements avec des espaces verts et des cours intérieures, où on trouvait aussi des garderies, des pharmacies, des cliniques médicales. La Ville de Vienne elle-même, prenant le relais, a élargi les trottoirs, éclairé les sentiers et les ruelles, redessiné les parcs afin qu'on puisse y circuler en sécurité.

Virginia Woolf plaidait pour que les femmes obtiennent un lieu à elles – *a room of one's own*. Pendant des années, on s'est dit qu'il s'agissait d'une chambre[6] – il fallait bien commencer quelque part ! Mais ce qu'il faut entendre, maintenant, dans le mot *room*, c'est l'ubiquité du lieu, et voir apparaître non seulement une chambre dans une maison, mais un immeuble, la rue, la ville, les institutions… en somme, l'image du monde entier.

*

On vit dans un monde arpenté par les hommes, conçu pour eux, mais aussi nommé par et pour eux. La toponymie, on le sait, est majoritairement masculine, les villes soulignant les accomplissements des hommes en conférant leur nom à des avenues, des artères principales, des boulevards, des ponts, des stations de métro, des aéroports… autant de manière de déposer la marque masculine sur un territoire et d'y inscrire une seule mémoire. Geste qui fait partie de la « *mentrification* » – version genrée de la gentrification, un mot imaginé par @thelilithnoir.

> La « gentrification » décrit le processus par le biais duquel on « améliore » un endroit pour qu'il soit « conforme aux goûts de la classe moyenne », la « *mentrification* » participe d'un processus semblable de transformation du statut en épinglant sur l'histoire de la participation des femmes et de leurs réalisations une guirlande de phallus[7].

Ainsi, par comparaison, les noms de femmes dans l'espace urbain sont quasi absents[8]. Yves Raibaud[9], dans *La ville faite par et pour les hommes*, note qu'à Bordeaux, « les hommes s'arrogent 92 % des noms de rue, et les plus grands axes », tandis qu'à Paris, 123 avenues sur 130 portent des noms d'hommes. Présidents, ministres, maréchaux, généraux, colonels, commandants, professeurs, poètes, philosophes... chacun a sa rue. Et les femmes se partagent le reste. À Montréal, sur 6 000 noms, 6 % sont des noms de femmes.

Force est donc de constater qu'on n'honore pas les femmes en donnant leur nom à un lieu du paysage urbain, ou très peu. Peut-être parce que ce qu'elles font n'est pas considéré suffisamment honorable, ou parce que tout simplement, on ignore ce que les femmes ont accompli, et qu'on ne sent ni le besoin ni le désir de s'informer. Et la même chose peut être dite au sujet des communautés culturelles et autochtones, nettement sous-représentées. La Ville de Montréal soutient que sa division du patrimoine fait déjà de la *discrimination positive* depuis une vingtaine d'années. Son plan d'action indique que, « au moment d'une désignation d'un toponyme, si le choix existe entre un nom d'homme et un nom de femme, ce dernier sera privilégié[10] ». Mais il ne s'agit pas seulement de choisir l'une plutôt que l'autre ; il s'agit de sortir du boys club, de ne pas faire le choix moral, éthique, et donc en quelque sorte faux – choisir une femme parce que c'est une femme et ainsi laisser entendre que le choix de l'homme était le meilleur mais a dû être écarté pour des raisons politiques.

*

Oui, les hommes nomment la ville. D'abord, ils la nomment en tant que femme « à pénétrer comme un corps féminin », écrit Pierre Sansot[11] : ces villes que nombre d'écrivains et artistes ont représentées comme des lieux de conquêtes sexuelles, amoureuses ; ces hommes « bien cultivés et bien blancs » qui ont vanté les villes érotiques à travers le monde, les quartiers de plaisir, les destinations exotiques où opère le charme des très jeunes femmes. Il faut relire cette littérature prestigieuse à travers le prisme du harcèlement et des violences sexuelles pour observer les représentations masculines de la ville dont les femmes font les frais, et qui exaltent et banalisent la drague agressive la plus directe[12]. Ensuite, ils la nomment à leur image. Ils y inscrivent leur empreinte. Raibaud parle de « la ville des garçons », évoquant (en ce qui concerne la France, mais ce phénomène peut être élargi à l'ensemble de l'Occident) les équipements consacrés aux sports majoritairement pratiqués par les garçons. « Cherchez dans la ville, écrit-il, un équipement spécifique où 60 000 femmes s'adonnent à leur loisir favori[13] ! »

De fait, on en vient à penser que les activités masculines sont survalorisées par rapport aux activités privilégiées par les filles (de par leur socialisation) ; la preuve a été faite que les objets culturels favorisés par les adolescentes et le statut de celles-ci en tant que « fans » ont tendance à être dévalués en comparaison avec ce qui est choisi par les adolescents. Raibaud affirme que les filles souhaitent « sortir, s'amuser, jouer dehors, entre elles ou avec les garçons. Ce qu'on les empêche de faire de façon implicite – par l'absence de commodités, de services, de lieux dédiés – ou explicite – en raison de l'agressivité des garçons, des conseils de prudence des parents et de l'entourage[14] ». Ainsi, la non-mixité procède par exclusion des filles et les espaces pour garçons deviennent, trop souvent, le lieu où s'exprime non seulement une masculinité exacerbée, mais aussi le sexisme et l'homophobie. Les garçons deviennent ainsi des hommes, mais le club qu'ils forment s'érige sur la violence envers les femmes et par opposition aux traits considérés féminins, d'une façon ou d'une autre.

Pour le dire en empruntant les mots de Françoise Collin, la rue est un des « lieux-tenant » de l'ennemi principal[15]. La ville, au final, a un nom et un visage masculins, ce qui n'est pas sans lien avec le fait que ses rues sont la scène d'un harcèlement ordinaire et quotidien. Comment on circule dans la rue, comment on l'habite, qui l'occupe et de quelles façons, à combien ? Autant de questions qu'on peut poser concernant la place des corps, de tous les corps, sur les trottoirs, dans les voitures, sur les vélos, à pied, dans la lumière et dans le noir. Depuis le documentaire de Sofie Peeters portant sur Bruxelles, *Femme de la rue* (diffusé en juillet 2012 sur la chaîne flamande Canvas), la création du site Hollaback ![16], les campagnes d'affichage contre le harcèlement de rue, la diffusion sous forme de BD d'expériences de harcèlement de rue dans *Projet Crocodiles*, le mouvement #AgressionNonDénoncée, les diverses *slutwalks* et manifestations de type *Take back the night*… le harcèlement de rue et ses variantes sont non seulement de plus en plus étudiés mais dénoncés. Les témoignages abondent de même que les efforts de mobilisation : par exemple, le service « Entre 2 arrêts » à Montréal, la campagne « Reprendre le métro » de l'association Osez le féminisme, en France, qui a aussi entrepris de renommer les lieux de Paris pendant une nuit en août 2015, le quai de la Tournelle devenant ainsi le quai Nina-Simone.

*

Est-ce que les choses ont vraiment changé depuis la description que faisait Virginia Woolf, dans *Trois guinées*, du monde vu par les femmes « du seuil de la maison familiale, à travers le voile que saint Paul tend toujours devant nos yeux; tel que nous le voyons du pont qui relie la demeure familiale à l'univers de la vie publique[17] ? » Quel drôle de monde, commentait Woolf, qui, à première vue, « est extrêmement impressionnant. Dans le même espace très réduit s'entassent la cathédrale de Saint-Paul, la Banque d'Angleterre, la résidence du lord-maire, les bâtiments majestueux mais néanmoins funèbres du palais de justice et, de l'autre côté, l'abbaye de Westminster et le Parlement[18]. » Dans ces lieux, pères et frères ont passé leur vie; « c'est dans ce monde-là que celui de la demeure familiale a puisé ses croyances, ses lois, ses vêtements et ses tapis[19]. »

Ces lieux retiennent le regard de Woolf d'abord par leurs « proportions colossales », leur « architecture gigantesque ». Des immeubles semblables à des vêtements, coiffures, bijoux et accessoires, « arsenal décoratif[20] » à l'image des cérémonies que « vous accomplissez toujours ensemble, toujours en cadence, toujours revêtus de l'uniforme correspondant à l'homme et à l'occasion[21] ». Si les hommes ont des lieux à eux (le club privé, à l'époque où Woolf écrit à la veille de la Deuxième Guerre, fait partie intégrante du paysage social), les femmes n'ont pas de lieux à elles, pour écrire, créer, réfléchir. Les lieux existants, au contraire d'inclure, excluent. C'est le cas des collèges dont parle Woolf; c'est celui de nombre d'institutions aujourd'hui. D'où l'importance, pour penser le boys club, d'en penser les lieux, et donc l'architecture.

CHAPITRE DOUZE

ARCHITECTES DU MONDE

On pourrait dire que les architectes, depuis le début des temps, érigent l'édifice de la domination masculine et logent les boys clubs. Il n'y a pas d'immeuble sans argent, pas d'architecture sans banque, pas d'architectes sans hommes d'affaires ou sans membres du gouvernement. Si les institutions existent à travers leur immobilisation – on ne peut pas imaginer un gouvernement sans parlement, une grande entreprise sans siège social, une université sans pavillons – voit-on vraiment les immeubles devant lesquels on passe? Sait-on qui les a imaginés? Ou est-ce qu'on circule sans vraiment s'en rendre compte, sauf quand l'immeuble est un monument, qu'il est reconnu comme un objet d'art et celui qui l'a conçu comme un artiste, quelqu'un d'important dans l'histoire de la création? D'une certaine façon, il faut décider de s'intéresser à l'architecture pour la voir et faire apparaître les visages derrière la façade des immeubles.

*

C'est un secret de polichinelle: le milieu de l'architecture est principalement masculin. Alors que les écoles d'architecture ont vu, de manière générale, le nombre d'étudiantes augmenter – elles forment environ la moitié du corps étudiant –, le corps professoral, lui, demeure majoritairement masculin: en 2015, aux États-Unis, seulement 25%

des professeurs étaient des femmes. Les évaluations de l'étudiant·e qui présente son projet font non seulement partie intégrante de la formation, mais donnent l'impression d'une sorte de bizutage qui a pour objectif d'éprouver, de rendre plus solides celles et ceux qui, plus tard, devront exposer et défendre leurs choix à leurs client·e·s[1]. Le pourcentage de femmes embauchées en tant qu'internes dans les bureaux d'architectes diminue de 10 % par rapport au nombre d'étudiantes diplômées, elles ne sont qu'environ 20 % à obtenir leur licence d'architecture, et finissent par ne représenter que 17 % des associé·e·s dans les firmes[2].

Au cours des dernières années, nombre de publications rendent compte de l'écart entre la place occupée par les hommes et celle occupée par les femmes dans le monde de l'architecture, écart qui se creuse encore davantage quand on prend en compte d'autres facteurs, comme la couleur de la peau, l'origine culturelle, l'identité de genre, etc. L'architecture est un lieu d'intersection des privilèges. La majorité des architectes, et de ceux qui sont retenus par l'histoire ou qui jouissent actuellement d'une réputation internationale, sont des hommes blancs. Plusieurs ouvrages et articles récents dénoncent l'inégalité, le sexisme, voire la misogynie qui continuent de dominer le monde de l'architecture, sorte de boys club par excellence dans la mesure où, contrairement aux gouvernements élus qui représentent la population (de manière souvent inadéquate, mais néanmoins...), l'architecture demeure une chasse gardée. L'architecte, dont la pratique relève à la fois de l'art, des sciences, de l'ingénierie et des affaires, incarne une sorte d'homme-orchestre, un « homme de la Renaissance ».

En 2018, le American Institute of Architects de San Francisco a diffusé les résultats d'une enquête menée auprès de 15 000 répondant·e·s dans tous les États américains et sur les six continents[3]. (Au Québec, l'Ordre des architectes indiquait une augmentation du nombre de femmes, mais il reste que les hommes sont deux fois plus nombreux dans la profession[4].) Les hommes blancs, dont la présence est tentaculaire à tous les niveaux de la pratique, et, après eux, les hommes noirs, latino-américains et asiatiques, occupent le haut de l'échelle. De plus, les architectes et designers femmes ou issu·e·s de la diversité gagnent moins que leurs collègues masculins et blancs, et ont moins de chances d'accéder à un poste de leader. Les mères, en particulier, payent le prix de la maternité dans leur carrière et les firmes d'architecture sont lentes à adopter les meilleures pratiques en matière d'équité. De manière générale, les architectes interviewées pendant cette enquête (ce qui a été confirmé aussi par une étude du *New York Times*, « I Am Not the Decorator: Female Architects Speak Out », menée auprès de ses lectrices après le décès soudain de Zaha Hadid, en 2016, seule femme récipiendaire du prestigieux Pritzker Prize) ont révélé que la culture architecturale est toxique, et que les femmes n'y sont pas des victimes mais des cibles. Les femmes architectes décrivent être perçues d'emblée, lors des réunions avec des clients, comme des assistantes, des secrétaires; on fait des commentaires sur leur syndrome prémenstruel ou sur une éventuelle grossesse, des collègues refusent d'être dirigés par une femme. Dans le *New York Times*, Yen Ha écrit:

> Tous les jours, je dois rappeler à quelqu'un que je suis, dans les faits, une architecte. Et parfois, pas seulement une architecte, mais *l'*architecte. Je ne suis pas blanche, je ne porte pas de lunettes à la monture noire excentrique, je ne suis ni grande, ni mâle. Je ne corresponds à aucun des préjugés définissant à quoi doit ressembler un architecte, ce qui veut dire qu'à chaque fois que je me présente en tant qu'architecte, je dois surmonter ces préjugés. Chaque nouveau projet signifie la présence d'un nouvel entrepreneur qui tient pour acquis que je suis l'assistante, la décoratrice ou la stagiaire. En général, ce n'est pas avant la troisième rencontre que l'équipe du projet s'adresse à moi pour trouver les réponses à des questions qui concernent l'architecture[5].

*

Le portrait type de l'architecte en tant qu'homme blanc de haute taille, portant des lunettes à monture noire (de préférence rondes) sur le nez, est un stéréotype qui a la vie dure: par exemple, la firme danoise BIG (qui connaît aujourd'hui un grand succès) a pour nom de domaine en ligne « big.dk », ce qui se lit bien entendu comme « *big dick* ». « Gros pénis »: ce trait d'humour résume, à lui seul, ce qui ne va pas dans le milieu de l'architecture, comme l'indique Allison Arieff[6]. Les mentors et les exemples de femmes qui ont marqué le monde de l'architecture de manière générale sont rares : combien de femmes architectes autres que Zaha Hadid pouvons-nous nommer ? demande-t-elle.

L'histoire de Denise Scott Brown et de sa collaboration avec son conjoint, une collaboration sous-estimée et dévaluée puisque le travail a systématiquement été attribué à son mari, est emblématique de la place réservée aux femmes dans un monde machiste. « Le révolutionnaire moderniste de l'architecture armé de sa technologie d'avant-garde, prêt à sauver les foules de la production de masse, est l'image la plus macho qui soit[7]. » Encore aujourd'hui, de manière générale, les femmes ne sont pas incluses dans les syllabus, sont moins souvent invitées comme critiques ou conférencières, et les personnes dirigeant des ateliers de construction dans les universités sont presque uniquement des hommes : les étudiantes hésitent encore, à la fois à cause de leur socialisation et de l'attitude de leurs collègues masculins à leur endroit, à utiliser nombre d'outils et de machines. Une fois les études terminées, les choix faits par les femmes architectes quant aux immeubles qu'elles veulent dessiner ont tendance à être dévalués – on ne jure que par le « génie masculin » et les gratte-ciel des Frank Gehry, Norman Foster, Daniel Libeskind et autres. Se trouvent ainsi mises au rancart les dimensions sociopolitiques de l'architecture, questions qui animent, on le devine, le plus souvent les architectes issus des minorités et de la diversité. Comme l'explique Liz Ogbu : « Sous plusieurs aspects, l'architecture est une profession qui est la quintessence du patriarcat blanc dominant, depuis les "starchitectes" les plus célébrés jusqu'au fait, le plus souvent, de s'intéresser à des immeubles à cause de leur beauté plutôt que pour la qualité de vie qu'ils rendent possible[8]. »

Cette question de la qualité de vie par-delà la beauté des immeubles est centrale, non seulement en ce qui concerne la création architecturale contemporaine, mais pour comprendre l'histoire de l'architecture. Depuis Vitruve et l'Antiquité[9], le langage de l'architecture est ancré dans une sexualisation des formes et des matières. L'architecture s'inspirait du corps humain, c'est-à-dire du corps masculin : harmonieux, ordonné, puissant, musclé, sans ornements[10]. Le féminin était considéré incertain, comme l'écrivait Cennino Cennini au 15e siècle, ne représentant pas adéquatement les proportions du corps humain (la femme, cet animal irrationnel, disait-il, n'a pas de proportions déterminées) ; dès lors, elle est associée au supplément, à l'ornement. Douces, souples, soumises à l'ensemble, impuissantes, fragiles... Si les lignes masculines soutiennent le dessin, les lignes féminines le décorent. Comme le montre l'homme de Vitruve de Léonard de Vinci (appliquant les recommandations de Vitruve lui-même dans ses livres sur l'architecture), la figure masculine domine la manière dont on se représente l'humain. Cette domination continue jusque chez les architectes contemporains, Le Corbusier, par exemple, inventant le Modulor (1945), cette silhouette humaine standardisée qui soutient la conception de ses unités d'habitation. Le Corbusier souhaitait établir un lien de confort maximal entre l'Homme et l'espace dans lequel il vit – l'Homme, plutôt que les hommes ou les femmes. Tout, ici, a à voir avec les proportions – « Modulor » est un mot forgé à partir de « module » et « nombre d'or », ce dernier ayant déterminé les proportions du Modulor[11].

*

Le monde de l'architecture, suivant ces grandes catégories genrées, relègue donc le féminin au décoratif et fait du masculin le vecteur de l'essence formelle : l'espace masculin est créé en dépouillant l'architecture, en la ramenant au strict nécessaire. Comme l'indique Mark Wigley, selon la théorie architecturale classique, l'immeuble doit correspondre au corps de l'homme, mais ce corps architectural, dans les faits, est quelque chose comme une femme – un objet qu'on observe, qu'on admire, qu'on habille ou déshabille. D'où l'importance accordée à l'ornement. Les architectes – hommes – dessinent ensemble des immeubles à l'image du corps masculin, créant, au final, un objet qu'ils traitent comme on traite les femmes. Ainsi, ce qui est intéressant, dans la lecture que propose quelqu'un comme Mark Wigley, c'est de voir l'architecture elle-même comme un objet féminin domestiqué par des hommes architectes, l'architecture comme le lieu où se dépose le regard, une chose à voir, et qui est habitée par le regard, par un homme qui voit (propriétaire, voisin, public, critique...). Comme le pointe Wigley, la pensée féministe a bien montré comment la représentation, le fait de regarder ou d'être vue, est important sociopolitiquement : « Ce qui est si attirant dans le féminin, c'est la présence annoncée et la promotion du masculin. L'homme est attiré par le mythe qu'il construit de lui-même[12]. » C'est la fine ligne blanche, suggère Wigley, la fine ligne du blanc[13] qui trace la frontière entre la structure et la décoration, domestiquant l'immeuble (féminin) afin de faire une place pour la discipline (masculine) de l'architecture[14] :

> La théorie de l'architecture a pour objectif de contrôler l'ornement, de limiter sa mobilité, de le domestiquer en lui attribuant « sa place » [...]. La pratique de l'ornementation est régulée de manière à ce que l'ornement représente et consolide l'ordre de l'immeuble qu'il habille, un ordre masculin. L'ornement est utilisé de manière à rendre cet ordre visible. La femme domestiquée est la marque de l'homme, le signe matériel de sa présence à lui, immatérielle. En vérité, si la théorie architecturale classique édicte que l'immeuble doit avoir les proportions d'un corps d'homme, le corps qui est en train d'être composé, la matière qui est en train d'être mise en forme, est bien une femme. Les vêtements font l'homme, mais ils sont féminins. L'homme est une construction culturelle qui naît du contrôle du féminin[15].

Ainsi, une mince couche de chaux sur les murs de l'immeuble moderne est associée à des traits masculins tels que la logique, l'hygiène, la vérité. Malgré son apparente invisibilité, cette couche de blanc parle. C'est une couche supplémentaire, une forme de vêtement appliqué à la surface des immeubles – une peau blanche, comme celle que décrit Alberti au 15e siècle, qui fait écran, qui décore l'immeuble en le recouvrant, mais d'une manière qui enfonce le clou de la masculinité. Ainsi, si Alberti dit de l'immeuble qu'il est construit « nu » et habillé par la suite, cette peau blanche n'est pas vraiment un ornement. C'est l'habit du genre masculin, son affirmation sous couvert de neutralité[16]. L'idéologie du blanc, comme l'écrit Wigley, est au cœur de l'architecture depuis Alberti (et, avant lui, Brunelleschi) : la construction d'un regard posé sur une surface blanche fait partie des institutions qui encadrent l'architecture au fil des siècles, qu'il s'agisse des statues classiques en marbre blanc, des murs des galeries d'art, des manteaux blancs portés par les étudiants aux Beaux-Arts, ou des murs blancs du design moderne[17]...

La question du blanc ne peut, aujourd'hui, qu'évoquer Le Corbusier et sa « loi Ripolin » :

> Chaque citoyen est tenu de remplacer ses tentures, ses damas, ses papiers peints, ses pochoirs, par une couche pure de Ripolin blanc. On fait propre chez soi : il n'y a plus de coin sale, ni de coin sombre : tout se montre comme ça est. [...] Vous serez à la suite du ripolinage de vos murs maître de vous. Et vous voudrez être exact ; être juste, penser clair[18].

C'est la loi du « blanc extraordinairement beau » :

> Si la maison est toute blanche, le dessin des choses s'y détache sans transgression possible, le volume des choses y apparaît nettement ; la couleur des choses y est catégorique. Le blanc de chaux est absolu, tout s'y détache, s'y écrit absolument, noir sur blanc ; c'est franc et loyal. [...] C'est un peu les rayons X de la beauté. C'est une Cour d'assises qui siège en permanence. C'est l'œil de la vérité. Le blanc de chaux est extrêmement moral. [...] Le lait de chaux est la richesse du pauvre et du riche, de tout le monde, comme le pain, le lait et l'eau sont la richesse de l'esclave et du roi[19].

Pureté, perfection : il faut, d'après Le Corbusier, jeter la « lâcheté de n'oser se séparer, et cette laideur d'accumuler » et instaurer « le culte du souvenir », c'est-à-dire se défaire d'une certaine matérialité, celle qui fait tache, qui participe au bariolage de l'espace, et s'en tenir à la pensée ; se défaire de l'ornement pour s'en tenir aux murs, à la structure et à son efficacité, à la pureté et à la netteté du blanc, manière de libérer l'esprit et de créer une symbiose entre la maison et la conscience : « Quand l'ombre et les coins noirs vous entourent, vous n'êtes chez vous que jusqu'à la limite trouble de ces zones obscures que votre regard ne perce pas ; vous n'êtes pas maître de vous. » Mais cette blancheur n'est pas innocente ; de fait, elle est devenue la couleur préférée des boys club en général, du boys club de l'architecture en particulier.

*

Les voix s'élèvent de plus en plus pour dénoncer la blancheur du milieu de l'architecture. Julian Rose, en 2017, notait l'importance du commentaire de Michelle Obama, une année plus tôt, soulignant qu'elle habitait dans une maison – la Maison-Blanche – construite par des esclaves[20]. Plusieurs sont restés dubitatifs devant une telle affirmation, certains tenants de la droite refusant de reconnaître que des esclaves ont permis l'érection du siège du gouvernement. Ce que cette controverse met en lumière, toutefois, c'est la transparence de l'architecture, comment on tend à oublier qu'elle est tributaire de mains humaines (artisans, ouvriers, menuisiers, plombiers, etc.) qui, suivant les époques et les lieux, suivant les architectes et les entrepreneurs impliqués, sont plus ou moins mal traités. Comme si la blancheur des bâtiments était garante d'une certaine pureté. On oppose, consciemment ou non, cet homme de la Renaissance qu'est l'architecte (penseur et créateur, qui le plus souvent ne construit pas) aux ouvriers et artisans chargés du travail physique. On oppose cette figure de l'homme moderne, donnée comme universelle alors qu'elle est européenne et coloniale, et les corps de travailleurs chargés de bâtir l'immeuble.

Ce que soulignent Julian Rose et Mabel O. Wilson, c'est la manière dont l'architecture coloniale « construit la blancheur » et donne pour mondiale une histoire de la culture qui est avant tout européenne – l'Amérique, dit Wilson, est née de ce processus de colonisation, de la conquête génocidaire des Premières Nations et de la déportation des peuples subsahariens déshumanisés par l'esclavage. D'où son scepticisme par rapport à l'habitude qu'on a de voir l'architecture comme un « agent du progrès » :

> L'architecture a toujours soutenu l'Homme avec un grand H, qu'on parle de l'homme de Vitruve dans l'Antiquité classique ou du Modulor de Le Corbusier dans l'architecture du 20e siècle, et l'architecture a toujours exclu d'autres manières d'être humain. [...] L'architecture a toujours été un agent du pouvoir, peut-être à son insu, peut-être inconsciemment ; elle a été le moyen par le biais duquel les gens de pouvoir ont littéralement construit leur monde[21].

La blancheur, comme le dictait Le Corbusier, efface la mémoire, l'Histoire, les crimes. Et les immeubles s'érigent comme s'ils étaient issus de nulle part, neutres, sans lien aucun avec la politique et les idéologies, comme de simples lieux où évoluent des sujets libres[22]. Les immeubles apparaissent comme Vénus sortant de l'écume de mer, Athéna née tout armée de la tête de Zeus. Car ils incarnent, d'abord et avant tout, la beauté.

CHAPITRE TREIZE

LE RÈGNE DE LA BEAUTÉ

Le cinéma de masse révèle, parfois à son insu, la dimension politique de l'architecture et sur laquelle, trop souvent, celle-ci ferme les yeux. Les personnages de héros architectes disent quelque chose de la manière dont les architectes participent à la construction du monde. Il en est ainsi du personnage joué par Henry Fonda, dans *Twelve Angry Men* (1957), le juré numéro huit, qui incarne la justice et qui parvient à faire basculer les positions des autres membres du jury. Il en est de même du personnage de Leo Waters dans *The Architect* (2006), dont le complexe de logements sociaux est devenu, à cause de son design, un lieu de criminalité ; il finira par accepter de signer une pétition demandant sa démolition[1]. Enfin, le personnage de Flipper Purify, joué par Wesley Snipes dans *Jungle Fever* (1991), est lui aussi architecte. Si ce film de Spike Lee aborde la question des relations amoureuses et sexuelles à l'aune du racisme, le fait que le héros soit architecte n'est pas innocent, ce milieu de travail demeurant, surtout à l'époque où le film a été réalisé, un milieu blanc, et la représentation la plus commune de l'architecte étant celle d'un homme blanc à la Howard Roark, héros du roman culte de Ayn Rand, *The Fountainhead*, adapté au cinéma par King Vidor (*Le Rebelle*, 1949). Un film qui, depuis sa sortie, est vu et revu par les étudiant·e·s en architecture qui à la fois vénèrent, moquent et craignent le héros qui en est l'épicentre.

*

L'architecte Howard Roark incarne l'idéal (« *the presentation of the ideal man* », écrit Rand) non seulement de l'architecte, mais du masculin. Son pouvoir est tributaire d'une croyance populaire qui veut que les dessinateurs d'immeubles, comme les structures qu'ils dessinent, représentent l'essence de la masculinité :

> La prose tranchante de Rand place à la fois la masculinité et l'architecture dans un monde naturel transcendantal. « Son visage était comparable à une loi de la nature, quelque chose qu'on ne peut ni interroger, ni altérer, ni implorer[2]. » Le corps robuste de Roark, composé de lignes droites et d'angles, chaque courbe divisée en plans, vu contre le décor du ciel, donne l'impression d'une description de la célèbre demeure Fallingwater de F. L. Wright[3].

Dans *Stud : Architectures of Masculinity*, Joel Sanders affirme du personnage de Roark qu'en lui se concrétise l'adéquation entre la masculinité et l'architecture :

> L'architecture de la masculinité opérée par Rand est une des manifestations les plus dramatiques, même si ce n'est pas la première, du principe qui veut que les immeubles dérivent de la forme humaine – et en particulier en ce qui concerne l'unité, l'échelle et les proportions du corps masculin[4] .

Le film tiré du roman, réalisé par King Vidor en 1949, met en scène Gary Cooper en Howard Roark, architecte intègre et pur artiste, modèle d'humanité et de génie, archétype de la masculinité. Soixante-cinq ans plus tard, le réalisateur Denys Arcand, dans *Le règne de la beauté*, reconduit les clichés entourant l'architecture et le masculin, version contemporaine.

Admirateur de Pierre Thibault, dont il montre plusieurs créations dans son film et tout au long du générique de la fin, Arcand imagine l'architecte du monde matériel à l'image de ce grand architecte qu'est Dieu. La première séquence de son film reprend là où s'arrête *The Fountainhead* : dans le ciel. Si, à la fin du film de Vidor, Roark est debout au sommet du gratte-ciel qu'il est en train de construire, attendant que vienne l'y rejoindre la femme de sa vie, Dominique Francon (le seul personnage féminin du film), *Le règne de la beauté* commence au-dessus du Trocadéro, à vol d'oiseau. Le héros, Luc Sauvageau, est à Paris pour recevoir le Levinson Award for Architecture. Pendant son discours, il affirme qu'« une civilisation est toujours jugée sur son architecture. Construire est un acte d'espoir, espoir que ce que nous faisons sera utile et beau, espoir de dire aux gens du futur qui nous étions, et espoir de les toucher comme nous l'avons été par ceux qui sont venus avant nous ». Tout au long du film, Arcand explore cette civilisation fabriquée par ses architectes.

*

On reconnaît, dans *Le règne de la beauté*, le cynisme et le sarcasme des professeurs du *Déclin de l'empire américain*, la fausseté de certains personnages de *Jésus de Montréal*, la critique d'un monde où le paraître l'emporte sur l'être. Les maisons ciselées de Thibault, leur ouverture sur la nature, leur transparence, apaisent par leur beauté et épuisent par ce qui les sous-tend : un silence qui pourrait être lourd de secrets, de non-dit, mais où on peut aussi voir le signe du vide – d'une vie intérieure absente, d'une beauté qui signe le règne de la superficialité. Les personnages montrés à l'écran n'ont vraiment rien à dire, comme si le monde lui-même ne voulait rien dire, que tout avait déjà été dit, ou qu'il n'y avait plus rien à dire devant tant de beauté… si vide de sens[5].

Arcand réussit parfaitement à faire régner la beauté. Mais ce faisant, il réussit deux choses à la fois : promouvoir le beau, et en révéler le danger. La beauté que porte le film n'est pas sans évoquer la grandiosité des Grecs ou des Romains, les maisons de Thibault occupant ici la place des monuments, où évoluent des personnages (tous blancs et au physique agréable) dont on pourrait dire qu'ils sont autant de coquilles à l'image de ces magnifiques produits de l'architecture. Arcand fait entendre la plainte de l'architecte en manque de reconnaissance alors qu'il est convaincu que ce qu'il dessine est fondateur. Cette prétention se double, tout au long du film, d'une arrogance masculine : l'architecte Luc Sauvageau incarne un condensé de l'humanité, son représentant ultime, celui qui en marque le passé et en installe l'avenir, celui qui trace les contours d'une maison où logent l'Histoire, l'art, le savoir, la pensée, la beauté... On pourrait croire que dans cette importance accordée à l'esthétique, tout comme dans cet investissement dans la demeure, l'homme d'affaires, l'homme créateur, l'homme ingénieur est aussi un homme de maison – une sorte d'homme au foyer. Pourtant, rien ne serait plus faux, puisque cet homme-architecte-héros occupe toutes les places. À l'image d'un dieu omniprésent, il se dresse devant des femmes qui ne sont rien, qui ne disent presque rien, qu'on ne voit pour la plupart qu'en rapport avec la cuisine et la nourriture, le sport et le sexe, en somme dans un rapport au corps – y compris le personnage joué par Marie-Josée Croze, médecin homosexuelle. Sans doute la seule femme qui tient son bout dans le dialogue, elle est littéralement rabaissée dans une scène à la clinique où Sauvageau, craignant une ITS, est debout devant elle qui est accroupie pour l'examiner comme si elle lui faisait une fellation.

Les femmes sont réduites au monde de l'apparence construit par les hommes, femmes dont la plus parfaite expression est Stéphanie, la blonde et passive conjointe du protagoniste, sorte de belle endormie, grande dépressive qu'on voit chuter, magnifique dans son évanescence, sa langueur et son anorexie. Lorsque les femmes sont vivantes, comme Lindsay Wagner, la brune amante de Luc Sauvageau, on les associe à des prostituées. À deux reprises, quand Sauvageau avoue son infidélité à des amis, ceux-ci demandent: « C'était une escorte ? » Dans le film d'Arcand, les femmes sont pures ou impures, appartenant à l'église ou au bordel ; dans tous les cas, elles sont le repos du guerrier. Le personnage de l'architecte rencontré au début du film viendra le clore. Il a vieilli. À son bras se trouve une magnifique jeune femme (son visage et son accent évoquent Frida Kahlo) dont la robe est du même rouge que le ruban de la médaille qu'il vient de recevoir. Une femme-ornement, une femme-trophée.

*

C'est d'ailleurs une scène de chasse, où on voit des hommes en tenue de camouflage à la manière de guerriers, qui semble mettre en abîme le film : pour attirer les oies sur la plage où ils pourront les tuer, Luc Sauvageau et son ami Nicolas, architecte lui aussi, plantent dans le sable un grand nombre d'oies en plastique (comme des flamants roses sur un terrain de banlieue). Au moment où les oies descendent rejoindre celles qu'elles croient être des leurs, les deux hommes tirent sur les bêtes qu'ils vont ensuite dépecer. L'architecte, comme le suggère le nom Sauvageau, est un homme sauvage, un homme de l'Histoire, un *premier* homme. Il fait apparaître ce Québec traditionnel que Serge Bouchard décrit dans son billet « Le boys club ou la théorie du cercle impénétrable » :

> Club privé pour pêcher des truites de neuf livres, club privé pour pêcher le saumon batailleur, le Québec traditionnel s'est bâti sur ces *boys clubs*, où les premiers ministres, les ministres et les sous-ministres allaient visiter dans leurs chalets luxueux les riches Américains et Anglais à qui ils avaient livré sur un plateau d'argent les plus beaux territoires sauvages du pays, avec privilège exclusif de tuer l'orignal, le caribou, le wapiti, et de pêcher dans des lacs vierges. Le club Triton, en haut de la Batiscan, un des plus beaux du Québec, s'étendait sur cinquante kilomètres carrés, et comportait plus de deux cents lacs. Il y avait deux mille clubs privés sur le territoire du Québec en 1966. J'avais vingt ans, et j'ai connu le règne des seigneurs féodaux : compagnies forestières, politiciens, grands businessmen, dont personne n'interrogeait les privilèges scandaleux. Ces affaires étaient réglées entre hommes, scotchs et cigares dans les salons des Club Houses, au club de la Garnison à Québec, ou au club Saint-Denis à Montréal. Des clubs privés, toujours des clubs privés, des secrets et des portes closes. Tout pour les messieurs américains, anglais, grands bourgeois francophones, qui buvaient et ripaillaient, protégés du commun à l'intérieur de cercles impénétrables. Alors que ce soit l'Académie française, ou l'académie des chasseurs d'orignaux à grands panaches, ces messieurs se comprenaient si bien entre eux[6].

La chasse est une activité, un sport proprement masculin. Si la pratique évoquée par Serge Bouchard renvoie à la hiérarchie des classes sociales actualisée en Europe, la manière dont elle se pratique en Amérique du Nord et comment elle y est représentée en fait un lieu d'alliance privilégié entre les hommes : la camaraderie naît au regard de la nature (de la forêt en particulier) et du monde animal auquel les hommes sont associés dans notre imaginaire depuis le début des temps. La chasse au chevreuil fait partie de la mythologie masculine et d'un « entre hommes » américain fondateur. (Elle compte suffisamment pour que William Faulkner annonce qu'il ne peut pas se présenter à la cérémonie de remise de son prix Nobel parce qu'il part à la chasse – son éditeur l'a convaincu de se raviser[7].) La chasse est liée à l'initiation des garçons à la masculinité, au *bonding* des hommes dans l'exclusion des femmes (petites amies et épouses) et de leurs règlements. Comme l'exprime un chasseur : « La saison de la chasse est l'équivalent, pour les hommes, d'un pyjama party[8]. » Entre fraternisation et barbarisation, la chasse passe par les armes à feu, l'imitation des cris d'animaux, le sang, la boucherie, la cuisine à base de viande et de gras, l'alcool, la fumée, les blagues… « Les bonnes manières sont renvoyées aux oubliettes, écrit James B. Twitchell, les blagues deviennent de mauvais goût, on cesse de se raser, le bourbon est sur la table à 17 heures, le cigare fait de l'air un brouillard, on ne cesse de se moquer des autres et pisser devient un rituel sacré[9]. »

*

La scène de chasse du *Règne de la beauté*, qui allie vrai et faux, être et paraître, reprend certaines caractéristiques d'un épisode de chasse typique comme mise en scène de la masculinité ; par ailleurs, elle est à l'image des forces qui traversent tout le film. On dirait presque un procès fait à l'artifice ou à l'ornement, comme à tout ce qui est commercial, sans âme parce que reproduit techniquement (tel ce motel où Sauvageau s'arrête, en banlieue de Québec, et qu'il quitte aussitôt pour retrouver la chambre de sa maîtresse au Château Frontenac) ; un conflit qui est au cœur du monde architectural et qui en caricature aussi la division genrée. Le rapport entre les vraies et les fausses oies s'accompagne ainsi d'un autre rapprochement entre les arbres et les plants de marijuana que l'architecte fait pousser dans la forêt de manière à ce qu'ils se confondent avec le paysage. La nature et l'artifice se replient l'une sur l'autre, à la manière des oies de chair et de plastique. Enfin, la scène de chasse trouve écho dans une autre scène où Stéphanie, l'épouse dépressive de Luc, pointe sa carabine dans la fenêtre de leur maison sublime, fenêtre qui devient l'œil de la caméra derrière laquelle, maintenant, en tant que spectatrices et spectateurs, nous nous tenons. Comme si Stéphanie menaçait de nous faire disparaître au moment où on croit qu'elle va tourner l'arme contre elle. Comme si elle mettait la caméra et le public en joue, instances menaçantes puisque consommatrices de beauté. C'est là que le film semble dire ce qu'il ne dit pourtant pas : qu'entre le vrai et le faux, le réel et sa représentation, il y a une glace sans tain. Le faux regarde le vrai sans que le vrai ne puisse lui rendre son regard.

L'architecte du faux, le cinéaste, en faisant d'un architecte son héros, fait apparaître l'architecture comme un art de la représentation, un système codé de la même façon que le cinéma ou la télévision. Comme l'indique Beatriz Colomina dans l'introduction à *Sexuality and Space*[10], si on fait le pari d'interroger le lien entre le genre et l'espace, on déplace l'architecture ; en déplaçant l'architecture, on déplace ce boys club composé d'architectes qui créent des lieux à l'intérieur desquels d'autres boys clubs s'installent pour régner – salles de conférence, vestiaires sportifs (Arcand filme une série d'hommes nus, debout côte à côte en train de se laver), terrains de chasse, cabinets de travail, musées, églises... C'est là, dans tous ces endroits qui sont autant de variations sur la notion de club privé, qu'évoluent les personnages du *Règne de la beauté*.

Affleure à la surface du film d'Arcand quelque chose comme un idéal totalitaire qui n'est pas sans rappeler les fascismes (durant la Deuxième Guerre, par exemple, mais aussi cet autre fascisme qu'est le néolibéralisme). Cet idéal fasciste s'incarne à la fois par le culte de la nature, du sport et du corps (en particulier le corps masculin dont la caméra caresse la peau lisse, les muscles tendus), et par le modernisme des lignes. Si, à l'image des maisons de Pierre Thibault, il s'agit de penser l'homme dans son univers, en harmonie avec l'espace rural ou urbain, il ne reste que des angles et des lignes dépouillées et sans ornements, une certaine dureté ou sécheresse des matières, un environnement qui donne l'impression d'être parfaitement contrôlé. Les maisons sont à l'image des formes discursives qui traversent le scénario : la sentence, l'aphorisme, le commandement, un discours qui se donne comme vérité. À la fois critique et partisan de ce regard sur le monde, avec sa caméra moqueuse et amie, Denys Arcand fait dire à son héros qu'« un édifice laid, c'est un crime contre l'humanité ». Ainsi, il nous enjoint autant d'admirer que de mesurer les risques de cette beauté, de nous demander de quels crimes au fond elle est l'alibi, et de crimes commis contre quelle portion de l'humanité…

CHAPITRE QUATORZE

TERRORISTES

Dans les suites du 11 septembre 2001, comme en une réaction décalée pour permettre de réfléchir aux attentats, Steven Spielberg réalise *Munich* (2005). C'est un film d'hommes, d'olympiens pris en otage par des terroristes, de terroristes pourchassés par des agents du Mossad, d'agents secrets obsédés par une chasse à l'homme. Le film suit la formation du groupe d'agents secrets puis son déploiement, la mise à mort des responsables présumés de la prise d'otages, mais il suit aussi leur mode de vie: comment le chef de l'équipe, Avner, prépare des repas somptueux pour ses comparses, comment ils s'assoient tous autour de la table, à la manière d'une famille improvisée doublée d'un boys club puissant, financé par le gouvernement israélien qui lui procure des armes et des bombes, des avions et des appartements afin de commettre les assassinats. Tout au long du film, qu'il s'agisse des agents du Mossad, de leurs collaborateurs ou de ceux qu'ils cherchent, les rapports entre hommes sont explorés.

*

Il y a peu de femmes dans ce film, et la plupart d'entre elles sont des mères: la mère d'Israël, Golda Meir; la mère du héros, épouse d'un militaire israélien pour qui ne compte que sa patrie; l'épouse du héros, qu'on voit d'abord enceinte, ensuite en train d'accoucher, et enfin dans son rôle de jeune mère qui accueille le retour du père-guerrier traumatisé par ce qu'il a vécu et dont elle va s'occuper. La dernière scène du film est éloquente: Avner, dont on devine qu'il souffre de flashbacks accablants, est montré en train de pénétrer son épouse, habité par les images de ce qu'il vient de traverser. La caméra en contre-plongée nous montre son regard à elle qui, on le comprend bientôt, regarde faire son mari comme si elle tentait de l'accompagner dans sa traversée de la souffrance, sans jouir elle-même de l'acte sexuel.

En ce sens, et étant donné la dimension maternelle des personnages de femmes, le quatrième personnage féminin est important. Tueuse à gages et femme fatale, qui joue de sa « fatalité » pour prendre au piège les hommes qu'elle est chargée d'assassiner, elle apparaît brièvement à deux reprises. On la voit d'abord au bar d'un hôtel, cigarette et verre à la main, alors qu'elle tente de séduire Avner, qui résiste à celle qu'il décrira à son collègue comme la « *local honey trap* » – la séductrice du coin, dans les bras de laquelle on risque de tomber. Ce collègue dont il est proche, celui qui lui a parlé ce soir-là de la difficulté que représente leur travail, il le retrouvera nu, assassiné dans sa chambre d'hôtel. Les effluves de son parfum trahiront la meurtrière, qui sera retrouvée à son tour plus tard par les chasseurs de terroristes (c'est là sa deuxième apparition) sur un bateau-mouche à Amsterdam, allongée sur son lit dans une position de pin-up, nue sous un peignoir de soie.

À l'arrivée des hommes, elle demande de pouvoir se rhabiller, leur suggère de l'embaucher maintenant qu'ils savent à quel point elle est compétente. Puis, dans une tentative ultime de séduction, elle laisse glisser la manche de son kimono, découvrant sa poitrine. C'est à ce moment-là que les hommes pointent leurs armes – de longues tiges de métal qui tirent des balles silencieuses et viennent transpercer avec précision la gorge et le sternum de la jeune femme. En tanguant, celle-ci quitte la pièce, caresse son chat, installé sur le comptoir de la cuisine et qui continue à faire sa toilette pendant que sa maîtresse défaille. Elle s'affale dans un fauteuil et meurt sous les yeux des hommes, qu'on voit en contre-plongée de son point de vue à elle, d'une dernière balle dans la tête, son peignoir ouvert sur son corps nu. Le héros, dans un geste de pudeur, rabat son peignoir pour cacher sa nudité, mais son collègue le plus âgé, réagissant avec colère, défait le geste et enjoint les hommes de laisser le peignoir ouvert et la femme morte offerte aux regards : « *Leave it !* » dit-il, c'est-à-dire « laisse ça », en faisant allusion au peignoir, ou à la femme devenue chose, objet. Dénuder une femme, la laisser nue même si elle est morte, comme si l'humiliation pouvait se poursuivre outre-tombe. L'assassinat ne suffit pas, il faut un geste de plus, une profanation du corps qui a pour objectif de réduire la tueuse à gages à son arme de prédilection : son sexe.

La scène suivante montre Avner en train de cuisiner un véritable banquet, ses mains s'affairant à découper des légumes à toute vitesse sous le regard un peu inquiet de ses compagnons : on dirait qu'il tente d'oublier quelque chose. À la fin du film, celui qui a dénudé la tueuse exprime son regret d'avoir refusé que le corps soit recouvert. Comme si cette profanation mettait en abîme la chasse à l'homme elle-même que le héros, à la fin du film, mettra aussi en question : est-ce que ces assassinats sauront véritablement faire échouer de futurs attentats, ou s'agissait-il simplement d'une vengeance ?

La femme fatale est l'exutoire des protagonistes qui trouvent en elle un prétexte pour « décharger » ensemble, dans un film où la tension monte sans cesse, non seulement parce qu'il s'agit d'un thriller – de meurtre en meurtre, et de fuite en fuite –, mais parce qu'il y est question de conflits de familles : entre la mère patrie (incarnée par Golda Meir et le Mossad), la famille d'origine (représentée par la mère du héros), et les deux familles du héros, celle qu'il fonde avec sa femme à Brooklyn, loin d'Israël, et l'autre dont il fait partie loin d'elle, le groupe clandestin des chasseurs de terroristes. Le meurtre de la jeune Hollandaise criblée de trous, stigmates quasi christiques, donne l'impression d'une vengeance contre ce qui menace les valeurs familiales américaines : une meurtrière professionnelle est mise à mort, mais c'est aussi le piège de la sexualité féminine qui est déjoué. Seul le corps féminin nu pouvait libérer la tension : il fallait enfin jouir pleinement d'un meurtre plutôt que de douter de sa validité. Il fallait, surtout, que cette femme nue gise là, au milieu d'un groupe d'hommes, que ce corps soit le point focal de leur attention et que, le regardant ensemble, ils se voient les uns les autres en train de haïr et de désirer, tout en même temps. Ce sexe de femme est l'origine d'un monde qui est à eux.

*

En 2005, au lendemain des attentats du 11 septembre 2001, ces attentats dans lesquels le gouvernement Bush-Cheney a trouvé la permission de s'engager dans une guerre contre le terrorisme, l'avocate Catharine MacKinnon essaye de penser le « 11 septembre des femmes ». Elle souligne la qualité asexuée des victimes des attentats, ces hommes de Wall Street en complet-cravate, et celui éminemment sexué du corps des terroristes. Puis, elle signale que le nombre de victimes du 11 septembre – entre 2 800 et 3 000 – équivaut au nombre de femmes assassinées par des hommes en une année aux États-Unis seulement (dont le tiers par un proche). Elle propose d'ailleurs qu'on se demande, en regardant les visages des femmes mortes le 11 septembre, qui leur a fait mal avant ce jour-là. Si, ce jour-là, un conjoint les avait tuées au lieu des terroristes, est-ce que les médias, l'opinion publique, le gouvernement, la nation se seraient attardés à leur disparition ? « Ce jour-là, écrit-elle, être un homme ne représentait pas une protection, d'où la réaction du monde entier[1]. »

Ce que le 11 septembre est venu mettre en lumière, pour MacKinnon, c'est l'hypocrisie qui consiste à faire de la guerre au terrorisme une « guerre », qui plus est, une guerre « juste », pendant que rien n'est fait pour contrer la violence faite aux femmes. La violence faite aux femmes n'est pas perçue comme une guerre parce que les États n'en sont pas tenus responsables. Elle ne correspond pas aux critères de la Convention de Genève : les combattants ne sont pas en uniforme, les femmes ne sont habituellement pas armées, de nombreuses armes utilisées contre les femmes ne sont pas considérées telles, et les femmes en général ne se défendent pas (quand elles le font, elles ne sont pas vues comme des combattantes, mais trouvées coupables de crimes). En somme, écrit MacKinnon, la lutte des sexes ne ressemble pas à une guerre et, à cause de cela, elle échappe aux règles du jeu. En fait, un certain cynisme entoure la violence faite aux femmes, un désengagement généralisé qui fait apparaître ces crimes comme banals, comme de la violence ordinaire[2]. Et bien entendu, de tels crimes sont jugés dans le contexte de lois nationales. Le souhait de MacKinnon est le suivant : si la violence contre les femmes était considérée comme une guerre civile, une portion importante de ce qui arrive aux femmes tous les jours à travers le monde serait interdite par la Convention de Genève[3].

Les victimes du 11 septembre ont d'emblée été perçues comme innocentes – c'est le propre du terrorisme que de s'en prendre à des civils plutôt qu'à des militaires. Les femmes, demande MacKinnon, ne sont-elles pas des victimes innocentes ? Ou peut-être ne sont-elles pas suffisamment innocentes ? « Ce qui arrive aux femmes est soit trop particulier pour être universel, ou trop universel pour être particulier, ce qui signifie soit trop humain pour être féminin ou trop féminin pour être humain[4]. » Et la situation « privée » des femmes est toujours considérée comme distincte de la sphère politique, alors que quand certains hommes sont victimes de violence, la cause devient politique, voire une question de droits humains[5]. Au final, dit MacKinnon, la violence contre les femmes est une forme de terrorisme au même titre que les attentats du 11 septembre[6] :

> Depuis un siècle, le nombre de victimes civiles de la guerre et le nombre de victimes non combattantes en temps de paix sont de plus en plus égaux. Ainsi, il est temps de se demander : que faire pour les femmes qui risquent partout dans le monde de subir à tout moment leur propre 11 septembre[7] ?

*

Ce qui m'intéresse dans l'argument de MacKinnon, c'est, encore une fois, l'invisibilisation des hommes – en l'occurrence, des hommes violents, et plus précisément des hommes violents envers les femmes aux États-Unis –, catégorie sociale qui n'est pas l'objet du regard, contrairement à ceux qu'on identifie comme étant des « terroristes » (d'origine arabe, issus du Moyen-Orient, musulmans…).

MacKinnon cite Benjamin : « La tradition de l'opprimé nous enseigne que l'état d'urgence dans lequel on vit n'est pas l'exception mais la règle[8]. » Et on entend, dans ses traces, Agamben sur la guerre civile :

> Dans la *stasis* [guerre civile], le meurtre de ce qui est le plus intime ne se distingue pas du meurtre de ce qui est le plus

> étranger. Mais cela signifie que le lieu de la *stasis* n'est pas à l'intérieur de la maison, mais constitue plutôt un seuil d'indécidabilité entre *oikos* et *polis*, entre parenté de sang et citoyenneté[9].

N'est-ce pas là le sens véritable du mot d'ordre féministe « le personnel est politique » (proposé par Carol Hanisch[10]), et que met en scène *Munich* ? L'opposition entre la tueuse à gages nue et le commando habillé et armé du Mossad est analogue à celle entre *zoe* et *bios*, entre la vie nue qu'on peut mettre à mort en toute impunité et l'État, entre le corps biologique et le corps politique. La nudité de la femme contraste avec les vêtements des hommes de la même façon que sa posture affalée dans le fauteuil est en contrepoint de la leur, debout devant celle qu'ils surplombent. Scène infiniment rejouée à travers les âges, d'hommes, seuls ou en groupe, dominant une femme en situation de vulnérabilité. Dans notre monde, la vie nue, la vie tuée en toute impunité, est celle, entre autres, des femmes. La vie nue, cette vie sacrifiée, dépouillée de toute humanité, dépersonnalisée, dépolitisée, est celle de tant de femmes violées et assassinées sans que justice s'en mêle, ou pas tout à fait, c'est-à-dire toujours inadéquatement.

Le cas des femmes et des filles autochtones disparues sur le territoire canadien, qui a fait l'objet d'un rapport publié en juin 2019, a été proprement nommé « génocide »[11]. S'il ne s'agit pas d'un génocide planifié par une organisation étatique, il s'agit néanmoins d'un génocide qui a lieu non seulement parce qu'on le laisse se produire, mais parce que rien n'est mis en place pour protéger les communautés des Premières Nations – les « omissions » que le rapport final de l'enquête met en exergue[12] :

> En fait, le génocide comprend différents actes létaux et non létaux, notamment des actes qui provoquent une mort lente, et l'ensemble de ces actes ont des répercussions précises sur les femmes et les filles. Cette réalité doit être reconnue pour comprendre le génocide comme étant l'une des causes profondes de la violence contre les femmes et les filles autochtones au Canada. […] Le génocide est l'une des causes profondes de la violence à l'égard des femmes et des filles

> autochtones, non seulement en raison des actes génocidaires qui ont été et qui sont toujours perpétrés contre elles, mais aussi en raison de l'ensemble des vulnérabilités sociétales qu'il entretient et qui imprègnent tous les aspects de la société canadienne d'aujourd'hui[13].

Les manquements des forces policières, l'aveuglement gouvernemental, l'indifférence générale participent tous d'une mise à mort permise, voire encouragée par divers boys clubs : corps gouvernementaux et policiers, corps politiques qui ont le pouvoir de malmener l'existence de celles qui ne représentent qu'un corps biologique, animal, dont la disparition ne laisse aucune trace.

D'un côté, des filles en série invisibilisées par leur mise à mort ; de l'autre, des boys clubs formés par une majorité d'hommes blancs en complet-cravate, invisibles dans leur exercice du pouvoir[14].

CHAPITRE QUINZE

S'HABILLER POUR GAGNER

Dans son essai *Where Are the Women Architects?*, Despina Stratigakos, relatant l'arrivée de la « Barbie architecte » à la foire du jouet de New York, en 2011, rappelle que la véritable naissance de cette Barbie a eu lieu en 2006, à l'Université du Michigan, et qu'elle était politique. Alors chercheure dans cette université, et au moment où les mesures étatiques d'action positive étaient abolies aux États-Unis, Stratigakos réfléchit aux manières dont le domaine de l'architecture érige autour de lui des clôtures visant à déterminer qui en fait partie. Et pour commencer : l'image idéalisée de l'architecte qui domine dans la profession et se trouve renforcée par la culture populaire – une image qui laisse entendre qu'architecture et féminin ne font pas bon ménage. Afin d'aborder cette question, Stratigakos cherche un nouvel angle d'approche. Elle raconte s'être alors rappelé la Barbie architecte proposée au cours d'un sondage sur ce que Barbie pourrait être. Mattel, toutefois, avait choisi de ne pas commercialiser la poupée architecte, sous prétexte que le mot ne faisait pas partie du vocabulaire des enfants. D'où la demande de Stratigakos, auprès des corps étudiant et professoral de l'école d'architecture de l'Université du Michigan, de développer des prototypes d'une Barbie architecte. Les résultats, écrit-elle, ont été étonnants : contrairement à ses propres attentes – elle imaginait une Barbie en complet noir avec des lunettes à la Le Corbusier

(« *architecture would come first, Barbie second* »), certains prototypes étudiants renversaient la donne. On avait exploré l'architecture à partir de Barbie elle-même, depuis l'angle de l'überféminité :

> Ces poupées m'ont confrontée au « femminisme » ou au « girl (grrrl) power » de la jeune génération qui cherchait à reprendre du pouvoir en incarnant la féminité dans des contextes qui l'interdisaient. Dans les couloirs vides de l'architecture, les attributs ultraféminins de Barbie n'étaient pas un signe d'oppression, mais de résistance. Ces poupées vous regardaient droit dans les yeux et demandaient : « Pourquoi les architectes n'ont pas le droit de porter du rose[1] ? »

En 2010, Mattel lançait un nouvel appel. Cette fois, Stratigakos et sa collègue Kelly Hayes McAlonie sont invitées à collaborer. Comment faire, se demandent-elles, pour concilier l'univers de l'enfance et celui du monde adulte ? Et plus encore : pour concilier l'univers masculin non seulement de l'architecture, mais aussi de la construction, qui lui est étroitement lié, et l'univers féminin de la poupée ?

Vêtue d'une robe de couleur et de bottillons noirs (au lieu des habituels talons hauts), munie de lunettes à monture noire, d'un tube à dessin rose et d'un casque de construction, Barbie architecte a été à la fois célébrée et moquée – célébrée pour la féminisation d'une industrie essentiellement masculine et misogyne, et moquée parce qu'invraisemblable. On a fait les commentaires suivants : le casque est inutile puisqu'elle n'aura pas le droit de mettre les pieds sur un chantier de construction étant donné qu'elle est une femme ; elle ressemble plus à une designer qu'à une architecte ; c'est une architecte ratée, qui doit se recycler dans le design, et ainsi de suite. Au final, les réactions ont mis en lumière les problèmes de genre intrinsèques au monde de l'architecture. Stratigakos cite Nancy Levinson dans *Design Observer* :

> Barbie architecte ne pourrait pas porter ces tenues légères au bureau, un endroit plein de vieux bonhommes, ou sur le chantier de construction, plein d'ouvriers. Elle porterait des pantalons noirs défraîchis et un chemisier froissé pour avoir passé la nuit à sa table de travail. Ses dents seraient en mauvais état faute d'assurance dentaire, et son ventre serait mou à cause

> d'une mauvaise alimentation avalée à la hâte en travaillant. Ses accessoires comprendraient un talon de paye inférieure de 30 % à celle de ses collègues masculins, des antidépresseurs, et des médicaments pour traiter son syndrome du côlon irritable[2].

Néanmoins, l'organisation d'ateliers pour enfants – entendons, pour petites filles – autour de la Barbie architecte, des ateliers ayant pour objectif de les amener à réimaginer la maison de rêve de Barbie, ont été un réel succès. Même si les petites filles ne savaient pas auparavant que des femmes pouvaient être architectes, elles ont conçu dans ces ateliers leurs propres plans pour leur maison de rêve, sans jamais remettre en question leurs capacités intellectuelles ou créatives.

Si on aime répéter que l'habit ne fait pas le moine, les vêtements et accessoires de Barbie architecte auront permis à des petites filles de s'imaginer, elles aussi, devant une table à dessin ou sur un chantier de construction. Parce qu'il faut admettre que l'adage est faux: non seulement l'habit fait le moine, mais il fait de celui-ci un homme. En somme, l'habit fait l'homme.

*

Beaucoup d'encre a coulé, ces dernières années, sur les contraintes vestimentaires, et plus généralement sur les exigences dont les femmes sont l'objet, depuis le corset jusqu'aux talons hauts en passant par le maquillage et la chirurgie esthétique. Les soirs de gala, Oscars et Césars en particulier, défilent sur les tapis rouges une variété de robes longues sur des corps plus ou moins dénudés qui brillent de mille feux comme si chaque star était « la seule et l'unique ». Aux côtés des femmes, défilent autant de smokings, une foule d'hommes qui se tiennent comme s'ils en étaient un seul. Plus récemment, certains acteurs ont osé des couleurs et matières plus audacieuses, Billy Porter allant jusqu'à arborer aux Oscars de 2019 un smoking dont le pantalon avait été remplacé par une imposante jupe longue avec traîne. Néanmoins, l'uniforme masculin perdure : complet-cravate ou smoking noir et nœud papillon. Ce qu'on appelle le *suit*, c'est-à-dire le costume.

La masculinité est costumée. Mais contrairement aux robes et autres vêtements qui font des femmes d'abord et avant tout des ornements, le costume pour homme est l'habit requis pour faire partie des moines qui forment les clubs où se brassent des affaires. Si les femmes-ornements, à la manière des mannequins, sont réduites au silence (il faut se rappeler les protestations des actrices exigeant que les journalistes les interrogent au sujet d'autre chose que leur robe sur le tapis rouge), les costumes pour hommes donnent accès à la parole. Le costume est la peau du pouvoir, l'uniforme des hommes est la métonymie de leur domination. L'invisibilisation des hommes opère par la démultiplication de leurs apparitions, alors que l'extrême figuration des femmes a pour effet de les effacer. On a ainsi, d'un côté, la transparence du masculin omniprésent, et de l'autre, le technicolor du féminin ; la monstration des unes qui participe de leur subordination, et l'invisibilisation des autres qui est partie prenante de leur domination.

*

En anglais, dans le langage commun, on surnomme « *the suits* » les hommes d'affaires, les fonctionnaires et les soldats, ceux qui suivent la ligne directrice de l'institution, qui ont de l'influence, de l'autorité, de l'argent, du pouvoir. Le costume est une métonymie, le vêtement résumant à lui seul tout ce que l'homme incarne, son rôle, sa place dans le tissu social. Le costume, en somme, le remplace. À lui seul, il dit tout.

Suits : c'est le titre d'une série américaine sur un cabinet spécialisé en droit commercial – *suits* étant l'abréviation de *lawsuit* (poursuite en justice). La prémisse de la série concerne Mike Ross, coursier à vélo surdoué qui gagne de l'argent en remplaçant des candidats (qui le payent en retour) à l'examen d'entrée aux écoles de droit. Au fil des épisodes et des malentendus, il en vient à incarner un véritable avocat au sein d'un vrai bureau, le mensonge reposant non seulement sur sa connaissance du droit et son habileté à se faire passer pour un avocat, mais sur le *suit* qu'il porte. Ce *man's suit*, qui « régularise » les contours du corps masculin en gommant le détail des formes et la singularité de ceux qui le portent[3].

Le costume pour hommes a traversé les époques, mais le complet-cravate connaît son âge d'or dans les années 1980. C'est Richard Gere, arborant un complet Armani dans *American Gigolo*[4], qui non seulement participe à la montée en popularité du designer italien, mais lance la mode du *power suit*: complet-veston à rayures ou non, aux larges épaules rembourrées, porté sur une chemise blanche, un pantalon à pli avec bretelles, et une quantité impressionnante de gel coiffant dans les cheveux[5]. Dans les années 1980, le *power suit* était l'uniforme de l'avidité, suivant le mantra du personnage de Gordon Gekko joué par Michael Douglas dans *Wall Street*: « *Greed is good.* » La convoitise, c'est bon.

Le complet-veston est en droite ligne avec les armures et les uniformes militaires: il «rend le pouvoir visible[6]», c'est l'uniforme de l'autorité masculine. Les vêtements font l'homme, *sont* l'homme, comme l'écrit Brenden Gallagher[7] au sujet de Richard Gere, dont le rôle d'escorte, dans *American Gigolo*, dépend de ce qu'il porte: le film concerne moins son héros, suggère Gallagher, que ses vêtements, ce complet Armani qui bientôt deviendra la marque de commerce de Wall Street. On passe ici du complet fonctionnel au complet élégant et sexy. Si les hommes de Wall Street ont voulu ressembler à Gere (d'où l'immense popularité d'Armani après la sortie du film), monsieur Tout-le-Monde voulait soudainement ressembler aux loups de Wall Street et porter un complet qui transpirait l'argent, la possibilité d'en faire ou d'en voler.

Le costume est la pièce principale d'une garde-robe politique qui, paradoxalement, se trouve ainsi dépolitisée, sa dimension politique effacée grâce à l'anonymat que signifie le costume[8]: c'est ainsi que le costume est une armure, comme dit le designer Tom Ford[9]; le vêtement de l'invisibilité[10] et de l'impunité. C'est l'« armure psychologique nécessaire pour survivre dans les tranchées du monde de la bourse », vêtement qui exprime, « par son arrogance de gangster, l'intention de celui qui le porte de se tracer un chemin jusqu'en haut de la pyramide par tous les moyens nécessaires[11]. »

*

Un autre personnage porte glorieusement le *power suit*[12]: il s'agit de Patrick Bateman, antihéros du roman de Bret Easton Ellis, *American Psycho*.

Patrick Bateman, meurtrier en série, psychopathe de première, est une carte de mode, emblème du style des années 1980. Contrairement à Jordan Belfort, joué par Leonardo DiCaprio (qui avait d'ailleurs été pressenti pour le rôle de Bateman), loup de Wall Street mis en images par Martin Scorsese, Bateman n'a aucune qualité qui puisse le racheter. Il est, tout simplement, un vilain. Si *The Wolf of Wall Street* nous montre l'ascension de Belfort depuis un costume de mauvaise qualité, aux épaules trop larges et à la coupe trop longue, jusqu'au complet sur mesure assorti d'une cravate en soie, d'une Rolex en or et de mocassins Gucci, le personnage est mis en échec : il coopère avec le FBI auquel il dénonce ses collègues, son entreprise de courtage est fermée et il se retrouve derrière les barreaux. Le sort réservé à Patrick Bateman est tout autre, et c'est là qu'il nous dit quelque chose du boys club.

Un malentendu a entouré la parution du roman puis son adaptation au cinéma, le livre et le film ayant été perçus comme misogynes et extrêmement violents[13], au point de susciter des menaces de mort envers ceux et celles qui y étaient lié·e·s. Pourtant, comme le précise Ellis et comme le montrent Harron et Turner, scénariste et réalisatrice féministes, dans leur film, il s'agit bien d'une critique de la masculinité. Les projecteurs sont tournés vers les hommes. Leur comportement est examiné dans cette comédie de mœurs située dans les années 1980, celles de Wall Street et Reagan, règne des yuppies-financiers.

Le film met en scène un groupe de collègues qui se ressemblent tous, véritables hommes en série qui, de repas en repas dans les restaurants les plus en vogue de la ville de New York et entre deux lignes de cocaïne, discutent de vêtements, débattent de la manière de porter le cardigan, et comparent leurs cartes professionnelles comme s'il s'agissait de leur sexe. Ces hommes se ressemblent tant qu'ils sont interchangeables. D'ailleurs, tout le récit tourne autour de la disparition d'un certain Paul Allen, courtier à Wall Street, double de Patrick Bateman et assassiné par lui. Paul Allen, que certains disent avoir croisé alors qu'il est mort, dont le corps disparaît, si bien qu'on ne sait plus si le meurtre, et tous les autres, ont vraiment eu lieu. C'est là le nœud de l'histoire : l'ultime impunité du héros.

Bateman est l'hypostase de ce groupe d'hommes qu'on voit ensemble à plusieurs reprises dans des restaurants, des bars et des clubs privés, assis les uns aux côtés des autres, se ressemblant au point de donner l'impression d'un jeu de miroirs à l'image des tours jumelles montrées à l'écran. Il en incarne tous les dénominateurs communs avec une valeur ajoutée : il en pousse l'expression jusque dans ses retranchements les plus morbides et violents. Patrick Bateman est bien un *psycho*, tueur en série et psychopathe, et en tant que tel, il est en parfaite continuité avec une culture qui carbure à ce type de masculinité, cette masculinité qu'on décrit aujourd'hui comme toxique. Son appartement minimaliste orné de blanc et de noir semble tout droit sorti d'un magazine de décoration. Sa routine matinale aux multiples étapes pour avoir une peau sans âge et un look parfait, son bronzage en salle et le régime d'exercice auquel il s'astreint participent tous d'un désir de sculpter son corps en une œuvre d'art intemporelle. Ses chemises et costumes parfaitement repassés, la limousine dans laquelle il se déplace, ses accessoires et ses bijoux sont autant d'artifices qui confortent son personnage de « loup » de Wall Street parmi la meute où chacun cherche à hurler le plus fort.

Le film de Mary Harron fait craquer le vernis, fait tomber le masque, à l'image du masque de beauté que Bateman retire de son visage au début du film. On ne le voit jamais travailler. L'ensemble de son activité se résume à l'organisation du prochain repas. Ses amitiés hypermasculines et misogynes recèlent un homoérotisme que Harron met en lumière. Le monde de *American Psycho* est un monde de surface où le travail est une oisiveté, la richesse une pauvreté morale, l'amour une convention, l'amitié entre hommes le masque de l'homosexualité, et ainsi de suite. Tout est faux, tout est du toc, jusqu'aux crimes du héros. Ainsi, le visage de Bateman se défait au fil du film, passant du masque de gel initial au masque de transpiration qui recouvre son visage à partir du moment où il ne peut plus contrôler ses pulsions et accélère le rythme des meurtres. S'il finit par laisser un long message à son avocat dans lequel il avoue ses nombreux crimes, celui-ci n'y croit pas, rien n'y fait. Ainsi, contrairement au héros du film *The Wolf of Wall Street* dont on observe la chute, héros dont l'humanité permet l'identification du public, rien ne sauve Patrick Bateman à nos yeux justement parce qu'il est, à la fin du film, sain et sauf. C'est un anti-antihéros, vilain pathétique, protagoniste d'une comédie noire (et d'événements dont on ne sait s'il sont ancrés dans le réel ou le fantasme) qui en dit long sur ce que peuvent faire les hommes.

La fin du film (que Mary Harron a dit regretter parce qu'elle laissait entendre que Bateman avait peut-être imaginé tout ça) nous parle de l'impunité masculine. Comment le costume, métonymie de la place des hommes dans ce monde et en particulier quand ils font partie du boys club, orchestre leur disparition, c'est-à-dire leur invisibilité profonde et leur parfaite impunité. Si *American Psycho* est une œuvre de fiction, elle a marqué l'imaginaire avec une telle puissance que toute la culture occidentale en reste hantée. Comme l'écrit Ezinne Ukoha, « *American psychos are being harvested in our own backyard*[14] » – des psychopathes américains sont récoltés dans notre cour. Donald Trump, tant affectionné par Patrick Bateman, est reconnu comme le président américain qui porte les costumes les moins bien taillés, trop grands pour lui. Les manches sont trop longues et la jambe trop large, la veste donne l'impression d'épaules artificiellement augmentées – ce qui se marie bien avec sa chevelure, comme le souligne Luke Leitch[15]. Les costumes bleus de Trump, accompagnés de la sempiternelle cravate rouge, disent quelque chose de sa façon de parler au peuple. Ces costumes Brioni, cousus d'une laine très fine, sont chers (entre 6 000 et 17 000 dollars pièce), mais on dirait un président qui porte les habits de son père, un uniforme dans lequel il joue. Le vêtement en dit long, aussi, sur sa manière de diriger le pays : il s'en fout, n'a rien à faire des détails. Il a le costume, on lui a confié le rôle, c'est bien assez.

Reste Melania, à ses côtés, la première dame dont les vêtements rappellent étrangement ceux portés par Claire Underwood, la première dame devenue présidente dans *House of Cards*. Les échos entre la garde-robe de Melania Trump et celle de Claire Underwood sont remarquables, souligne la créatrice des costumes de la série, Johanna Argan. Chaque détail du vêtement d'un personnage est calculé, de la même façon que l'est chaque détail du vêtement d'une première dame ou d'une présidente. Ainsi, il est presque impossible de ne pas remarquer la similarité des vêtements de ces deux premières dames, mais aussi la manière dont ils évoquent les habits militaires et coloniaux. Si le séjour de Melania Trump à la Maison-Blanche est marqué de faux pas vestimentaires[16], reste une constante : que ce soit en appui ou en opposition à son mari, la première dame, dans son *power suit* à elle, donne l'impression d'être en guerre[17].

CHAPITRE SEIZE

BLANCS

Le complet-veston permet aux hommes de s'effacer, de disparaître dans la foule de ceux qui sont comme eux – le groupe, le collectif, la catégorie dont ils font partie. Le costume (et on pourrait ajouter l'attaché-case et les chaussures, la coupe de cheveux ou encore, la marque de voiture) est un des mécanismes qui fait de la masculinité une caractéristique invisible, une manière de passer inaperçu au nom et au profit du pouvoir dont chaque homme en costume participe. Il est intéressant de noter que dans le boys club formé par les hommes les plus puissants, le vêtement occupe une place de choix. Plus l'homme a du pouvoir, plus il *s'uniformise* pour se concentrer sur des choses plus importantes. Ainsi, le géant de Facebook milliardaire, Mark Zuckerberg, s'en tient à un t-shirt gris et une paire de jeans « de manière à libérer ma vie pour avoir le moins de décisions à prendre sauf en ce qui concerne ma manière de servir le mieux possible cette communauté[1] ». Barack Obama choisissait, quand il était au pouvoir, de ne porter que des complets gris ou bleu parce qu'il avait trop de décisions à prendre. Enfin, on se souviendra toujours de Steve Jobs dans son col roulé noir et ses « *dad jeans* »[2]. Devant leurs efforts pour passer inaperçus, force est de se demander : est-ce qu'on voit vraiment ces hommes-là ? Est-ce qu'on voit vraiment les hommes en général ? Est-ce qu'on sait comment les regarder ? Comment faire pour que les boys clubs cessent de disparaître à la vue ?

*

Si on peut avancer que l'adaptation de *American Psycho* par Mary Harron est féministe (et elle montre le roman de Ellis non pas comme misogyne, mais comme féministe), c'est parce que l'œil de la caméra est bien celui d'une femme. D'une part, le boys club mis en scène est montré dans toute sa médiocrité et sa misogynie, avec son sacrifice constant de femmes qui valent moins, à leurs yeux, que la qualité d'un bronzage[3] ; d'autre part, la caméra fait à Christian Bale/Patrick Bateman ce qui est d'ordinaire fait aux actrices de cinéma.

Ainsi, si on a l'habitude de voir la caméra dénuder et détailler les corps des femmes de manière à renforcer l'identification du public au point de vue masculin porté par les héros (non seulement mâles, mais le plus souvent blancs)[4], dans *American Psycho*, la caméra caresse le corps du tueur en série, à quelques reprises montré nu. Le film dit que les apparences sont trompeuses (la beauté de Bateman est le masque de sa cruauté), et met en évidence, voire dénonce la manière dont on traite les femmes au cinéma. En général, la caméra, dans le traitement qu'elle réserve à celles qu'elle regarde, est en quelque sorte un psychopathe. Elle est comme la caméra vidéo que Bateman braque sur les prostituées avec qui il se filme pendant leurs ébats, se prenant pour un culturiste et cowboy en plein rodéo, se regardant d'abord lui-même, jouissant avant tout de sa propre image. Mary Harron démasque ici le narcissisme du cinéma (masculin) qui prend plaisir à se regarder, d'où la prédominance de héros mâles et blancs.

Christian Bale, dans le rôle de Patrick Bateman, a su composer avec le regard de la réalisatrice pour faire apparaître à l'écran un antihéros vide de tout. Bale raconte avoir vu Tom Cruise (à qui il ressemblait d'ailleurs physiquement à l'époque du tournage) à l'émission de David Letterman, et remarqué que celui-ci « portait sur son visage une intense amabilité, mais sans rien derrière les yeux[5] ». C'est cet état qui lui a servi d'inspiration pour son incarnation de Bateman, qu'il a joué sans chercher à le sauver. Pour sa part, le regard de Mary Harron sur son acteur/héros est à la fois plein d'humour et sans pitié. Son efficacité repose sur ce qu'elle nomme le « détail du succès[6] », qu'on trouve, par exemple, dans la scène où Bateman et ses collègues comparent leurs cartes professionnelles, ou encore dans le *moonwalk* que fait Bateman dans le dos de Paul Allen juste avant de le tuer… Cette attention au détail est importante ; elle est une des clés pour désamorcer le regard masculin qui scrute : le *male gaze*.

La journaliste Lili Loofbourow propose de penser le contraire du *male gaze*, c'est-à-dire le *male glance*[7], ce regard qui glisse furtivement sur un objet, qui ne prend pas le temps de s'y arrêter parce qu'il sait d'emblée à quoi s'attendre. Rien ne peut le surprendre ; son idée est faite. Loofbourow oppose à ce coup d'œil distrait le regard qui s'attarde (le *gaze*, justement) pour, au contraire, pénétrer un objet. Elle souligne qu'on critique un visage féminin beaucoup plus qu'un visage masculin : on y cherche les détails, les rides, les cheveux gris, des détails que, dans un savant calcul, on soustrait à la somme de la beauté. Mais alors qu'on a tendance à s'attarder aux détails d'un visage perçu comme féminin, à bien le scruter, devant une œuvre « de femme » (signée par une personne identifiée ou s'identifiant au genre dit féminin), on (le public ayant adopté le regard « neutre » masculin) opère à l'inverse : on glisse rapidement, comme si on savait d'emblée de quoi il s'agissait, en prenant appui sur une collection de clichés. Ainsi, nos habitudes de lecture nous empêcheraient de voir la complexité dans une œuvre « de femme » : on aurait tendance à la qualifier rapidement d'intimiste, autobiographique, sensible, émotive, dans tous les cas, sans portée « universelle »[8]… Contrairement à notre manière de scruter un visage « de femme » en nous attardant aux détails, devant un texte ou un film « de femme », on irait au plus vite, on sauterait aux conclusions. Et en ce qui concerne les œuvres signées de noms d'hommes, le regard projetterait d'emblée la qualité puisqu'on s'attend au succès, on ne cherche pas les erreurs, on ne tente pas de faire baisser le pourcentage de beauté, on ne s'attarde pas aux détails. Plutôt, on présuppose la complexité, l'intelligence, le talent, sans sentir le besoin d'aller vérifier si tout ça est vrai.

Suivant la logique de Loofbourow, il faudrait désapprendre le *male glance* pour pouvoir s'attarder aux œuvres de femmes. Mais ce désapprentissage devrait se doubler d'un autre geste : celui qui consiste à pratiquer le *female gaze*. C'est-à-dire prendre le temps de s'attarder aux œuvres produites par des hommes, y chercher les détails, creuser.

Refuser l'apparente neutralité masculine. Reconnaître que le masculin n'est pas « ce sexe qui n'en est pas un » parce qu'il serait universel. Montrer le boys club comme « marqué ».

*

Le boys club, et le masculin qui s'y terre, la masculinité qu'il construit, par son état non marqué, le fait qu'il n'est pas « remarquable », repose sur le même aveuglement que la blancheur, l'état d'être blanc. Les membres de cette « tribu », comme l'écrit Grayson Perry[9], « sont parmi nous et se cachent tout en étant bien en vue » :

> Ils dominent les échelons les plus élevés de notre société, imposant, consciemment ou non, leurs valeurs et préférences au reste de la population. Avec leurs phallus colorés autour du cou, ils forment la majorité du gouvernement, des salles de conférence et des médias. Ce sont, bien entendu, des hommes blancs hétérosexuels de la classe moyenne, le plus souvent d'une cinquantaine d'années. Et chaque élément de cette description a fait de cette tribu un groupe qui agit comme s'il était fort alors qu'il ne l'est pas[10].

Les membres de cette tribu, de ce groupe, Perry leur donne le nom de *default man* – l'homme par défaut. C'est-à-dire le raccourci, celui qui résulte d'une habitude ou d'un réflexe, d'un choix qui semble s'être fait tout seul.

L'homme par défaut est le sujet à qui on pense spontanément, celui qui pour nous représente tout le monde. L'homme par défaut, comme le fureteur qui s'ouvre automatiquement quand on allume l'ordinateur, est le visage qui apparaît d'emblée, une catégorie d'humains qui comprend toutes les autres. « L'homme par défaut », comme l'a montré Caroline Criado-Pérez dans *Invisible Women : Data Bias in a World Designed for Men*, est là depuis toujours dans notre construction du présent et de l'histoire. L'*a priori* « mâle sauf indication contraire » contamine la recherche ethnographique. Criado-Pérez donne l'exemple des peintures rupestres, lesquelles, parce qu'elles représentent souvent du gibier, ont été supposées faites par des hommes, suivant le récit classique qui veut que les hommes aient été les chasseurs ; pourtant, des analyses récentes d'empreintes de mains dans des cavernes en France et en Espagne laissent entendre que la majorité de ces images ont été faites par des femmes[11]. Ou encore : on a l'habitude de dire du 16e siècle que c'était celui de la Renaissance. Mais comme le précisait Carol Tavris en 1991, c'était la Renaissance pour les hommes, mais pas pour les femmes qui, elles, étaient largement exclues de la vie intellectuelle et artistique. Ou encore, on dit de la Grèce que c'est le berceau de la démocratie, alors que la moitié de la population – les femmes, bien sûr – n'avait pas le droit de voter[12]. Prenant appui sur des éléments comme ceux-ci, Criado-Pérez souligne que l'emploi du masculin universel a pour effet de faire apparaître, dans la tête des gens, la figure d'un homme plus souvent que celle d'une femme : c'est le cas, par exemple, dans des annonces d'emploi. Si l'annonce est rédigée au neutre qui en vérité est masculin, les hommes vont se sentir concernés, alors que les femmes auront moins tendance à postuler[13].

Les manifestations de cette discrimination invisible sont innombrables puisque depuis toujours l'histoire de l'humanité, de l'art, de la littérature, de la musique, de l'évolution elle-même, comme l'écrit Criado-Pérez, nous a été présentée comme reposant sur des faits, selon un point de vue objectif. Pourtant, ces faits sont dé-faits quand on lève le voile sur le mythe de « l'universalité masculine »[14]. Si la masculinité et la blancheur restent innommées, c'est qu'elles vont de soi, qu'elles n'ont pas à être interrogées ; elles existent par défaut.

C'est en travaillant à une série documentaire sur l'identité, raconte Greyson Perry, qu'il s'est rendu compte que l'identité la plus difficile à saisir, la plus fuyante, était celle de l'homme par défaut puisque son point de vue sur le monde coïncide si bien avec le récit dominant. Il est « comme l'Étoile de la mort cachée derrière la lune », ses pensées et sentiments sont inséparables de la « bonne manière de voir les choses ». Ainsi, quand il demande à Chris Huhne, homme de 60 ans originaire de Westminster, blanc et hétérosexuel, s'il bénéficie du fait d'appartenir à ce groupe, ce dernier le nie : l'homme par défaut ne reconnaîtra pas, voire ne se rendra pas compte des avantages qui proviennent de son appartenance à la tribu parce que, suivant le projet capitaliste dans lequel il s'inscrit pleinement, il est d'abord et avant tout un individu. S'il a du succès, c'est grâce à son seul mérite. En fait, pointe Perry, l'identité ne compte que quand elle est menacée; tant que l'homme par défaut n'est l'objet d'aucune menace existentielle, son identité va de soi.

Les identités et les communautés n'existent qu'au regard de l'homme par défaut, et en tant que sous-catégories, c'est-à-dire des ensembles d'individus moins importants. Les communautés sont les autres, alors que l'homme par défaut appartient à «la société». L'homme par défaut regarde d'en haut la société – c'est l'homme de main du Big Brother de *1984*, ou de «sous Son œil» de *La servante écarlate*. Il domine, depuis la soi-disant neutralité que lui confère son complet gris – «le complet est l'uniforme de ceux qui regardent, qui évaluent. Il refoule les commentaires de par son ubiquité même[15]». Homme-Teflon, l'homme par défaut est immuable, inchangeable, et «déraisonnable»: est raisonnable celui qui s'adapte au monde, suggère Perry citant George Bernard Shaw, et déraisonnable celui qui veut que le monde s'adapte à lui.

En ce sens, l'homme par défaut court à sa perte, mais en attendant, il règne, ni vu ni connu[16].

*

La blancheur de la peau, écrit Ross Chambers, comme toutes les catégories «blanches», c'est-à-dire perçues comme neutres, est l'affirmation de sa propre invisibilité à travers la création de l'Autre ou d'autres qui sont «examinables». Le geste d'examiner, qui distingue entre ceux qui sont examinés et ceux qui ne le sont pas, est un outil de fabrication de boucs émissaires, une manière de séparer le monde entre ceux qui sont in(di)visibles – les individus dont la blancheur est simultanément invisible et indivisible –, et les autres: ceux qui sont (di)visibles, c'est-à-dire divisés en tant qu'autres et visibles, donc examinables. Les Blancs forment un groupe, invisible, on pourrait dire transparent, où chaque personne a le luxe d'exister individuellement. Et ils existent ainsi grâce à la présence d'autres qu'ils ont inventés en les reléguant à un groupe marqué, qui dès lors doit être examiné… par les Blancs.

Tout au long de son article intitulé «The Unexamined[17]», Chambers se met en jeu, lui l'Australien blanc professeur d'université aux États-Unis, diagnostiquant son propre comportement, ses *a priori* pour exposer de quelle façon la blancheur passe inaperçue parce qu'elle n'est pas examinable – ni susceptible d'être l'objet d'un examen, ni objet qu'on puisse examiner. Si la noirceur ou le « continent noir » (ce que Freud disait du féminin) représente un objet si opaque (et dès lors exotique) qu'il est impossible de le connaître, la blancheur vide, la *blancheur blanche*[18] échappe à l'examen parce qu'elle est la norme. Entre ces deux extrêmes résident un ensemble de catégories susceptibles d'être scrutées, qui doivent être examinées. Il faut, suggère Chambers, abandonner les catégories de l'examinable et les pratiques de l'examen, et les remplacer par la notion de lisibilité et les différentes manières de lire, au sens où la lecture vient nommer une pratique relationnelle qui, au lieu de nier l'autre au profit d'un soi (illusoire), reconnaît la dépendance mutuelle entre sujet et objet et l'importance du contexte (la médiation par le biais de codes et de conventions nécessaires à la socialité)[19]. Pour que les rapports sociaux soient réellement mutuels, au lieu de perpétuer un système où certain·e·s sont marqué·e·s et d'autres non, il faut faire le pari de s'entre-lire.

*

Remplacer, maintenant, la blancheur par la masculinité. Reconnaître qu'en Occident, les hommes sont le plus souvent, le plus communément et banalement, considérés comme « non genrés », non marqués par leur sexe, alors que les femmes *sont* leur sexe et *le* sexe essentiellement. En endossant les pratiques grammaticales selon lesquelles « le masculin l'emporte sur le féminin », on perpétue ce marquage ; on maintient le masculin dans son état de neutralité, d'universalité ; on préserve la figure de « l'homme par défaut » ; on permet au masculin de continuer à s'absenter, à détourner l'attention de son propre genre[20].

Il faut renverser le scénario. Il faut, comme le suggère George Yancy en ce qui concerne la couleur de la peau, opposer au « *Look, a Negro !* » (« Regardez, un nègre ! »), mise en garde qui participe de la stigmatisation de l'homme noir comme dangereux, un « *Look, a White !* » (« Regardez, un Blanc ! ») pour réfléchir à la menace de la blancheur[21]. De même, il s'agit ici de dire « Regardez, un homme ! », ou mieux : « Regardez, un boys club ! », ou mieux encore : « Regardez, un boys club blanc ! », pour faire apparaître le système dans lequel la masculinité est fabriquée, pour la rendre visible[22]. À l'heure des fusillades sur le territoire américain, les plus récentes ayant eu lieu à Dayton et à El Paso, une telle prise de conscience est urgente : dans ces deux cas, comme dans de nombreux autres, les tueurs étaient des jeunes hommes rageusement misogynes et suprémacistes blancs[23].

Car si la blancheur est invisible aux yeux de ceux qui l'incarnent, il en est de même de la masculinité. Et tout comme Yancy met en exergue l'importance du regard non blanc dans l'analyse de la blancheur, le regard non masculin, celui des exclues, est nécessaire à la compréhension du boys club.

CHAPITRE DIX-SEPT

GOUVERNEMENT

En 1991, la sociologue Iris Young empruntait à Jean-Paul Sartre la notion de série pour penser la coalition féministe, pour voir comment les femmes peuvent s'organiser en tant que féministes sans s'exclure les unes les autres, en ne se définissant ni par le biais d'une identité commune ni par l'entremise d'attributs, mais du fait qu'elles partagent des contraintes et des relations aux objets[1]. Le boys club est la version privilégiée, empreinte de pouvoir, cruelle et souvent perverse, de cette sérialité. Plus encore : le boys club est un des mécanismes par le biais desquels le privilège est fabriqué, mis en place et maintenu, défendu, protégé. Le costume en est l'insigne, l'armure, voire le vêtement de camouflage.

*

Penser le pouvoir masculin dans cette forme qu'est le boys club, c'est essayer de voir ce qui ne se voit pas, s'arrêter sur ce qui a été banalisé (comme on le dit des voitures de police), ce qui domine, contrôle, soumet, dirige... tout en passant inaperçu. Le masculin est, à la manière de la peau qu'on identifie comme « blanche », banalisé, drapé d'invisibilité. À la manière d'une agression sexuelle commise sous GHB, la drogue effaçant la mémoire de la victime et ne laissant aucune trace dans le sang, le masculin agit le plus souvent sans qu'on en ait conscience. D'ailleurs, on a tendance, collectivement, à refuser de l'identifier. D'où, par exemple, l'importance, comme le pointe Jackson Katz, de ne pas utiliser la voix passive qui efface la subjectivité de l'agresseur quand on parle de violence envers les femmes : ne pas dire que les femmes *sont battues*; puisqu'elles sont battues *par des hommes*, dire que des hommes *les battent*[2]. Ne pas dire que des femmes sont victimes d'agressions sexuelles; dire que des hommes les ont agressées sexuellement. Et ainsi, faire porter aux hommes leur responsabilité.

Dans son cours sur la gouvernementalité, Michel Foucault, relisant *Le Prince* de Machiavel, réfléchit au problème du gouvernement. Il s'arrête à tous ces traités, écrits entre le 16e et la fin du 18e siècle, qui s'intéressent au gouvernement de soi, à celui des enfants, à celui des États par les princes. « Comment se gouverner, comment être gouverné. Comment faire pour être le meilleur gouverneur possible ? » Voilà les questions qui se posent au moment où on passe des grandes féodalités aux États territoriaux, administratifs, coloniaux, au moment où on remet en question le gouvernement spirituel. Gouverner, dans les mots de Foucault, aurait à voir avec la gestion des individus, des biens, des richesses, et avec le fait de le faire comme il faut. Comment introduire ce type de rapport du père à sa famille dans la gestion d'un État ? C'est là la question de la gouvernementalité. Et le père de famille en sera le premier modèle, un modèle qui va disparaître avec la fin du 18e siècle, quand l'étude des populations va faire de la famille non plus le modèle de la gouvernementalité, mais son vecteur, son relais : on passe par la famille pour exercer le pouvoir de l'État. La famille fait partie des dispositifs de sécurité qui produisent la gouvernementalisation, et dont le plus important est sans doute la police.

Les films et les téléséries qui mettent en scène un gouvernement, en particulier son chef, et ceux qui l'entourent – fonctionnaires mais surtout, corps policier, agents de sécurité – sont innombrables, surtout aux États-Unis. Variations sur le thème du pouvoir : qui l'a, qui le perd, qui est prêt à tout pour le protéger ou le conserver… Des manœuvres et manigances dans les coulisses de la politique (*House of Cards, Scandal*) jusqu'aux attentats contre le président (*Designated Survivor*) ou contre le siège du pouvoir (*White House Down, Olympus Has Fallen, Air Force One*), en passant par le quotidien banal et moins banal de la gouvernementalité (*The West Wing, The American President*), la représentation du pouvoir est au cœur de la culture populaire et le président, un superhéros. Dans plusieurs cas, la télévision représente un président à la recherche de l'équité (*The West*

Wing), personnage humain, voire féministe, antiraciste et humaniste (*Designated Survivor*[3]). Ou encore, la Maison-Blanche est le prétexte pour aborder des questions sensibles : l'avortement, par exemple, dans *Scandal*, où on voit l'héroïne noire les pieds dans les étriers, attendant de mettre fin à une grossesse à la suite de rapports sexuels avec le président… blanc. Dans d'autres cas, on nous montre la face politique la plus sombre, cruelle, meurtrière, de celui qui gardera à tout prix le pouvoir : le boys club doit l'emporter. Et quand, parfois, ce sont des femmes qui avancent sur la scène, comme c'est le cas dans la dernière saison de *House of Cards*, elles maintiennent le système en place – celle qui a le bâton le garde pour elle.

Dans la vie réelle, la place des femmes dans les gouvernements, si elle a augmenté, reste précaire[4]. Nombre d'études l'ont montré, dont celle de Pascale Navarro, *Femmes et pouvoir : les changements nécessaires*, dénonçant par le fait même une illusion d'égalité : tant que la parité hommes-femmes (et plus largement, la diversité et une véritable mixité) n'est pas atteinte au sein d'un gouvernement, on ne peut parler véritablement d'égalité des sexes[5]. S'appuyant sur Françoise Collin, Navarro rappelle que, toujours, de nouveaux citoyens, de nouvelles citoyennes engagent la redéfinition de la citoyenneté et de l'espace sociopolitique[6]. En 1990, Collin écrivait :

> La résistance des structures et des hommes à l'avancée des femmes et à la constitution d'un monde commun est telle qu'elle semble parfois ne pouvoir être vaincue que par une politique systématique de quotas, mais de quotas paritaires, qui se substituerait à celle qui, sans dire son nom, a prévalu jusqu'ici, assurant aux hommes (qui constituent 50 % de la population) 70 à 90 % des postes de responsabilité, sous le prétexte d'un principe de compétence qui ressemble plutôt à un système de privilèges[7].

Si on peut parler de boys club en politique, c'est que les femmes et les individus qui ne sont pas des hommes (blancs et majoritairement hétérosexuels dans les gouvernements occidentaux) demeurent des personnes dont la place est « nouvelle » au Parlement. Une place importante étant donnée à la manière dont s'exerce la gouvernementalité sur le corps des femmes, à travers la reproduction (en particulier, le droit à l'avortement) et la santé sexuelle, les soins (prodigués en majorité par les femmes qui sont les premières aidantes naturelles) et les questions entourant les agressions à caractère sexuel (au vu d'un système juridique défaillant en ce qui concerne les poursuites dans ce domaine). Autant de lieux où s'exerce le biopouvoir, ces technologies du pouvoir qui mettent en question la vie, comme le proposait Foucault, et qu'Agamben revisite de la façon suivante: « nous sommes des citoyens dans le corps naturel desquels est en jeu leur être politique même[8] ».

Qu'en est-il de la politique et du politique quand le « corps naturel » qui les incarne est toujours le même, quand un seul type de corps a droit de parole, est écouté et représenté ? Que reste-t-il des droits des femmes ou des personnes trans, par exemple, quand une assemblée d'hommes limite l'accès à l'avortement ou refuse le changement de sexe sur un certificat de naissance ? De quelle citoyenneté, alors, peut-on parler ? À la veille des élections américaines de 2016, Katha Pollitt rappelait qu'on qualifiait de « *vagina voters* » les féministes qui exigeaient la présence d'un plus grand nombre de femmes au Congrès ; mais on ne parlait jamais de « *penis voters* », soulignait-elle, on n'accusait jamais les hommes de donner dans l'identitaire. Au moment où, en 2016, Bernie Sanders et Hillary Clinton s'affrontent sur la scène démocrate, Pollitt cite Sanders disant : « Personne ne m'a jamais entendu dire "Hé, les gars, serrons-nous les coudes – votez pour un homme." Je ne ferais jamais ça, je ne l'ai jamais fait. » « Oh, Bernie, Bernie, Bernie », réplique Pollitt,

> je travaillerai sans relâche pour toi si tu remportes cette nomination, mais sérieusement : quand tout le système a été mis en place par des hommes pour des hommes depuis la fondation de la République, et que les hommes représentent 81 % du Congrès américain, 75 % des assemblées législatives d'États, 88 % des gouverneurs et 100 % des présidents américains au cours des 230 dernières années, il n'est pas nécessaire de nous dire ce qui ne se dit pas[9].

Un plus grand nombre de femmes au gouvernement a un effet bénéfique pour les femmes, c'est une évidence. Grâce à elles, des lois ont été votées contre le harcèlement, la discrimination, la violence sexuelle. Mais les femmes, précise Pollitt, souvent plus présentes dans des secteurs qui les concernent directement (éducation, santé, garde des enfants, violence et discrimination sexuelles…), devraient avoir la moitié du pouvoir dans tous les secteurs. Comment faire ? Pourquoi ne pas établir des quotas pour mettre fin, enfin, au boys club en politique ?

*

La télésérie *Jessica Jones* met en scène une superhéroïne, dans la première saison, qui tient tête à un antihéros du nom de Kilgrave, hypostase de la gouvernementalité. La série révèle le lien indémaillable entre gouvernementalité et domination masculine.

On a dit de *Jessica Jones* que c'était un cours sur le consentement et les agressions sexuelles, et notre façon d'en parler. La télésérie instaure un débat auquel on ne peut échapper. Qu'est-ce que le viol ? Qu'est-ce que ça veut dire être violée ? Qu'est-ce que le consentement ? Comment peut-on passer outre ? Comment peut-il être délibérément ignoré ? Comment vivent les survivantes d'agression sexuelle ? Qu'est-ce qui motive ceux qui les ont agressées ?

Mais il y a plus : la télésérie fait le lien entre la violence à caractère sexuel, l'intimidation, la masculinité hégémonique, la misogynie et le « gouvernement » : c'est à la représentation d'un masculin « gouvernemental » qu'on assiste, à la gouvernementalité comme profondément masculine.

Contrairement à des séries comme *Game of Thrones*, *Mad Men*, *Scandal* ou *Downton Abbey*, où des scènes d'agression sexuelle sont inscrites furtivement dans l'intrigue, *Jessica Jones* fait du viol, littéral et figuré, le motif principal de la série. Une dimension presque pédagogique se manifeste dans les dialogues entre Kilgrave et Jessica Jones. Ainsi, quand Kilgrave fait mine de ne pas comprendre en quoi il est un violeur, Jessica Jones lui explique :

— Ça s'appelle violer !
— Qu'est-ce qui est du viol dans le fait de loger dans des hôtels cinq étoiles, manger dans les meilleurs restaurants, faire tout ce que tu voulais ?
— Le fait que je ne voulais rien faire de tout ça, que non seulement tu m'as violée physiquement, mais tu as violé chaque cellule de mon corps et chaque pensée dans ma foutue tête.
— Ce n'est pas ce que j'essayais de...
— On s'en fout de ce que tu essayais de faire. Tu m'as violée encore et encore et encore.
— Mais comment je suis censé le savoir ? Je ne peux jamais dire si une personne fait quelque chose qu'elle veut faire, ou quelque chose que je veux qu'elle fasse ! Je n'ai jamais eu ça, un foyer, des parents aimants.
— Tu blâmes tes mauvais parents ? Mes parents sont morts ! Je ne suis pas en train de violer personne !

Kilgrave, dans sa tentative de séduction, convoque le couple hétérosexuel, la maison familiale, la vie conjugale, les souvenirs d'enfance... pour la soumettre, lui retirer sa subjectivité. Elle est élue, il la choisit pour tenter de la gouverner. Elle est l'unique femme dans ce monde d'hommes qu'il incarne à la manière d'un concentré : il est le seul homme, l'antihéros übermensch, et il représente tous les hommes.

Ce gouvernement-là.

*

Si Jessica Jones est ingouvernable, c'est qu'elle n'est pas domesticable, « féminisable », forcée d'endosser des rôles, c'est-à-dire, comme l'indique Silvia Federici en ce qui concerne la fin du 19e siècle et la montée du capitalisme, ceux de travailleuse ménagère et sexuelle responsable de la production et de la reproduction, de l'augmentation de la population (la production de nouveaux travailleurs) et du soulagement sexuel des hommes[10]. Plus la série avance, plus l'appartement de Jessica Jones se désintègre, les fenêtres, les portes, les murs se brisent, le lit n'est jamais fait, il n'y a pas de nourriture dans la cuisine, et la seule chose que l'héroïne ingère, c'est de l'alcool. Elle dort en plein jour tout habillée. Elle résiste aux relations amoureuses, s'en tient à des rapports sexuels sans suite avec l'*unbreakable* Luke qui, comme tous les hommes auxquels elle s'associe, n'est pas blanc. Femme qui refuse les apparats de la féminité, Jessica Jones ne change jamais de look, privilégie un uniforme de jeans, t-shirt, bottes et perfecto. Et surtout, elle ne sourit pas.

Si les femmes, dans notre monde, sont d'abord et avant tout des choses à regarder, Jessica Jones, détective privée, regarde sans être vue. Et celles qu'elle regarde d'abord et avant tout, ce sont les autres femmes qu'elle veut défendre et protéger, les belles endormies que Kilgrave fabrique par télépathie, femmes somnambules, téléguidées, à qui toute volonté a été retirée, femmes poupées qu'il peut violer sans scrupules (dans une actualisation de ce que Federici décrit comme le travail sexuel domestiqué, à la fin du 19e siècle, et auquel les femmes ont trouvé des moyens de résister – hystérie, migraine, évanouissement[11]...), femmes ménagères qui s'occupent des repas et de la maison. Si l'universel est masculin, et si le masculin est neutre, alors le masculin, le neutre, l'universel, s'incarnent en la personne de Kilgrave. La télésérie traite des hommes et du pouvoir, de cette relation maladive qu'entretiennent les hommes, et plus précisément les hommes blancs hétérosexuels, avec le pouvoir de façon générale et avec celui qu'ils peuvent exercer incognito – parce qu'on ne les voit pas, parce qu'ils se protègent entre eux –, et sur les femmes en particulier.

Mais Kilgrave n'est pas seulement un agresseur sexuel ; il manipule, soumet, assujettit. Kilgrave, l'homme élégant, petit bourgeois blanc à l'accent britannique, dont le nom dit la mort : *kill* (tuer) et *grave* (tombe). Kilgrave est la main gantée de la domination.

L'invisibilisation des hommes n'est pas banale. Elle participe d'un complexe de Dieu-tout-puissant, de la conviction que tout leur est dû, et tire sa force du fait de *pouvoir* passer inaperçu. Voilà ce que Kilgrave incarne. Et si l'Occident est depuis toujours, comme le suggère Rebecca Solnit, le miroir des hommes[12], si, depuis toujours aussi, les femmes servent à leur renvoyer, selon Virginia Woolf, une image d'eux-mêmes plus grande que nature[13], il est temps de forcer l'apparition de ces hommes sans visage. Des pages et des pages de théorie féministe pour défendre la voix des femmes et leur représentativité, leur place dans les sphères de la politique, de l'éducation, de l'économie, de la culture. Mais, nous dit *Jessica Jones*, ce qu'il faut exiger, c'est l'apparition des hommes, les faire apparaître pour forcer leur identification par les dominé·e·s. Faire apparaître le boys club vis-à-vis des individus qui sont dévalorisés, agressés, asservis, usés, bannis, éliminés, parce qu'ils sont potentiellement ingouvernables; parce qu'étant ingouvernables, ce qu'ils révèlent, c'est le visage du gouvernement.

CHAPITRE DIX-HUIT

MONSIEUR TOUT-LE-MONDE

Le pouvoir de Kilgrave réside dans son usage de la télépathie. Il dicte à ses victimes les gestes violents qu'elles doivent perpétrer... y compris contre elles-mêmes. Ainsi, il a le loisir de ne rien faire. Il ne fait aucun geste, n'est coupable d'aucune violence. C'est cette indirectionnalité qui est au centre de *Jessica Jones* dans son traitement de la violence faite aux femmes, tout comme c'était le cas dans un long-métrage de 1988, qui a fait école: *The Accused* de Jonathan Kaplan.

Long-métrage de fiction inspiré d'un cas réel, le film relate un viol collectif qui a eu lieu chez Big Dan's, le viol d'une jeune femme sur une table de billard par un groupe d'hommes dans une taverne de New Bedford au Massachusetts. Au moment des faits, les médias avaient condamné les hommes qui avaient assisté au viol en l'encourageant. Le film de Jonathan Kaplan reprend le récit et en invente la suite: la procureure traîne en justice les spectateurs. Car il s'agit bien d'un spectacle, devant un public anonyme. C'est là l'enjeu de la poursuite: identifier ceux qui ont encouragé le crime, qui ont incité des hommes à violer ensemble, comme les spectateurs d'une partie de hockey incitent les joueurs à se battre – c'est d'ailleurs ce que montre une scène au tout début du film, quand la procureure assiste à une partie de hockey avec son patron hurlant à côté d'elle pour encourager la violence des joueurs de son équipe.

On a dit de ce film que c'était un film de femmes, fait par des femmes – on compte, outre les actrices principales Jodie Foster et Kelly McGillis[1], Dawn Steel, présidente de production à Paramount, et Sherry Lansing, productrice avec Stanley Jaffe – et pour les femmes, parce qu'il met en lumière le viol, qu'il montre sans fard à la fois le crime et ce qu'on fait vivre aux victimes après. Mais on pourrait dire tout autant que c'est un film d'hommes, et qui s'adresse aux hommes. Le film retrace l'enquête, le procès pour un viol dont on ne sait rien sinon qu'il a eu lieu. Ce n'est qu'à la toute fin du film, quand le crime est montré en flashback, qu'on le voit[2]. Et il est montré tel que raconté par le seul homme qui accepte de témoigner contre les autres, un étudiant membre d'une fraternité et dont un « frère » est un des violeurs. On voit le viol de son point de vue à lui.

Certaines critiques féministes ont décrié ce choix, jugeant que le film rejouait ainsi le crime dénoncé. Pourtant, on peut aussi y voir une interpellation des hommes, une invitation à assister au spectacle, et cette fois non pas du point de vue du violeur mais de celui qui justement n'y participe pas et reste en marge de la communauté des hommes qui s'encouragent mutuellement à violer une femme. On entend ceux-ci crier aux violeurs d'y aller, de rentrer là-dedans, de retenir la jeune femme, de l'attraper : « *Get in there! Get her frat boy! Hold her down! Kurt! Kurt! Kurt! Go, fucking get her!* », allant jusqu'à intimider celui qui résiste en l'accusant d'être gay. Leurs voix se mêlent, on ne sait plus qui est qui, ni qui dit quoi[3]. Les violeurs se ressemblent tous, la caméra les montre de dos, culottes baissées, muselant et étouffant la jeune femme, lui écartant les jambes et la retenant de force sur la table. La scène est répétée trois fois, de telle sorte que les violeurs et spectateurs se confondent : ils deviennent, au final, un seul homme.

C'est là l'accusation la plus forte du film : un violeur pour tous et tous pour un violeur[4].

*

C'est ce que pointe aussi la télésérie de Jane Campion, *Top of the Lake* (2013 et 2017). Dans la première saison, Campion nous situe d'emblée dans un monde où hommes et femmes habitent des sphères séparées.

D'une part, le poste de police et la demeure de fabricants de drogues (parmi lesquelles le GHB), des univers masculins; d'autre part, une commune improvisée nommée Paradise, où des femmes vivent ensemble dans des conteneurs installés sur une parcelle de terrain en bordure du lac. Entre ces mondes circulent les personnages principaux: une détective, Robin, et la petite fille disparue qu'elle essaye de retrouver, Tui. Tout sépare ces deux personnages, sauf l'expérience du viol.

Tui, la petite fille de 12 ans (née d'un père blanc et d'une mère thaïlandaise), est enceinte, et Robin, la détective blanche, originaire du village de Laketop, la cherche désespérément. Au fil des épisodes, on apprend que Robin a quitté Laketop peu de temps après avoir été violée à l'âge de 15 ans par un groupe de garçons, tandis que celui qu'elle aimait assistait au viol, un viol qui l'a laissée enceinte d'un enfant qu'elle a donné en adoption. Au bout du compte, Tui, elle, gardera son enfant. Et Robin, en retrouvant Tui et en l'aidant à s'occuper du bébé, reprend ses droits sur son histoire passée.

Au centre de *Top of the Lake*, Jane Campion place deux femmes dont les histoires sont en écho, par-delà leur âge et la couleur de leur peau, à cause de leur expérience d'un viol collectif. Un viol commis par des hommes sans visage. Car si on apprend, à la fin de la série, que Tui a été agressée alors qu'elle était sous GHB (un viol qui fait partie d'une série de crimes commis par de riches hommes d'affaires, des *suits,* sur des adolescent·e·s), ce que Jane Campion dit est bien plus grave. Quand, lors de leur première rencontre au poste de police au début de la série, Robin demande à Tui qui lui a fait ça (qui l'a mise enceinte), celle-ci écrit deux mots en guise de réponse sur un bout de papier: « *No one* ». Le sens de l'expression est multiple: personne, pas une seule personne, pas une personne toute seule, pas une personne en particulier. Et ces personnes qui ne sont personne, ce sont des hommes.

*

Des hommes violeurs d'enfants se trouvent aussi au centre de la deuxième saison de la série, *Top of the Lake: China Girl.* Ici, Campion fait le portrait, impitoyable, d'un groupe de *technogeeks*, indifférenciables les uns des autres. Elle les représente assis autour d'une table dans un café où ils comparent les prostituées asiatiques dont ils payent les services par l'entremise d'un réseau clandestin lié à la traite des femmes. Le choix fait par Campion de ces jeunes hommes friands de jeux vidéo, de réseaux sociaux, de forums et de virtualité, n'est pas innocent. Cet univers est, encore aujourd'hui, un univers d'abord et avant tout masculin, où des hommes imaginent ensemble notre avenir technologique.

Dans *Brotopia: Breaking Up the Boys' Club of Silicon Valley*, Emily Chang s'en prend à l'homogénéité de l'industrie de la technologie. À partir d'entrevues avec des femmes qui ont fréquenté Silicon Valley, elle dresse le portrait de ce boys club qui carbure au prochain Bill Gates, Steve Jobs ou Mark Zuckerberg, comme l'exprime Sheryl Sandberg – PDG de Facebook, et une des rares femmes à « s'en être sortie »[5]. De l'utilisation d'une photo de Lena Söderbergh tirée de *Playboy* comme test pour la numérisation (on surnomme cette image le péché originel de l'industrie, et le premier pas vers l'exclusion des femmes[6]) à la diffusion de pornographie sur les plateformes électroniques et les réseaux sociaux, la place des femmes dans le monde de la haute technologie est loin d'être acquise. Dans la foulée de #MeToo, des dizaines de femmes ont dénoncé des gestes de violence à caractère sexuel posés par des hommes reconnus à Silicon Valley, qu'il s'agisse d'inventeurs, de PDG ou d'investisseurs. Qu'un groupe d'hommes issus des mêmes écoles s'arroge le savoir et le pouvoir nécessaire au développement de ce secteur n'est pas sans conséquence sur ce qui nous attend – qu'on pense aux questions de genre et de sexualité en ce qui concerne l'intelligence artificielle et la robotique.

Si des femmes ont été pionnières en ce qui concerne la pratique du codage – qu'il s'agisse d'Ada Lovelace ou des ingénieures et mathématiciennes centrales à la programmation en vue de la mission Apollo 11 en 1969[7] –, elles ont été mises à l'écart de mille et une façons. Le harcèlement sexuel et la mecsplication ambiante, mais aussi la culture macho favorisée dans ces industries[8] – les heures de travail infinies, l'alcool et le jeu, Las Vegas, les danseuses nues, l'absence de famille et d'enfants, les *sex parties*[9]… – ont servi à les éloigner, délibérément ou non, leur faisant bien comprendre qu'il fallait faire « comme les gars » ou partir. Mais il y a plus : comme le montre Chang, Silicon Valley s'est érigé sur le mythe de la méritocratie et le rejet de la diversité[10]. Citant les créateurs de PayPal, elle s'intéresse aux positions énoncées par ces anciens étudiants de Stanford sur le multiculturalisme mis en avant par les universités américaines au début des années 1990. Ceux-ci, écrivant dans la *Stanford Review*, avaient accusé les professeur·e·s d'imposer un biais antioccidental et antipatriarcal dans les programmes. S'en prenant au féminisme, certains de ces futurs créateurs de PayPal s'étaient aussi opposés au travail de sensibilisation contre le viol sur les campus universitaires de l'époque.

Emily Chang s'attarde à PayPal parce que plusieurs membres de l'équipe originale ont fini par fonder les compagnies les plus importantes: Tesla, SpaceX, LinkedIn, YouTube... Ceux-là mêmes que *Fortune Magazine* avait mis en page couverture en 2007, cigare et verre à la main, en train de jouer aux cartes. Aucune femme n'était représentée. Néanmoins, ce boys club à l'origine de Silicon Valley a réussi à faire croire en l'évangile de la méritocratie technologique, un mythe qui appuie la bonne conscience d'entreprises qui, dès lors, ne se sentent aucunement obligées de prendre en compte les différences, entre autres, de genre et de sexualité. Rien n'est moins vrai, montre Chang: il n'y a pas de méritocratie; ce qu'il y a, c'est un boys club.

Enfin, que dire des trolls et de leur pratique déchaînée de harcèlement en ligne, en particulier sur les plateformes 4chan, Twitter et Reddit, toutes fondées par des hommes blancs? Si les mots-clics ont servi des mobilisations féministes depuis la création de Twitter, ils ont aussi servi la violence en ligne contre les femmes et les féministes. Le #Gamergate dont Anita Sarkeesian a fait les frais en est un des exemples les plus éloquents: elle a été l'objet d'attaques sexistes et de menaces de mort à la suite de son travail sur les stéréotypes touchant les personnages féminins dans les jeux vidéo, diffusé sur sa chaîne YouTube *Tropes vs Women*. Ces dernières années, nombre de femmes, de personnes non blanches ou qui ne sont pas des hommes ont quitté la plateforme, et parfois les réseaux sociaux de manière générale, à cause de la violence qui y sévit par le biais de l'intimidation, de l'humiliation, et des menaces de viol. Les filles sont largement victimes de cyberintimidation, et les féministes sont l'objet de cyberharcèlement. On imagine, de l'autre côté de l'écran, des garçons et des hommes désœuvrés, carburant à la haine. On imagine aussi les gestionnaires des réseaux qui suspendent certains comptes – celui de Rose McGowan, par exemple, en octobre 2017, alors qu'elle était en train de dénoncer Harvey Weinstein dans le cadre du mouvement #MeToo –, mais en laissent d'autres ouverts malgré ce qui s'y trouve diffusé.

*

C'est là ce que pointe Jane Campion dans le deuxième épisode de *China Girl*, quand elle montre un groupe de jeunes hommes ordinaires, des « *café nerds* » qui rivalisent de misogynie, de vulgarité et de violence devant leurs écrans et qui objectifient des jeunes femmes asiatiques victimes de traite dont ils commentent la « performance » sur le web[11]. Ces gars-là incarnent, toutes proportions gardées, ce qu'Hannah Arendt, au terme du procès d'Adolf Eichmann à Jérusalem, a appelé « la banalité du mal[12] ». Réfléchissant à la « nature » d'un gouvernement totalitaire, et se demandant si ce n'est pas dans la « nature » de toute bureaucratie, Arendt s'attarde à la manière dont on transforme « les hommes en fonctionnaires, en simples rouages de la machine administrative » et dès lors, dont on les déshumanise. « On peut longtemps discuter, écrit-elle,

> et avec profit, du règne de Personne qui est la vérité de la forme politique connue sous le nom de bureaucratie. Il faut seulement avoir clairement à l'esprit que la justice ne peut prendre ces facteurs en considération que dans la mesure où ils constituent des circonstances du crime[13].

Est-ce qu'on peut penser la participation ou la complicité des hommes, voire leur complaisance au regard des injustices et des crimes de toutes sortes dont les femmes sont victimes dans le cadre de la domination masculine qui est le décor – les « circonstances », pour le dire avec Arendt – de nos sociétés ? Cette domination masculine aux allures bureaucratiques tant elle est normalisée, qui a pour effet d'effacer la conscience des individus et de la remplacer par des idées toutes faites, des clichés qui sont autant de refus de penser. Les jeunes hommes ordinaires interchangeables mis en scène par Jane Campion dans *China Girl* ne sont-ils pas une représentation du « Personne » de Hannah Arendt ? Jeunes hommes qui refusent de prendre leurs responsabilités, ils mettent leur conscience en berne pour reproduire un système.

Le boys club d'un monsieur Tout-le-Monde coupable de banalité.

CHAPITRE DIX-NEUF

CHASSEURS

Le film *The General's Daughter* (1999) s'inspire d'un fait réel : le général Joseph Campbell, père de la capitaine Elisabeth Campbell, a été jugé coupable par un tribunal militaire d'avoir tenté de couvrir le viol collectif dont sa fille avait été victime pendant sa formation – décision prise, dit-on dans le film, pour protéger la mixité récente de l'école, donner l'impression que les femmes sont les bienvenues. On est à la fin des années 1990, en pleine « *affirmative action* ».

Dans le long-métrage qui reprend ce « fait divers », le viol a lieu pendant un entraînement de nuit, en pleine forêt, à l'école militaire West Point, entraînement au cours duquel les recrues sont en tenue de camouflage. Elisabeth Campbell est une des premières femmes admises à West Point, et pour la punir de se trouver parmi les meilleurs étudiants, et tout simplement d'être là, ses collègues l'attrapent en pleine nuit, pendant l'exercice militaire. Ils la couchent de force dans la boue et les feuilles, l'écartèlent, lient ses poignets à des piquets de tente, la dénudent et la violent à tour de rôle, la laissant ensuite pour morte. De manière semblable à la scène de *Munich* abordée plus tôt, le corps nu de la jeune femme blanche, blonde aux yeux bleus, illumine la nuit noire, pendant que le groupe d'hommes est difficile à distinguer dans l'obscurité : il est presque impossible de dire combien ils sont tant ils se confondent les uns avec les autres, cachés par la nuit ainsi que par leur uniforme. Un uniforme militaire qui rappelle celui porté par les chasseurs pour se camoufler dans la nature et échapper au regard de leurs proies.

Le long-métrage suit l'enquête menée par un policier militaire (John Travolta) et une détective et intervenante en matière de viol (Madeleine Stowe). Cette dernière affronte, dans le vestiaire d'une base militaire, un des seuls hommes dont le nom est inscrit dans le dossier médical de la victime. Elle lui dit qu'il s'en est sorti jusqu'à maintenant grâce à son sourire et à son charme, mais qu'il est clairement incapable d'être le leader d'un viol collectif: « *You're just a guy who got by on his smile and his charm. But you sure couldn't lead a rape* ». Ce dernier, avouant ainsi sa participation au viol, répond que non, il n'a rien fait, il a tenté de les arrêter, mais les autres « la haïssaient tellement »[1].

*

« J'haïs les féministes », a dit Marc Lépine avant d'ouvrir le feu sur un groupe d'étudiantes en ingénierie à l'École polytechnique de l'Université de Montréal. Des mots prononcés en plein *backlash* contre le féminisme, un ressac qui entre ses mains est devenu mortel.

Un *backlash* est une réaction adverse soudaine et violente, un recul, le fait d'être tiré brusquement vers l'arrière. Dans le cas du féminisme, le message de Lépine ne pouvait pas être plus clair: les féministes devaient se taire, il allait les faire taire avec son arme semi-automatique « de chasseur »[2]. Non seulement elles ne devaient plus parler, leur mort étant une mise sous silence pour toute éternité, mais on ne devait pas dire non plus que le massacre du 6 décembre 1989 était un attentat contre les femmes et contre les féministes.

La journaliste Sue Montgomery, pendant la cérémonie de commémoration du 6 décembre 2014, rappelait le *backlash* des années 1990 comme une longue période pendant laquelle le mot « féministe » était devenu un gros mot parce qu'on ne voulait surtout pas rappeler que des « hommes nous haïssaient » : « *the F* word – feminism – became a bad word [...] they didn't want to hear that men hated us* ».

*

La haine, c'est la balle qui transperce le corps d'une femme, ce sont les coups qui lui sont portés, et c'est aussi cette zone grise, comme l'a nommée Francine Pelletier, des violences domestiques et sexuelles qui ont pour objectif et pour effet de nous rendre « juste un peu moins libres ». La haine, c'est le jeu du chat et de la souris, comme le décrit Gunther Anders[3], qui ravit ceux qui méprisent, avides de pourchasser la souris et de la déguster. Une avidité qui relève ainsi en partie d'une forme, perverse et cruelle, d'amour et en partie d'une véritable haine, le plaisir d'attraper l'autre résidant dans l'action de différer la prise. Haïr serait un amour qui veut annihiler l'autre, le faire disparaître en l'absorbant– le consommer, assimiler son corps, le faire sien et soi. Le prendre en soi après l'avoir chassé, comme le chasseur prend la vie de l'animal tout en affirmant qu'il en est l'ami (rengaine connue, souligne Anders, que celle des chasseurs qui se donnent comme de grands amis des bêtes qu'ils tuent). Figurer l'autre comme un animal n'a donc pas seulement à voir avec sa déshumanisation ; ça a à voir avec l'expression de cette haine qui est amour de la haine, la haine comme amour.

Le tueur d'Isla Vista en Californie (2014) comme ceux de Roseburg en Oregon (2015), de la rue Yonge à Toronto (2018) ou du studio de yoga de Tallahassee en Floride (2018), pour ne nommer que ceux-là, sont tous liés au mouvement des incels – ce mouvement des « célibataires involontaires[4] », des hommes qui se plaignent de ne pas avoir de femmes à cause de certains hommes qui eux les auraient toutes, mais surtout à cause des féministes et de ce qu'ils décrivent comme une culture d'antimasculinité[5]. Si les incels constituent un mouvement qui repose principalement sur le web, il opère une littéralisation du lien entre chasser et cette autre forme de chasse qui consiste à faire la cour : on tue des femmes qui ont été chassées, à des fins sexuelles, sans avoir été attrapées. Le sexe est remplacé par le meurtre, le rapport sexuel par une utilisation assassine et terroriste de l'arme ou du véhicule.

Plus on chasse, plus on hait, dit Anders. Plus on est proche de la victime, plus on fait l'expérience de la haine[6]. D'où le regard qu'il faut poser sur les nouveaux moyens de faire la guerre, penser à ce que ça signifie de tuer quand, entre soi et l'autre, la distance se fait de plus en plus grande, que les victimes deviennent une masse de plus en plus indistincte et leurs visages effacés, le pâle souvenir d'une lointaine humanité. Si, pour haïr, il faut être proche, si c'est la proximité qui fait haïr, que devient la haine quand le combat est mené à distance ? Pour pallier la distance et pour nourrir la haine, explique Anders, il faut donner l'illusion d'un combat mené de près en diabolisant un type, un groupe, « de préférence une minorité sans défense. La plupart du temps, ce groupe n'a rien à voir avec ceux qu'il s'agit de combattre ou d'éradiquer » et sert seulement à entretenir un sentiment de haine qui permettra d'agir contre l'ennemi. « Si vous souhaitez que vos gens combattent ou éradiquent un élément A inconnu d'eux, écrit Anders, non perçu par eux, également impossible à percevoir et à haïr, vous engendrez en eux, par le moyen du langage ou de la caricature, la haine d'un B qu'ils croient connaître. » Le dialogue qu'il imagine avec « le président Traufe », se termine comme suit :

> — Qu'est-ce que cela vous rappelle donc ?
> — Les GIs qui, le soir après leur journée, s'excitaient à l'aide de *mighty sexy pin-up girls* pour ensuite pouvoir, sur les girls insipides se tenant à leur disposition…
> — Tirer leur coup à balles réelles ?
> — *You said it, buddy*[7].

Ce n'est pas tant la question de l'image/pin-up par opposition aux femmes réelles qui m'intéresse ici que le fait que le rapport aux femmes serve d'exemple, et que s'y trouvent soudainement amalgamés combat et sexualité : les soldats décrits comme *tirant leur coup à balles réelles*, à l'image de ce que font les tueurs misogynes. Le geste qui consiste à prendre de force des femmes et des féministes, celles qui se refusent à eux et à la domination masculine, pour en faire des proies.

*

Le titre du documentaire d'Amy Ziering et Kirby Dick traitant des agressions sexuelles sur les campus universitaires n'est pas innocent : *The Hunting Ground*. Dans le précédent documentaire réalisé par Ziering et Dick, *The Invisible War*[8], il s'agissait de mettre à jour les agressions sexuelles commises dans l'armée en toute impunité[9] : entre 2010 et 2012, le nombre d'agressions sexuelles (c'était une estimation) avait augmenté de 35 %. *The Invisible War* montre comment dans cette institution, souvent décrite comme une famille, les victimes, comme dans l'inceste, sont sommées de rester silencieuses au profit de la cohésion du groupe… constitué d'une majorité d'hommes. De plus, étant donné la structure hiérarchique de l'armée et le fait que les crimes sont jugés en cour martiale – en circuit fermé –, il est presque impossible pour une victime de porter plainte sans être ostracisée, humiliée, punie... Malgré la diffusion de ce documentaire et la publication de nombre d'études concernant les agressions sexuelles dans l'armée, le *New York Times*, citant le *Report on Sexual Assault in the Military* portant sur l'année 2018, annonçait une augmentation de 38 % des cas de « contact sexuel non désiré » sur les femmes en uniforme par rapport au précédent sondage en 2016[10]. Si les femmes représentent 20 % des effectifs militaires, elles sont victimes de 63 % des agressions – les femmes plus jeunes et les moins galonnées étant les plus à risque. Des statistiques semblables ont été relevées dans les académies militaires, lieux d'apprentissage des futurs soldats.

Dans *The Hunting Ground*, c'est le milieu universitaire, et en particulier les fraternités, qui sont visées par l'enquête, avec tout ce que ces dernières ont, comme l'armée, d'un véritable terrain de chasse. C'est un groupe d'étudiantes qui ont approché Dick et Ziering pour qu'ils fassent ce film. Et si le film s'est fait, c'est parce que la question des agressions sexuelles sur les campus universitaires américains était à l'avant-plan – un grand nombre de cas ont été révélés dans les médias, et une cinquantaine d'universités étaient sous enquête au regard de Title IX, le code de loi garantissant une éducation sans discrimination sexuelle pour tout programme ou activité qui reçoit des subventions fédérales[11].

Title IX exige que les écoles fassent de la prévention, qu'elles enquêtent rapidement quand il y a accusation d'agression sexuelle (que les autorités policières soient impliquées ou non) et qu'on ne s'en tienne pas, par la suite, à une procédure de médiation. Au Title IX s'ajoute le Clery Act qui concerne l'obligation d'informer la population au sujet des crimes commis sur les campus et des dangers qu'ils représentent, ainsi que le Campus Sexual Violence Elimination Act (un amendement au Clery Act) et qui augmente la protection pour les survivant·e·s. En 2014, le gouvernement Obama lançait la campagne *It's on us* :

> un mouvement culturel qui a pour objectif de changer radicalement notre manière de voir l'agression sexuelle [...] afin de créer un environnement où l'agression sexuelle est inacceptable et où les survivantes reçoivent du soutien[12].

Et c'est bien d'environnement qu'il est question, des campus universitaires comme de lieux où logent les agressions sexuelles, un véritable terrain de chasse.

*

The Invisible War montrait le fonctionnement d'un boys club, l'armée ; *The Hunting Ground* montre celui des universités, et en particulier des fraternités. Le documentaire met en scène deux groupes : les femmes (les étudiantes, professeures, amies, et les cadres qui ont quitté l'université devant son inaction) et les hommes (les étudiants, athlètes, coachs, cadres, et les avocats), un « entre femmes » et un « entre hommes », des victimes en série contre des agresseurs en série qui parfois agressent ensemble, d'autres fois s'entraident, et toujours se protègent. S'il y a viol collectif dans ce cas-ci (et ça vaut pour toutes les fois), c'est non seulement en tant que viol commis par plusieurs, mais en tant qu'acte tributaire d'une collectivité, de tout un système. D'où l'importance de la carte des États-Unis, épinglée au mur de la chambre d'une des militantes, et qui permet de faire le lien entre les différents cas, les différentes villes, les différentes universités. Le *campus rape* – les viols qui ont lieu sur les campus universitaires – ne sont pas l'exception mais la norme, une sorte de sport où les femmes sont des proies (on valorise le sexe non consensuel) et dont il faut rapporter un trophée, sous forme d'images diffusées, par exemple, par l'entremise des réseaux sociaux.

The Hunting Ground est décrit par la critique de cinéma du *New York Times* Manohla Dargis comme un exemple de « ciné-activisme » où la réalisatrice et le réalisateur font feu de tout bois pour faire entendre ce qu'il y a à dire[13], pour mettre en lumière ce système et la complicité des administrations universitaires qui ferment les yeux sur ce qui se passe derrière les murs des fraternités : entre ces administrations et les fraternités existe une relation « contractuelle », économique, politique, et bien sûr, genrée.

Au début du documentaire, un homme grisonnant, vêtu d'une toge mauve, qui accueille les étudiant·e·s en début d'année, leur dit : « Comme vos parents l'ont appris en vous déposant ici aujourd'hui, ce qui se passe à l'université reste à l'université – la plupart du temps ! »

On ne sait pas qui est cet homme, quel rôle il joue, sinon celui de représenter le pouvoir masculin. Sous couvert d'une blague, il énonce une vérité qui concerne la complicité des adultes, et plus particulièrement des hommes blancs qui, en protégeant les garçons accusés de violence sexuelle (qu'il s'agisse de membres fortunés des fraternités ou de sportifs célèbres), préservent une culture du privilège.

Comme le précise Jessica Valenti, les femmes membres de sororités courent un risque 74 % plus élevé d'être agressées sexuellement, et une femme sur cinq sera agressée sexuellement au cours des quatre années passées sur un campus universitaire. Si les fraternités sont des endroits particulièrement dangereux, c'est que l'alcool y coule à flots, que le GHB est allègrement utilisé, que la culture masculine qui y est prônée est éminemment toxique. Les garçons agissent ensemble et en miroir les uns des autres, dans un climat de compétition doublé d'une exigence de loyauté : la fraternité est une famille et tout doit être fait pour la protéger. Elizabeth Armstrong, professeure à l'Université du Michigan et auteure d'études importantes sur les fraternités et leur culture, indique qu'il y a une grande différence entre les *frats* noires, multiculturelles ou mixtes en termes de genre sexué, et les fraternités blanches, non mixtes, qui rassemblent des garçons issus de familles fortunées[14]. Au cœur du fonctionnement des fraternités se trouve l'idée du réseau. Ce réseau étend ses tentacules, depuis les garçons qui y cohabitent pendant leurs études ou les sportifs qui font partie d'une même équipe, jusqu'aux politiciens, avocats, financiers, entrepreneurs qui évoluent à la Maison-Blanche, Wall Street et Silicon Valley[15]. Certains diront que les *frats* ont aidé les hommes à grandir depuis des générations[16]. Il y a 400 000 hommes dans des fraternités aux États-Unis aujourd'hui, et la plupart (dit un de leurs défenseurs) sont des leaders dans leur communauté. Ils collectent des millions de dollars pour des fondations caritatives, font du bénévolat et obtiennent les meilleures notes. Ils réussissent mieux aussi après l'université, et connaissent le succès toute leur vie.

> Les fraternités ont créé quelque chose d'assez singulier dans le monde moderne : un endroit où des jeunes hommes passent trois ou quatre ans à vivre avec d'autres hommes qu'ils ont élus comme étant « comme eux » et pouvant faire partie du groupe.

> À quoi peut-on s'attendre d'un club où les femmes sont vues comme des étrangères, ou des objets, ou pire encore comme des proies, et où les hommes établissent les règles ? On ne devrait pas s'étonner qu'ils en viennent à recréer le boys club – un boys club qui n'est pas si génial pour les boys eux-mêmes[17].

*

En septembre 2014, Valenti, ancienne de l'Université Tulane, en appelait à la fermeture des fraternités, à la suite d'une enquête menée à l'Université du Wisconsin-Milwaukee ; des femmes avaient trouvé des X peints en rouge et en noir sur leurs mains après avoir été hospitalisées pour des pertes de mémoire dues à une intoxication pendant une fête de fraternité[18]. Trois agressions sexuelles avaient aussi été dénoncées dans une fraternité du Texas… en un seul mois, et un message courriel, intitulé *Luring your rapebait* (« Comment leurrer votre proie pour le viol »), avait été diffusé à Georgia Tech. Une fraternité de Wesleyan avait été qualifiée d'« usine à viol » et des membres d'une fraternité de Yale avaient déambulé à travers le campus en criant « Non veut dire oui, oui veut dire sodomie ».

Depuis les années 1980, les fraternités sont l'objet de critiques. Ces « *guylands* », pour le dire avec Michael Kimmel[19], doivent abandonner une culture gonflée à la testostérone où les hommes dominent les femmes, au profit de « fraternités » mixtes susceptibles d'inciter les jeunes à se voir comme des égales et des égaux. Prenant appui sur une étude menée avec Laura Hamilton, pendant cinq ans, sur les campus d'une université du Midwest américain (anonyme), Elizabeth Armstrong décrit les fraternités comme un problème de santé publique, encourageant les administrations à les réformer : y interdire l'alcool, empêcher les étudiant·e·s d'y vivre, et forcer la socialisation entre étudiant·e·s de genres, d'origines et de classes sociales différents[20]. Nées au début du 19e siècle comme sociétés secrètes visant à enfreindre l'interdiction de s'amuser[21] (à une époque où les universités étaient interdites aux femmes), les fraternités sont anachroniques. Si elles ont connu une semi-disparition dans les années 1960 et 1970, dans le flot de la révolution sexuelle et des luttes pour les droits civiques, elles connaissent depuis les années 1980 une sorte de retour, et avec ce *comeback*, une épidémie d'accidents liés à la consommation d'alcool et de drogues (chutes, hypothermie, blessures graves, etc.[22]) et, surtout, de violence à caractère sexuel.

En 1969, dans *Men in Groups*[23], l'anthropologue Lionel Tiger voulait démontrer que les hommes sont naturellement dominants et violents, et que leur mode d'être primitif est la meute. À l'intérieur de ce groupe naissent des relations étroites, un besoin d'être ensemble qui explique, selon lui, la hiérarchie à l'intérieur des structures non mixtes telles que l'église, l'armée, le gouvernement… et ce, depuis le paléolithique jusqu'à la montée du féminisme (moment où Tiger publie son ouvrage). Si, dans *Men in Groups*, il critique la violence des initiations au sein des fraternités, il l'excuse néanmoins en décrivant l'agressivité masculine non seulement comme étant naturelle, mais positive : les sexes sont essentiellement différents et, en ce sens, chacun joue son rôle. Par exemple, les hommes protègent les femmes, qui, elles, protègent les enfants. Cette manière de concevoir le binarisme sexuel, d'essentialiser les genres, l'hétérocentrisme et la reproduction, cette référence à la préhistoire et à une certaine animalité masculine dans le but de maintenir les choses telles qu'elles sont hante, à ce jour, le système des fraternités.

À ce scénario primitif, on pourrait ajouter celui qui traverse les contes de fées, comme le fait Kelly Oliver dans *Hunting Girls : Sexual Violence from* The Hunger Games *to Campus Rape*[24]. Oliver cite une étudiante de l'Université George Washington : « Pendant les soirées qui ont lieu dans les fraternités, c'est encore plus un terrain de chasse. Pas de la part de tous les garçons, bien entendu, mais parfois, on a l'impression d'être le cerf en train d'être observé par les lions tout autour. Et puis, ils se lancent, c'est le coup de grâce[25]. » Contrairement au mythe américain qui a fait des hommes noirs une menace pour les femmes blanches, ici, comme le souligne Oliver, ce sont en grande majorité des hommes blancs, compagnons de classe bien mis, parmi les meilleurs étudiants et athlètes, des *boys next door* qui violent les filles de la classe moyenne, ces *girls next door* qui sont leurs pareilles. Ainsi, entre l'homme préhistorique qui chasse les femmes comme il chasse les animaux, et celle qui attend le prince qui viendra la réveiller, il n'y a qu'un pas. Sur les campus universitaires, les deux tropes sont animés dans le scénario où des membres de fraternités droguent les jeunes femmes invitées à leurs fêtes, elles qui arrivent dans leurs plus beaux vêtements et se retrouvent dans un environnement sale et dangereux, cliché du décor masculin (par des hommes et pour des hommes) qui n'est pas sans rappeler la rudesse des camps de chasse.

*

En 2010, la pièce de Laura Wade, *Posh*, est créée moins d'un mois avant les élections générales britanniques. Quatre ans plus tard, à la veille d'une autre ronde d'élections, l'adaptation cinématographique de la pièce, *The Riot Club*, scénarisée par Wade et réalisée par Lone Scherfig, sort sur les écrans – pied de nez aux David Cameron, George Osborne et Boris Johnson[26], tous membres du Bullingdon Club dont le film s'inspire.

Laura Wade a commencé à écrire sa pièce à la suite de la publication d'une photo du jeune David Cameron, en queue-de-pie, en compagnie de quelques-uns de ses camarades d'Oxford, parmi lesquels le maire de Londres de l'époque, Boris Johnson. Une image qui illustre la division des classes au Royaume-Uni et l'affiliation des Tories à un club privé célèbre pour ses soirées de débauche et de destruction : en décembre 2005, des membres du club ont fait éclater 17 bouteilles de vin, toute la vaisselle et une fenêtre d'un pub du 15e siècle près d'Oxford.

Le film de Lone Scherfig, sorti un an après *The Wolf of Wall Street*, présente, de la même façon que le film de Scorsese, l'excès, l'extravagance, le « vice » des riches, à la différence près que si *The Wolf of Wall Street*, prenant appui sur l'histoire de Jordan Belfort, nous présente le point de vue d'un héros, ici, le public est appelé à rester à l'extérieur, aux côtés de la réalisatrice. Aucun plaisir n'est encouragé dans le visionnement de ce film, bien au contraire. Wade et Scherfig dénoncent sans concession la cruauté des privilégiés, leur impunité, et la toxicité de leur masculinité qu'ils inventent et vivent ensemble.

Le club a été créé à la mémoire d'un certain Lord Riot, chercheur de renom d'Oxford au 17e siècle, tué par le mari de sa maîtresse. Les membres suivent le mot d'ordre qui dit de manger à la table de la vie jusqu'à en être malade : « *Eat till we are sick at the full table of life* ». Le film fait le portrait du club et de ses membres, brossant la filiation de père en fils et la manière dont le privilège se transmet de génération en génération. La caméra nous amène au plus près de la débauche, une débauche que sous-tendent le racisme, la misogynie et le classisme les plus forts. Wade et Scherig montrent la sélection de futurs membres, puis leur initiation qui passe, entre autres, par l'ingurgitation d'un cocktail qui inclut urine, crachat, asticots et crottes de nez, et la découverte des murs de leur chambre couverts de sperme : « *You did bukkake on my room !* » s'écrie Miles. Autant d'étapes qui participent de ce que Lauren, le personnage féminin du film, décrit comme « profondément homoérotique ».

L'essentiel de l'action se passe au Bull's Head, le pub qui accueille le repas annuel du Riot Club, interdit de rencontre à Oxford. Les membres du club arrivent au pub, vêtus de queue-de-pie et armés de sacs à vomi, et s'installent dans une salle privée où ils mangent et boivent et se droguent à l'infini. « *We are legends !* » clame l'un d'eux. Pendant la soirée, le propriétaire du pub et sa fille sont l'objet d'une condescendance sans bornes, le seul membre du club dont les parents ne sont pas blancs (il est d'origine grecque) est l'objet de blagues racistes. À la travailleuse du sexe dont ils ont réservé les services, ils demandent de se glisser sous la table pour faire une fellation à chacun d'eux. « Je ne suis pas une version humaine de la chaussette dans laquelle tu éjacules ! » répond-elle avant de s'en aller. À Lauren, la petite amie de Miles à qui ils ont fait croire qu'il lui avait écrit de venir les rejoindre, ils offrent 27 000 livres pour remplacer la travailleuse du sexe : « On a le meilleur sperme du pays. C'est toi qui devrais nous payer pour le boire ! » Après l'avoir menacée d'agression sexuelle, ils la laissent partir puis entreprennent de démolir la salle du pub. Quand le propriétaire leur fait comprendre qu'ils ne peuvent pas tout démolir pour ensuite « l'acheter », quand il les traite d'enfants gâtés, ils le battent sauvagement. « J'ai des petites nouvelles pour vous », dit l'un d'eux : « Vous m'aimez ! Vous voudriez être moi ! ».

Après l'attaque, alors qu'il est hospitalisé pour ses blessures, on demande au propriétaire d'identifier qui l'a frappé. Il répond qu'il ne saurait pas le dire : « Ils se ressemblent tous. » Lequel, parmi ces hommes, portera l'odieux du crime ? Chacun se défile, nommant son voisin, jusqu'à ce que le président du club accepte de se livrer à la police au nom de tous. Néanmoins, un autre membre prend la tête du club et entreprend de trouver des recrues. Car pour le dire comme un des anciens du club, important avocat d'origine aristocrate: « Les gens comme nous, ça ne fait pas d'erreur. »

*

The Riot Club est un condensé des attributs du boys club et de son impact sur la société. Privilège et impunité, arrogance et haine débridée, misogynie et racisme, rivalité et solidarité... les boys sont ensemble, en queue-de-pie autour d'une table, liés par une surabondance de nourriture et d'alcool et, surtout, par la certitude que le monde leur appartient. Ils se ressemblent tous et ils ont tous les droits, ils ont le loisir de commettre tous les crimes et de toujours s'en sortir. Rien ne peut les atteindre, rien ne pourra jamais les arrêter.

Comme l'exprime Miles, être admis à Oxford, c'est comme être invité à cent fêtes à la fois. La « fête » à laquelle Wade et Scherfig nous invitent concerne autant la descente en règle des boys clubs que la crainte que leur spectacle suscite. Comme l'écrit Amy Woosley:

> Le 27 septembre, Brett Kavanaugh, nommé à la Cour suprême, était assis devant un comité du Sénat – et le public de la télévision américaine – pour contredire Christine Blasey Ford affirmant qu'il l'avait agressée sexuellement pendant une fête d'école secondaire dans les années 1980. Pendant l'audience, ainsi que pendant les semaines qui l'ont précédée, j'ai beaucoup pensé au *Riot Club*. Ce n'est pas que les événements de la vie réelle rendaient soudain ce film pertinent, mais plutôt que les événements cristallisaient la pertinence de ce film, rendaient palpable sa critique quelque peu ésotérique du système britannique d'éducation supérieure. Même si l'histoire du cinéma regorge de récits à propos de gens riches insouciants, de *Citizen Kane* au *Wolf of Wall Street*, peu d'entre eux montrent avec une telle brutalité et un tel détail comment le privilège cultive et alimente la masculinité toxique[27].

CHAPITRE VINGT

BOYS WILL BE BOYS

Dans son spécial *Sexe* du mois d'août 2015, le magazine *Les Inrockuptibles* consacre un article à la pratique du *bukkake*[1] – ce sous-genre porno où on filme un groupe d'hommes (nombreux) en train de se branler ensemble et éjaculer sur la poitrine et le visage d'une femme au milieu d'eux. L'article les décrit comme des amateurs. Certains veulent s'offrir un « plaisir particulier », d'autres disent vouloir se « lâcher, ne plus rien calculer, profiter ». Le journaliste note les mots d'un des participants alors qu'il arrive dans le parking, quelques minutes avant le début du tournage : « J'en peux plus, mec, je sors de la salle de muscu, là. Je suis chaud bouillant. J'espère que la fille a une bonne mutuelle santé, parce qu'elle va prendre cher. Elle va chier des briques ! »

Les hommes se retrouvent ensemble. Le tournage a lieu dans un garage, loin des regards indiscrets. « Tout le monde s'observe en silence. » « Je croyais qu'on venait pour baiser, dit l'un d'eux, mais j'ai l'impression qu'on prépare un combat de boxe. » Les hommes se préparent en se nettoyant avec les lingettes fournies par le réalisateur. Ils calent un flacon d'alcool, se palpent le sexe et enfilent une cagoule pour cacher leur visage question de ne pas être reconnus.

La pratique japonaise du *bukkake*, qui veut dire « éclabousser d'eau » relève d'une méthode punitive féodale où des femmes, jugées coupables d'infidélité, étaient aspergées de sperme par les hommes du village. Popularisée par le porno japonais, cette pratique a été reprise en Occident dans le cinéma *gonzo*. Si, dans le reportage des *Inrocks*, le *bukkake* vire au *gang bang*, dans les faits, cette pratique a souvent pour but de le remplacer : les hommes jouissent virtuellement du viol collectif de ce qu'ils appellent une « actrice ».

Pourtant, payée 500 ou 1 000 euros pour participer à ce tournage, dit Anna Polina, star du X français, « ça se rapproche de l'esclavage ». L'ancienne actrice porno Angell Summers fait le commentaire suivant : « On a le sentiment que les filles de ces vidéos ne savent pas où elles sont, qu'elles ignorent ce qu'elles vont vivre[2]. » Voici donc la scène : au centre, une femme seule, d'une façon ou d'une autre inconsciente, tenue dans l'incertitude ; autour d'elle, un groupe d'hommes masqués.

*

De nombreuses études le montrent : quand les hommes violent ensemble (quand ils pratiquent le *gang rape*, le viol collectif, les tournantes), ce qui est en jeu, c'est non seulement leur pouvoir de domination, la transformation d'une femme en objet, mais le rapport des hommes entre eux. Violer chacun son tour sous le regard des autres, s'exhiber, choisir de montrer son sexe en érection, parler de ce qui est en train de se passer, commenter la « prise », le plaisir, la performance, faire des gestes sexuels et violents collectivement, en se regardant faire… autant d'aspects qui pointent l'importance de l'« être ensemble » masculin. Il faut aussi s'arrêter sur les tournantes, cette pratique dont on a beaucoup parlé il y a une dizaine d'années dans les banlieues françaises, sur les fraternités et les équipes sportives des campus universitaires, sans oublier qu'il s'agit là d'un lieu commun du cinéma porno comme du cinéma grand public (qu'on pense à *L'été meurtrier* ou à *The Accused*) et de la culture prostitutionnelle (des scènes décrites lors de l'affaire de l'hôtel Carlton de Lille, auquel a été mêlé DSK, reviennent en tête). Dans le viol collectif, qu'il s'agisse d'une agression violente commise à plusieurs ou de ce qu'on appelle un *running train* (quand plusieurs hommes passent tour à tour sur la même femme), les gestes ont tout à voir avec une homosocialité, pour ne pas dire un homoérotisme, dont la pierre de touche est le spectacle : il faut être regardé par d'autres qui sont comme nous.

« Ils sont contents d'être ensemble », écrit Virginie Despentes dans *Baise-moi*, « ils échangent de bonnes vannes, ils ont une activité commune, un ennemi commun. Jusqu'où comptent-ils aller pour se prouver qu'ils sont ensemble[3] ? » Et dans *King Kong théorie*, quand elle décrit le viol qu'elle a subi avec une amie, une agression commise par trois garçons :

> Nous sommes du sexe de la peur, de l'humiliation, le sexe étranger. C'est sur cette exclusion de nos corps que se construisent les virilités, leur fameuse solidarité masculine, c'est dans ces moments qu'elle se noue. Un pacte reposant sur notre infériorité. Leurs rires de mecs, entre eux, le rire du plus fort, en nombre[4].

Si Despentes écrit que « c'est le projet de viol qui refaisait [d'elle] une femme, quelqu'un d'essentiellement vulnérable[5] », elle exige aussi qu'on pense comment ce projet de viol refait les hommes : « Le viol, l'acte condamné dont on ne doit pas parler, synthétise un ensemble de croyances fondamentales concernant la virilité[6]. »

*

Les viols collectifs sont une arme de guerre connue qui sert l'occupation territoriale et la cristallisation du pouvoir politique, culturel, religieux par le biais de la domination des femmes. On le sait, depuis les bordels nazis (à Auschwitz, Dachau, Buchenwald) jusqu'aux crimes innombrables et innommables commis en Bosnie, au Rwanda, en Syrie, pendant les émeutes au Caire sur la place Tahir, en Inde dans les rues et les autobus, au Texas où une vingtaine d'hommes ont violé une enfant de 11 ans, à Steubenville en Ohio où des footballeurs ont violé une jeune femme inconsciente, et la liste continue… Le viol est une arme de guerre au sein de cette guerre ordinaire, quotidienne qu'est la guerre faite aux femmes, comme le dit Catharine McKinnon, une guerre qui a autant à voir avec le geste de mettre les femmes à leur place qu'avec le besoin qu'ont les hommes de « performer » leur genre *pour* les autres hommes, en leur présence et afin d'être reconnus par eux. Il faut appartenir au groupe, à l'équipe : « Ceux qui m'ont violée ne couinaient pas », écrit Hélène Duffau dans *Trauma*. « Ils gueulaient. Ils braillaient. Comme des supporters à un match. Comme des entraîneurs sur le terrain. Pour s'encourager. Pour se donner la force de se surpasser. Pour ne pas entendre l'impudeur[7]. »

*

Le cas de Steubenville, en 2012, a fait couler beaucoup d'encre : l'histoire d'une jeune femme violée à répétition par des hommes, ses amis, l'agression publique rendue virale par l'entremise des réseaux sociaux. Fortement intoxiquée, la jeune femme de 16 ans a été décrite par ses agresseurs comme ressemblant à un corps mort : « *They peed on her. That's how you know she's dead, because someone pissed on her.* » Ils ont pissé sur elle, ont-ils dit, c'est comme ça qu'on sait qu'elle est morte. De façon semblable, Jyoti Singh, en Inde, étudiante de physiothérapie violée par six hommes, a été laissée pour morte jusqu'à ce qu'elle décède 13 jours plus tard à la suite de ses blessures. Ces deux cas ont non seulement retenu l'attention à travers le monde, mais suscité un engagement social féministe important[8].

Ce qui m'intéresse, ici, ce sont les mots utilisés pour parler de ces deux femmes : « *living corpse* » (morte vivante) en ce qui concerne Jyoti Singh, et « *dead girl* » (fille morte) en ce qui concerne la jeune femme de Steubenville. Dans une vidéo filmée le soir des agressions par un des témoins, et diffusée ensuite par Anonymous, on entend celui-ci dire : « Pas besoin de préliminaires avec une fille morte. Elle est plus morte que la femme d'O. J. [Simpson]. Elle est plus morte que Caylee Anthony. Ils l'ont violée plus fort que ce flic qui viole Marcellus Wallace dans *Pulp Fiction*... Elle est tellement violée maintenant. » Les viols filmés et diffusés sur les réseaux sociaux sont légion, et les suicides de jeunes femmes aussi. Peu de temps après Steubenville, deux joueurs de football de Torrington au Connecticut âgés de 18 ans ont violé deux filles de 13 ans. Leurs confrères de classe ont écrit sur Twitter : « *Young girls acting like whores there's no punishment, young men acting like boys is a sentence* » (Des filles qui agissent comme des putes, pas de punition ; des jeunes hommes agissant comme des garçons, c'est une condamnation).

La question du nombre de *boys* dans l'affaire Steubenville été soulevée, tout comme la description de ce qui avait véritablement eu lieu. Puisque la victime était inconsciente, pouvait-on vraiment savoir ce qui s'était passé ? Et puis, quand une jeune femme est inconsciente, peut-on vraiment parler de viol[9] ? Mais il y avait des vidéos et des témoins, et au procès, l'un d'eux a affirmé ne pas pouvoir dire si la jeune femme participait ou non aux actes sexuels dont elle était l'objet. Il dira aussi que devant son copain en train de se masturber sur le corps inerte de la jeune fille, il n'a pas été perturbé : son copain et la jeune fille avait eu un « rapport » par messages textes et, à la lumière de cette relation virtuelle, ce que son copain faisait à la jeune fille paraissait donc acceptable.

La procureure de la Couronne, Jane Hanlin, dont le fils était l'ami d'un des accusés, a dû se retirer de la cause. Interviewée par le *New Yorker*, elle a fait le commentaire suivant :

> Le récit qui traverse ces histoires est le suivant : il y a une douzaine de badauds ; on la transporte de fête en fête ; elle est violée à plusieurs endroits. Évidemment, les gens sont outrés quand ils lisent ça, parce que ça donne l'impression que tout un groupe de jeunes a regardé et encouragé et ri et participé. Mais ce n'est pas la vérité : il y en a cinq qui ont très mal agi. Mais 5, c'est moins que 80.

À partir de quel nombre est-ce qu'un groupe d'hommes compte en tant que groupe ? À partir de quel nombre de violeurs peut-on parler de viol collectif ?

Il faut compter les centaines de milliers de messages textes, photos et vidéos diffusés qui montrent la jeune fille en train de se faire agresser, cette jeune fille devenue « *the dead girl* ». « Est-elle morte ? » demande un garçon qui se trouve devant la caméra pendant l'agression. « Elle est aussi morte qu'on peut l'être. Et si elle était enceinte et qu'elle donnait naissance à un bébé mort ? Elle est morte. »

Elle est une fille morte : voilà l'expression qui ponctue, des dizaines de fois, la vidéo qui a circulé des milliers de fois montrant la jeune fille inconsciente sur un lit, entourée d'un groupe de jeunes hommes, agresseurs et témoins, en train de s'amuser.

*

Le procès de Brock Turner a lui aussi fait couler beaucoup d'encre. Cet étudiant de l'Université Stanford, sportif de haut niveau, a été jugé coupable d'avoir agressé sexuellement une jeune femme en janvier 2015 alors qu'elle était évanouie, derrière une benne à ordures. Turner a été surpris par deux étudiants qui passaient là à ce moment, mais jusqu'à la fin, il a nié avoir agressé sa victime. Jusqu'à la fin, il a mis d'autres mots à la place de l'agression, prétextant un abus d'alcool, ou une promiscuité sexuelle. Il est allé jusqu'à affirmer devant la cour qu'il y avait eu consentement, alors que l'examen médical avait révélé la présence de lésions vaginales, que la jeune femme à demi dénudée était sale, des aiguilles de pin dans les cheveux, qu'elle s'était réveillée à l'hôpital sans aucun souvenir de ce qui lui était arrivé, qu'elle a appris l'agression dont elle avait été victime en écoutant les nouvelles.

Le 2 juin 2016, un an et demi après les faits, Turner a été condamné à six mois de prison et trois ans de probation – une peine plus longue, a dit le juge, aurait eu un grave impact sur sa vie. Au moment du jugement, la jeune femme qu'il a agressée a lu à la cour une longue lettre où elle s'adressait principalement à Turner. Elle est revenue sur les faits et a dénoncé le refus de Turner de reconnaître la vérité.

> Il a admis qu'il avait embrassé d'autres filles à cette fête, dont ma sœur, qui l'avait repoussé. Il a admis qu'il voulait coucher avec quelqu'un. J'étais l'antilope blessée du troupeau, complètement seule et vulnérable, incapable physiquement de me défendre, et il m'a choisie. Parfois je me dis que si je n'avais pas été là, rien de tout ça ne se serait passé. Mais ensuite je me suis rendu compte que ça se serait passé, ça serait juste arrivé à quelqu'un d'autre. Tu étais sur le point d'entrer dans quatre années d'accès à des filles bourrées et à des fêtes, et si c'est comme ça que tu as commencé, c'est bien que tu n'aies pas continué[10].

Peu de temps après, une lettre, écrite par le père de Turner à la défense de son fils, a paru dans les journaux. Cette lettre qu'il a présentée au juge, où il le décrit comme le fils parfait, soulignant ses succès scolaires et sportifs, avait pour but de convaincre que Turner ne méritait pas la prison : il ne s'agissait que d'un écart de conduite, d'un simple abus d'alcool dû à des difficultés d'adaptation à l'Université Stanford. Mais ce fils n'est plus le même, plaidait le père, il a perdu son appétit vorace d'avant, il frôle la dépression... Le père en appelait à la sensibilité du juge, invoquant ainsi une alliance, un ensemble, un groupe, un boys club qui l'emporterait, au final, sur celle qui se tient seule, encore une fois, cette jeune femme dont Turner a fait sa proie.

À l'image du viol collectif que Roxane Gay a subi quand elle était jeune adolescente et qu'elle décrit dans son autobiographie, *Hunger* (*Affamée*) :

> J'ai été violée par Christopher et plusieurs de ses amis dans une cabane de chasse abandonnée, dans la forêt, où personne, à part ces garçons, ne pouvait m'entendre crier. [...] Il a simplement fait glisser la fermeture de sa braguette, il s'est agenouillé entre mes jambes et m'a pénétrée. Les autres garçons me regardaient d'un air lubrique et l'encourageaient. [...] Quand Christopher a joui, il a cédé sa place au garçon qui me tenait les bras. [...] Tous ces garçons m'ont violée. Ils essayaient de voir jusqu'où ils pouvaient aller. J'étais un jouet, utilisée sans ménagement. [...] Je ne me rappelle pas leurs noms. [...] Je me rappelle qu'ils se sont amusés, et qu'ils riaient beaucoup. Je me rappelle qu'ils n'avaient que du mépris pour moi[11].

CHAPITRE VINGT ET UN

LIGUES DU LOL

Les garçons qui l'ont violée ont eu du plaisir, écrit Roxane Gay, et ils ont ri, beaucoup et ensemble, un signe très clair de leur mépris.

On a souvent cité, au cours des dernières années, les mots attribués à Margaret Atwood et repris, entre autres, par la détective chasseuse de meurtriers en série, héroïne de la télésérie *The Fall*: « les hommes craignent que les femmes rient d'eux; alors que les femmes, elles, craignent que les hommes les tuent ». Mais dans les faits, quand on s'intéresse un tant soit peu aux médias et aux représentations culturelles, aux études portant sur les rapports de sexe, force est de constater que les femmes craignent, elles aussi, que les hommes se moquent d'elles. Qu'ils se moquent avant, pendant, et après les avoir tuées.

Les mots d'Atwood rappellent une autre mise en parallèle de l'expérience selon le genre, cette fois issue d'une enquête menée par Sara McClelland, professeure à l'Université du Michigan, sur la satisfaction sexuelle chez les jeunes[1]. McClelland a interviewé des jeunes hétérosexuel·le·s autour de la notion de *bad sex*, de leur conception d'un rapport sexuel désagréable, raté. Au terme des entrevues, elle a noté que pour les garçons, l'échec d'un rapport sexuel avait à voir avec une partenaire passive, peu excitante, et avec l'absence de jouissance. Alors que pour les filles, l'échec avait à voir avec la douleur physique, l'inconfort et des émotions négatives. Si les filles craignaient de souffrir, les garçons craignaient de ne pas avoir suffisamment de plaisir.

Le rire est une des manifestations de ce qu'on nomme, en anglais, *entitlement*: l'impression qu'on a droit à quelque chose, que cette chose nous est due. L'impression, aussi, qu'on nous autorise à disposer de cette « chose », que cette autorisation va de soi. Quand les hommes rient ensemble, quand ils se moquent ensemble d'une femme, on assiste à l'expression de cette arrogance. « Se moquer » : verbe qui tirerait son origine de « mouquer », c'est-à-dire « railler », et de « moucher », qui signifie corriger une personne, la battre. La moquerie est l'antichambre de la violence ; elle en est la trame sonore.

*

Le 15 septembre 2018, la *New York Review of Books* publiait un long article de l'ex-animateur Jian Ghomeshi dans lequel il se plaignait de son statut de paria, du malaise que suscitait désormais la mention de son seul nom. L'article de Ghomeshi a suscité des réactions si vives que, malgré sa défense publique par les membres de son équipe, l'éditeur en chef de la *New York Review of Books* a démissionné quelques jours après. Parce que la question est la suivante : qu'est-ce que ça veut dire quand un magazine mondialement reconnu et respecté publie, à la une, le texte d'un homme accusé de violence à caractère sexuel par 20 femmes, que la justice a en partie disculpé faute de preuves, mais qui a été tenu de demander pardon publiquement à une de ses victimes ? Un homme libre, mais mis au ban : il a perdu son travail, et désormais, il erre à la recherche d'un lieu où il pourrait se présenter sans qu'une inconnue, en entendant son nom, recule loin de lui parce qu'elle a peur.

Mais la *New York Review of Books* n'a pas reculé, et le nom de Jian Ghomeshi a été publié. Ghomeshi, dans le flot de sa plainte, cite une amie qui, à la blague, lui a dit qu'il devrait être reconnu comme un pionnier du mouvement #MoiAussi. « Beaucoup de gars sont haïs en ce moment, écrit Ghomeshi, mais je suis le gars que tout le monde a haï en premier ! » Cette blague, à elle seule, résumait tout l'article : en quelques mots, Ghomeshi faisait tomber le masque pour se moquer, ouvertement, de ses victimes[2].

Quelques jours plus tard, le 27 septembre 2018, la professeure Christine Blasey Ford décrivait son agression, quand elle avait 15 ans, par le futur juge à la Cour suprême Brett Kavanaugh, alors âgé de 17 ans. Devant le comité du Sénat américain, elle décrit chaque détail de l'événement : comment il l'a jetée sur le lit, a essayé de lui retirer ses vêtements, a glissé ses mains partout sur son corps, et comment, quand elle a crié, il a couvert sa bouche pour l'en empêcher ; comment elle était convaincue qu'il allait la violer, comment elle était terrorisée à l'idée qu'il la tue en l'étouffant. Elle affirme, surtout, se rappeler du rire de Brett Kavanaugh, gloussant avec son ami Mark Judge pendant et après les faits : « Ce qui est indélébile, c'est le rire, le rire hilare des deux hommes, le fait qu'ils s'amusaient à mes dépens[3]. »

Le boys club se cristallise autour d'une multiplicité d'objets et de pratiques, de l'économie au sport en passant par la politique et le sexe. Mais ce qu'on a tendance à oublier, c'est qu'en plus des regards et des paroles que les hommes échangent quand ils sont ensemble, il y a le rire. Celui des vieux membres d'un club privé de New York échangeant une blague dans *Patrick Melrose*. Celui des *traders* se moquant des femmes lors d'un repas dans un grand restaurant dans *American Psycho*. L'humour intello des architectes du *Règne de la beauté* sur la terrasse de leur maison-bijou. Le rire de Donald Trump, en 2016, quand il décrit ses prouesses sexuelles à l'oreille de Billy Bush avant son interview à *Access Hollywood*. Le même rire encouragé par Trump pendant les audiences concernant la nomination de Brett Kavanaugh à la Cour suprême des États-Unis, alors qu'il se moquait ouvertement de Christine Blasey Ford, caricaturant son témoignage en se moquant de ses « pertes de mémoire » – le fait que Blasey Ford a dit, à quelques reprises, « Je ne me souviens pas ». Trump était sans cesse encouragé par une foule en liesse, de la même façon que les hommes s'encouragent mutuellement pendant un viol collectif :

> *I had one beer. Well, do you think it was – nope, it was one beer. How did you get home? I don't remember. How'd you get there? I don't remember. Where is the place? I don't remember. How many years ago was it? I don't know. I don't know. I don't know.*

> *What neighborhood was it in? I don't know. Where's the house? I don't know. Upstairs, downstairs – where was it? I don't know – but I had one beer. That's the only thing I remember*[4].

Deborah Ramirez se souvient aussi de Kavanaugh riant en laissant tomber ses pantalons, en train de brandir son pénis devant son visage pendant que ses amis riaient – comme s'il fallait jouer fort l'hétérosexualité pour combattre toute apparence d'homosexualité[5] :

> Dans les écoles secondaires, les universités, les écoles de droit, les couloirs de Washington, les hommes performent les uns pour les autres et grimpent les échelons du pouvoir. C'est la preuve accablante, pour les victimes d'agression sexuelle et de harcèlement, que dans bien des cas, elles avaient autant de valeur qu'une pièce d'échecs, un objet parmi une longue série d'objets dans le cadre d'un jeu joué par des hommes avec d'autres hommes tout au long de leur vie[6].

*

Nombre de films montrent des scènes où un groupe de garçons se moquent d'une ou de plusieurs filles. Dans un scénario type, des amis font un pari au sujet d'une femme, qu'ils considèrent « ordinaire », sinon laide, et qu'il s'agit de séduire pour ensuite l'humilier en lui révélant qu'elle n'était qu'un pion dans leur jeu. C'est ce qu'explore Neil LaBute dans *In the Company of Men* (1997), long-métrage où deux collègues, sous prétexte de se venger de femmes qui les ont mal traités ainsi que du féminisme ambiant dont ils font les frais[7], choisissent comme proie une employée sourde qu'ils vont tous les deux tenter de séduire. Lorsque celle-ci tombe amoureuse du premier, le subterfuge lui est révélé par le second, qui est contre toute attente vraiment tombé amoureux d'elle. Si la jeune femme les quitte tous deux, blessée par ce « jeu », la perversité du pari prend une tout autre dimension lorsqu'on apprend que Chad, le plus séduisant – et qui au final a séduit la fille –, a menti à son ami : il avait fait croire à Howard qu'il vivait une peine d'amour alors que ce n'était pas du tout le cas. L'idée de ce jeu était le produit de sa cruauté et de sa misogynie. Quant à Howard, tombé amoureux de celle qu'il devait simplement faire marcher, il finit par tout perdre. Il demande, désespéré, à celui qu'il admirait : « Pourquoi as-tu fait ça ? ». Et Chad répond : « Parce que j'en étais capable, parce que je le pouvais. »

Le film de Neil LaBute, sorti en salle sur la crête du *backlash* contre le féminisme, se veut critique de cette « compagnie » que les hommes trouvent les uns chez les autres et qui est prétexte à l'expression de la misogynie. Ou comme l'écrit Lili Loofbourow au sujet de Brett Kavanaugh, ce modèle de toxicité homosociale masculine : plaire aux autres hommes passe souvent par une comédie de la cruauté envers les femmes[8].

On connaît le rire gras, lourd, bruyant, d'hommes qui se tapent sur les cuisses, échangent des blagues dont eux seuls peuvent saisir le sens, resserrant leurs liens en se moquant d'une autre personne qui le plus souvent est une femme ou une personne qui représente une minorité, une forme de marginalité, et qui dans tous les cas est leur subordonnée. Un rire qui est une manière d'imposer sa domination au détriment des autres. Un rire qui, contrairement à ce que laisse entendre l'expression « conversation de vestiaire », ne s'en tient pas à cet espace restreint, mais est un moyen de prendre toute la place.

*

En 2017, dans la foulée des dénonciations entourant le producteur de cinéma hollywoodien Harvey Weinstein (dénoncé par plus de 50 femmes pour harcèlement et agressions sexuelles), la liste s'est allongée d'hommes responsables de violence sexuelle dans les médias ou les affaires publiques. Parmi eux, l'humoriste Louis C. K., accusé de s'être masturbé devant des femmes (de jeunes humoristes) ou pendant qu'elles lui parlaient au téléphone, sans leur consentement. Louis C. K. reconnu comme allié du féminisme. Les rumeurs circulaient avant les dénonciations, écrit Emily Nussbaum dans *The New Yorker*, qui cite quatre incidents où l'humoriste s'est masturbé devant des femmes – après leur avoir demandé, dit-il, s'il pouvait le faire, question à laquelle, précisent ses victimes, il était impossible, voire interdit (étant donné le pouvoir du comédien) de dire non.

Nussbaum renvoie à l'épisode « American Bitch » de la dernière saison de la télésérie *Girls*, qui semble faire écho aux rumeurs entourant Louis C. K. Ici, Hannah, l'héroïne de la série, affronte un écrivain célèbre, qui rappelle à la fois Philip Roth et Chuck Palahniuk, dénoncé comme agresseur par une étudiante. Celui-ci a demandé à rencontrer Hannah à la suite d'un article qu'elle a publié sur le web, où elle le condamne. Il lui donne rendez-vous chez lui. Tout au long de leur conversation, il se défend, et essaie de la convaincre qu'il n'a pas abusé de l'étudiante. Il reconnaît que oui, il a eu une relation sexuelle avec elle, mais que ce dont il est coupable, s'il est coupable, ce n'est pas d'avoir couché avec elle, mais de ne pas avoir poursuivi la relation – il s'agirait donc d'une fausse dénonciation. Hannah, elle, veut lui faire comprendre que l'étudiante n'avait pas le choix de dire oui. Que si lui, un écrivain célèbre, beau, charmant, talentueux, reconnu, branché dans toutes les sphères de pouvoir et d'autorité, invite une jeune femme qui veut devenir écrivaine à prendre un verre dans sa chambre d'hôtel, qu'à ce moment-là la jeune femme a l'impression d'exister, il lui est impossible de dire non. Et que si, dans la chambre d'hôtel, le grand écrivain sort son sexe de son pantalon et l'enjoint de lui faire une fellation, elle sera de même incapable de refuser : elle est piégée. Elle a peur de ce qui peut lui arriver si elle n'obtempère pas, pas seulement dans l'immédiat mais à l'avenir, dans son avenir de possible écrivaine. Ainsi, étant donné le pouvoir qu'il représente, il ne peut pas, lui, s'attendre à ce qu'elle soit consentante, et c'est là qu'advient la violence.

Dans la seconde moitié de l'épisode, c'est Hannah – elle aussi est en voie de devenir écrivaine – qui se retrouve à son tour prise dans la toile de son admiration. Debout devant une bibliothèque, ils parlent d'un livre de Philip Roth dont le titre original aurait été *American Bitch*. La caméra se déplace et on se rend compte qu'ils sont dans la chambre de l'écrivain qui, sans prévenir, s'allonge sur le lit et demande à Hannah de s'allonger à ses côtés : il y a longtemps, dit-il, qu'il ne s'est senti aussi proche de quelqu'un. Hannah hésite, mal à l'aise, mais comme il vient de lui donner des raisons de lui faire confiance, elle s'allonge à côté de lui. L'instant d'après, il sort son sexe, se tourne vers elle, et le colle contre la jambe d'Hannah. Sous le choc, elle le prend dans sa main une fraction de seconde avant de se relever d'un coup en disant : « Vous avez sorti votre queue de vos pantalons et je l'ai prise dans ma main ! Je n'en reviens pas ! Et elle est encore là ! Vous ne l'avez même pas rangée ! » Sa colère est palpable, et aussi la honte, pendant que lui, sourire moqueur sur les lèvres, il est tout fier. À la fin de l'épisode, Hannah quitte l'immeuble pendant qu'une série de femmes convergent vers la porte d'entrée : autant de potentiels rouages dans une machine bien huilée.

*

Louis C. K. a quitté la scène, puis en août 2018, moins d'une année après les dénonciations, il est revenu, gardant la mainmise sur le récit, pour le dire avec Roxane Gay[9], comme s'il avait payé, comme si on lui avait pardonné. Alors qu'il aurait dû attendre, suggère Gay, et passer autant de temps en coulisses que les femmes agressées ont été maintenues hors scène, aussi longtemps qu'elles ont souffert à cause de ses gestes. Et il devrait payer une compensation financière aux victimes, les aider à rattraper ce qu'elles ont perdu professionnellement à cause de lui, payer leurs soins psychologiques, subventionner des organismes d'aide… L'humour masculin n'est pas innocent, comme l'a révélé aussi le cas du comédien/humoriste Aziz Ansari, dénoncé dans *Babe* par une jeune femme[10], tout comme celui, au Québec, de Gilbert Rozon, fondateur du festival Juste pour rire, dénoncé par 14 femmes en 2018 et visé par une action collective intentée par celles qui se nomment les Courageuses[11].

Si l'humour, la moquerie, le sarcasme, et l'humiliation qui s'ensuit servent de liant aux boys clubs, la ligue du LOL, en France, qui a retenu l'attention des médias en février 2019, sert d'exemple.

Cette ligue réunit une trentaine de journalistes parisiens et divers « communicants » à la carrière fulgurante au sein d'un groupe Facebook né en 2008, et accusés en février 2019 d'avoir mené des opérations de harcèlement et d'humiliation envers des militantes, étudiantes, blogueuses et journalistes féministes. Les injures racistes, sexistes et homophobes, les photomontages pornos, les courriels anonymes et les menaces se sont multipliés à l'époque sur Twitter, passant inaperçus aux yeux de la majorité de la population, mais qui ont marqué la vie des personnes visées, en l'occurrence, des femmes et des homosexuels – ainsi tenu·e·s à l'écart du web, leur travail et leur vie privée taxés par cette violence sous couvert d'humour. La militante féministe Daria Marx décrit avoir « vécu de nombreuses années sur

Twitter en ayant l'impression de fuir un sniper, d'avoir de la chance d'échapper aux balles virtuelles d'une armée devenue folle[12] ». Mélanie Wanga, pour sa part, décrit la Ligue du LOL comme « un groupe pyramidal où les mange-merde harcelaient pour montrer aux boss qu'ils avaient de la valeur[13] ».

Si plusieurs membres de cette ligue – des « trentenaires blancs branchés barbus malins[14] » –, dénoncée par le journal *Libération*, ont posté en ligne des messages d'excuses, certains ont été mis à pied « à titre conservatoire », parmi lesquels Alexandre Hervaud (chef de rédaction web chez *Libération*), Vincent Glad (pigiste chez *Libération* et remercié par le site *Brain Magazine*) et David Doucet (rédacteur en chef du site des *Inrocks*). Ces « caïds de Twitter », pour le dire avec le fondateur du groupe Vincent Glad, ont fait suffisamment de dommages pour freiner, voire empêcher, la montée des femmes dans les magazines et sur le web. Comme l'expliquait Olivier Tesquet dans *Télérama*, dans la foulée des mouvements #MoiAussi et #BalanceTonPorc :

> Le web est fait par des hommes, pour des hommes. Ou par de grands ados, pour d'autres grands ados, qui sont encore en train de grandir [...]. De quoi donner corps à la figure sexiste du « brogrammeur », incapable de concevoir un outil qui protège celles et ceux qui ne lui ressemblent pas[15].

En mai 2019, le collectif féministe « Prenons la une » a saisi le procureur de la République de Paris et demandé l'ouverture d'une enquête sur la Ligue du LOL afin que « toute la lumière soit faite sur les faits supposés de cyberharcèlement, injures à caractère sexiste, raciste ou homophobe et incitation à la haine raciale ou sexiste[16] ».

*

En décembre 2018, après le succès remporté avec sa comédie *Nanette*, l'humoriste et *stand-up comic* Hannah Gadsby livre, au gala matinal de Women in Entertainment à Hollywood, un monologue où elle critique ceux qu'elle appelle les « *good men* », les bons gars, en l'occurrence, ses pairs : cet ensemble de « Jimmys » à la tête des talk-shows qui occupent la plage télévisuelle de fin de soirée. Ces bons gars-là n'ont pas à se lever tôt (comme elle le fait elle-même en ce beau matin) pour partager leurs idées sur la misogynie ; ils ont droit aux heures de grande écoute. Ces gars-là, précise Gadsby, sont super : les Jimmys et les Davids sont intelligents et drôles, mais la dernière chose dont elle a besoin, c'est d'écouter des hommes monologuer sur ce que d'autres hommes font de mal. Le problème, dit-elle, c'est que pour les Jimmys, il n'y a que deux types de « mauvais hommes » : ceux qui sont comme Bill Cosby ou Harvey Weinstein et qui représentent quelque chose comme une espèce à part, et il y a les amis de Jimmy, ceux qui ont mal lu le manuel d'instructions, les « dyslexiques du consentement ». Le problème, c'est que quand les bons gars parlent des mauvais, ce sont les bons qui tracent une ligne représentant la limite de ce qui est acceptable. C'est de cette limite qu'il faut parler, parce que les bons gars ont tendance à établir une limite différente selon l'occasion :

> Ils fixent une limite en ce qui concerne le vestiaire sportif ; une limite quand leurs épouses, leurs mères, leurs filles et leurs sœurs sont présentes ; une autre limite pour quand ils sont saouls ou en train de fraterniser ; une autre qui concerne le fait de ne pas dénoncer ; une limite pour les amis et une pour les ennemis. Vous savez pourquoi il faut parler de cette limite entre les bons gars et les mauvais hommes ? Parce que c'est seulement les bons gars qui ont le droit de la poser. Et devinez quoi ? Tous les hommes sont convaincus d'être bons. Il faut parler de ça, parce que devinez ce que ça donne quand ce sont seulement les bons gars qui ont le droit de poser cette limite : ce monde – un monde plein de bons gars qui font des choses très mauvaises en continuant à croire, au fond de leur cœur, qu'ils sont bons parce qu'ils n'ont pas transgressé cette limite, parce qu'ils ont déplacé cette limite dans leur propre intérêt[17].

Gadsby finit en affirmant que ce sont aux femmes de fixer cette limite, et que ce n'est pas négociable. Puis, elle invite le public à réécouter son monologue depuis le début en remplaçant le mot « homme » par les mots « blanc » ou « hétéro » ou « cis » ou « valides » ou « neurotypique », de manière à mettre en lumière toutes les limites fixées pour toutes sortes de raisons afin d'avoir l'assurance d'être une bonne personne.

Gadsby n'est pas la seule femme à occuper une place dans le monde de l'humour, mais elles ne sont pas nombreuses à tirer vers elles ce qui, de tout temps, a été la prérogative des hommes, des «*few good men*» assurés d'être du bon côté des choses puisqu'ils peuvent, ensemble, rire des autres[18].

*

«*A few good men*»: c'est le slogan des Marines de l'armée américaine en 1985. La publicité vidéo qui l'accompagne montre la fabrication d'une épée, épée qui fera partie de l'uniforme du soldat montré à la fin du clip: «*You begin with raw steel. Shape it to fire, muscle and sweat. Polish it to razor sharp perfection. We're looking for a few good men with the metal to be Marines.*» Il faut commencer avec de l'acier brut, lui donner forme à l'aide du feu, des muscles, de la sueur. Le polir jusqu'à ce que la lame soit aussi tranchante que celle d'un rasoir. On cherche «quelques bons hommes», des bons gars, qui ont le métal qu'il faut pour être des Marines.

A Few Good Men, c'est aussi le titre d'un film à succès réalisé par Rob Reiner en 1992, où on suit le procès militaire de deux soldats (blancs) qui en ont tué un troisième (latino) au cours d'une «action disciplinaire». Si on assiste à l'affrontement entre un Tom Cruise en avocat et Jack Nicholson en colonel autoritaire impitoyable, c'est Demi Moore, la seule femme de la distribution, capitaine et avocate, qui incarne la force de la loi. Elle est l'avocate que décrit Catharine MacKinnon dans *Butterfly Politics* en parlant d'elle-même et de ce qui l'a menée à l'école de droit: ne pas vouloir être le genre d'avocat qui se prend pour Dieu et considère impossible tout ce que les femmes espèrent de la loi; cet avocat qui privilégie l'argumentation au lieu de l'émotion, le combat au lieu de la coopération, la grandiloquence au lieu de l'expression de soi, l'écran de fumée au lieu de la transparence, le contrôle de soi au lieu de la maîtrise de soi, toujours avoir raison au lieu de penser pouvoir changer quelque chose[19]...

Demi Moore, la seule femme parmi les *few good men*, occupe la place de la Schtroumpfette.

CHAPITRE VINGT-DEUX

LE PRINCIPE DE LA SCHTROUMPFETTE

Le boys club, au passé et au présent, autant dans sa forme stéréotypée mille fois reproduite que dans ses manifestations plus souterraines, laisse son empreinte sur l'imaginaire. Les représentations de groupes d'hommes ensemble et à l'œuvre pour une cause commune, glorieuse ou non, sont innombrables, dans les arts, au cinéma, à la télévision. Comme si nous étions collectivement hantés, habités par cette image, plongés dans une sorte de rêve éveillé.

Je pense au travail de Charlotte Beradt colligé dans *Rêver sous le IIIe Reich* après qu'elle a recueilli 300 rêves entre 1933 et 1939 pendant la montée du parti de Hitler. Beradt voulait essayer de « comprendre la structure d'une réalité sur le point de se transformer en cauchemar[1] ».

> Mais sous quelque forme que les rêveurs, « lorsqu'ils dorment dans leur lit », continuent à tirer le fil rouge qu'ils ont vu dans le labyrinthe de l'actualité politique et qui menace de les étrangler, leur imagination va loin. Le responsable nazi qui a affirmé que sous le Troisième Reich on n'avait une vie privée qu'en dormant a sous-estimé les possibilités du Troisième Reich : l'homme en train de devenir totalement assujetti, celui qui va prendre maintenant la parole avec ses rêves, a vu plus clair. « Dans le rêve, la vision nocturne[2] ».

Dans sa postface à l'ouvrage, Reinhardt Kosselek écrit:

> les histoires racontées en rêve témoignent – en tant que textes de fiction – de la terreur, mais elles sont en même temps des modes d'accomplissement de la terreur elle-même. La terreur n'est pas seulement rêvée; les rêves sont eux-mêmes une composante de la terreur. Ils sont dictés au corps[3].

De même, les scènes de films ou de téléséries, ces images en mouvement sont elles aussi dictées à nos corps, hantises de toutes sortes qui participent de notre manière de penser. La scène de *Munich*, décrite plus haut, me trouble de la même façon que toutes ces scènes où des hommes font bande autour d'une femme qui les fait, d'une manière ou d'une autre, bander. Une femme qui nous représente toutes. Une scène sans cesse répétée, rejouée, re-présentée, c'est-à-dire toujours mise à jour. Cette scène que, dans un texte du *New York Times* (1991), Katha Pollitt[4] a identifiée comme le «principe de la Schtroumpfette»:

> Un groupe de copains sera mis en valeur par une femme, seule, aux traits stéréotypés. Dans les pires dessins animés – ceux qui se fondent dans les publicités pour céréales – la femme ressemble à une petite sœur, une lapine dans une robe rose et des rubans dans les cheveux qui suit les ours et les blaireaux aventuriers. Mais le principe de la Schtroumpfette domine même les émissions de meilleure qualité. Ainsi, Kanga, la seule femelle dans *Winnie l'ourson*, est une mère. Piggy, des *Muppet Babies*, est une version miniature de Miss Piggy, la reine *camp* des films de Muppet. April, du célèbre *Teen-Age Mutant Ninja Turtles*, agit à la manière d'un «bras droit» dans un quatuor de superhéros masculins. Le message est clair. Les garçons sont la norme, les filles sont la variation; les garçons sont au centre, les filles sont en périphérie; les garçons sont des individus, les filles sont des stéréotypes. Les garçons définissent le groupe, son récit et ses valeurs. Et les filles, elles, n'existent que par rapport aux garçons[5].

Le plus souvent, la Schtroumpfette est blanche. Elle est belle selon les critères hollywoodiens. D'un film à l'autre (quand il s'agit d'une série comme *Star Wars*, par exemple), les actrices changent, mais se ressemblent.

*

Le monde des Schtroumpfs est un monde d'hommes aux rôles bien déterminés au sein duquel a été placée une femme trouble-fête, à la manière d'un virus dans un corps en santé. La Schtroumpfette a été créée par le sorcier Gargamel dans un pastiche de la Genèse. Fabriquée d'argile, la Schtroumpfette doit infiltrer la commune des Schtroumpfs pour y semer la zizanie. La description des éléments utilisés par Gargamel pour la faire apparaître est digne du discours le plus misogyne :

> Un brin de coquetterie… Une solide couche de parti pris… Trois larmes de crocodile… Une cervelle de linotte… De la poudre de langue de vipère… Un carat de rouerie… Une poignée de colère… Un doigt de tissu de mensonge, cousu de fil blanc, bien sûr… Un boisseau de gourmandise… Un quarteron de mauvaise foi… Un dé d'inconscience… Un trait d'orgueil… Une pinte d'envie… Un zeste de sensiblerie… Une part de sottise et une part de ruse, beaucoup d'esprit volatil et beaucoup d'obstination… Une chandelle brûlée par les deux bouts[6]…

Si une note en bas de page indique avec ironie que « ce texte engage la seule responsabilité de l'auteur du grimoire *Magicae Formulae*, éditions Belzébuth », on ne peut faire fi de la misogynie que porte toute l'histoire. La création, par le sorcier, d'une Schtroumpfette ratée – parce que trop laide – fait place à sa transformation, comme dans un avant/après digne des magazines féminins, en une Schtroumpfette aux longs cils et cheveux blonds qui fera assurément l'affaire. Celle-là saura mener les Schtroumpfs par le bout du nez en en faisant des rivaux pour la conquérir. Mais la Schtroumpfette, consciente de la zizanie que provoque sa présence, quitte le village, laissant ainsi les hommes entre eux. Et c'est entre eux que les Schtroumpfs sont le plus heureux, quand ils font la fête et dansent en rond, ou quand ils sont en cercle.

Le rôle premier de la Schtroumpfette est d'être vue. Au départ, elle passe inaperçue. Elle ne suscite l'intérêt d'aucun Schtroumpf ; aucun d'eux ne la désire. Une fois devenue blonde, sexy et à talons hauts, non seulement elle attire à elle les regards, mais les Schtroumpfs se trouvent liés entre eux par le désir qu'ils partagent pour ce même objet. Suivant une lecture girardienne de la scène, force est de constater que le rôle de cette femme est celui du bouc émissaire – sacrifié : à la fin du récit, elle quitte le village des Schtroumpfs pour préserver cette collectivité d'hommes. Rendus à eux-mêmes, les Schtroumpfs reprennent leur vie. Ce dont ils ont besoin, c'est de pouvoir rester entre eux pour faire circuler le pouvoir[7]. À l'image de cette scène de *Donnie Darko* (2001), où est discutée la figure de la Schtroumpfette :

> Ronald Fisher : De la bière et de la chatte, c'est tout ce qu'il me faut.
> Sean Smith : Il faudrait qu'on se trouve une Schtroumpfette.
> Ronald Fisher : Une Schtroumpfette ?
> Sean Smith : Mm-hmmm. Pas une espèce de coincée du cul comme y en a à l'école, tu sais. Du genre, une petite blonde qui sait comment faire plaisir à un gars. Comme la Schtroumpfette, quoi.
> Donnie Darko : La Schtroumpfette ne baise pas.
> Sean Smith : Tu dis des conneries, la Schtroumpfette baise tous les autres Schtroumpfs. Pourquoi tu crois que le Grand Schtroumpf l'a créée ? Parce que tous les autres Schtroumpfs avaient trop envie de baiser.
> Ronald Fisher : Non, non, pas le Schtroumpf Coquet. J'ai entendu dire qu'il était homosexuel.
> Sean Smith : OK alors tu sais quoi, elle les baise pendant que le Schtroumpf Coquet regarde, d'accord ?
> Ronald Fisher : Et qu'est-ce qui se passe pour le Grand Schtroumpf ? Il lui faut du cul lui aussi.
> Sean Smith : Lui ce qu'il fait, il filme la baise collective, et plus tard, il se branle devant la cassette.
> Donnie Darko : Pour commencer, le Grand Schtroumpf n'a pas créé la Schtroumpfette. Gargamel l'a fait ; et elle a été envoyée comme espionne à son service, dans le seul but de détruire le village des Schtroumpfs. Mais l'extraordinaire gentillesse des Schtroumpfs l'a transformée. Et pour ce qui est de votre soi-disant baise collective, c'est impossible. Les Schtroumpfs sont asexués, ils n'ont même pas d'organes reproducteurs à l'intérieur de leurs jolis petits pantalons blancs. C'est ça qui est illogique d'ailleurs, l'histoire d'être un Schtroumpf. Parce qu'en fait à quoi ça sert de vivre, si on n'a même pas de queue ?

Plus d'un quart de siècle a passé depuis la publication du bref article de Katha Pollitt sur la Schtroumpfette, et peu de choses ont changé : le trope est tout aussi présent et si commun que, le plus souvent, on ne le remarque pas, on ne s'arrête pas à cette image, on oublie de prendre en compte qui est représenté. On est distrait, tout simplement, on traîne dans ses pantoufles.

*

Comme le suggère Manohla Dargis dans « What the Movies Taught Me About Being a Woman[8] », le cinéma nous « rentre dans le corps », ses schèmes narratifs et visuels, ses idées et idéologies laissent sur nous leurs traces.

Le cinéma n'est certainement pas « un divertissement d'ilotes, un passe-temps d'illettrés, de créatures misérables, ahuris par leur besogne et leurs soucis[9]... ». Mais il participe de la fabrication de notre imaginaire. Pour le dire avec Panofsky en 1934 : « Que cela nous plaise ou pas, il n'existe rien qui façonne plus que les films l'opinion, le goût, la langue, l'habillement, le comportement et jusqu'à l'apparence physique d'un public qui se monte à plus de 60 pour 100 de la population mondiale[10]. » Benjamin, en même temps que Panofsky, décrivait le cinéma comme l'instrument qui se prête le mieux à l'exercice de « la réception par la distraction »[11], et comme moyen de mobiliser les masses.

Je ne sais pas si le cinéma a aujourd'hui le pouvoir de mobiliser les masses, mais je sais qu'il a le pouvoir de me mobiliser moi, en tant que féministe, parce qu'il m'a appris et continue à m'apprendre des choses. Parce que je ne peux pas ignorer qu'on se retrouve, encore aujourd'hui, devant un cinéma qui appartient principalement à des héros masculins blancs dont on assiste à la quête ou à la survie au terme de terribles épreuves, qui se concluent sur le retour du guerrier auprès d'une femme qui l'attend.

Le rapport publié par le Center for the Study of Women in Television and Film de l'Université de San Diego sur la représentation des femmes au cinéma et à la télévision en 2018 indique que 31 % des films avaient une femme comme personnage principal, une légère augmentation par rapport au résultat le plus élevé auparavant, en 2016. Hollywood reste ankylosée dans ses pratiques stéréotypées, continuant à investir l'essentiel de ses millions dans des films dont les protagonistes sont des hommes :

> Seuls 35 % des films les plus lucratifs présentaient 10 personnages de femmes ou plus dans des rôles parlants, alors que 82 % de ces films présentaient 10 personnages masculins dans des rôles parlants. Cela signifie que le public avait deux fois plus de chances de voir des personnages masculins que des personnages féminins, ce qui n'a rien à voir avec les statistiques démographiques. Les femmes représentent plus de la moitié de la population américaine[12].

Le nombre de personnages joués par des femmes noires a augmenté, ainsi que ceux joués par des femmes asiatiques ; le pourcentage de femmes latinas, lui, a diminué. Au final, il faut noter que 57 % des films réalisés ou scénarisés par des femmes comprenaient une protagoniste, contre 29 % quand le film était réalisé ou scénarisé par un homme[13].

Comme l'indique Martha M. Lauzen, auteure de l'étude, il est difficile de changer les choses quand le domaine en question n'a aucune envie de les changer ! En 2018, 20 % des 250 films qui ont rapporté le plus d'argent comprenaient une réalisatrice, scénariste, productrice, monteuse ou photographe, ce qui représente seulement 1 % d'augmentation par rapport à 2001. Et si, en 2018, on comptait 8 % de réalisatrices, c'est une diminution de 1 % par rapport à 1998 ! Ce plafond de celluloïd dément un ensemble d'idées reçues concernant les femmes à Hollywood, souligne Lauzen, entre autres celle que leur situation s'est améliorée. Parce qu'il faut le dire, si Hollywood avait vraiment comme objectif d'augmenter le nombre de femmes jouant des rôles importants derrière la caméra, ça pourrait être accompli en quelques années seulement et susciter une transformation radicale de ce qu'on voit à l'écran :

> Le monde montré à l'écran est construit par les gens qui travaillent derrière l'écran. Même s'il y a des exceptions à la règle, les gens qui créent ont tendance à créer ce qu'ils et elles connaissent. Quand des femmes sont réalisatrices de films ou créatrices ou productrices à la télévision, on voit un plus grand

> nombre de personnages féminins à l'écran et un plus grand nombre de femmes dans des positions de pouvoir derrière l'écran. [...] Les réalisateurs et réalisatrices exercent beaucoup de pouvoir en tant que conteurs et conteuses culturel·le·s. En ce sens, changer le ratio homme-femme en ce qui concerne ceux et celles qui racontent aura pour effet de changer notre culture et notre monde[14].

La réaction d'Isabelle Hayeur des Réalisatrices équitables, en décembre 2018, à l'annonce de l'atteinte de la parité par la SODEC et du financement de projets filmiques écrits ou réalisés par des femmes, est emblématique: « Plus il va y avoir de femmes qui font des films, plus les mœurs vont changer. Ça va changer l'imaginaire collectif, ça va ouvrir à la diversité[15]. »

*

Le cinéma m'a appris que les femmes, le plus souvent, sont seules; qu'il y en a une, l'unique, l'élue sur laquelle la caméra s'arrête, et avec la caméra, le désir des hommes.

Comme à Manohla Dargis, critique de cinéma au *New York Times*, le cinéma m'a aussi appris que les femmes sont là pour être embrassées, qu'elles méritent d'être punies, qu'elles doivent être montrées en train de prendre leur douche, qu'on aime les voir en sous-vêtements, la poitrine et les fesses dénudées, qu'elles sont le plus souvent des mères ou des amoureuses passionnées dont le rôle est de mettre les hommes en valeur[16]. Ce que Virginia Woolf dénonçait, déjà, au début du siècle dernier:

> Supposez, par exemple, que les hommes aient été représentés dans la littérature seulement comme les amants de femmes, et jamais comme amis des hommes, soldats, penseurs, rêveurs; combien serait restreint le nombre de rôles qu'ils auraient pu jouer dans les pièces de Shakespeare; combien la littérature en aurait souffert! [...] la littérature en serait incroyablement appauvrie, de même, en fait, que la littérature est appauvrie au-delà de toute mesure par les portes qui ont été fermées aux femmes[17].

Aujourd'hui, une part importante des films à succès, films d'action ou films politiques, comédies de mœurs pour public adolescent, films d'aventure… repose sur le principe de la Schtroumpfette. La liste est infinie, depuis les origines du cinéma jusqu'à aujourd'hui, en passant par les dessins animés et les jeux vidéo[18] : toujours, un groupe de garçons ou d'hommes devant lequel évolue une femme ou une fille, prétexte pour l'action du héros. Suivant ce motif, les personnages féminins n'existent jamais en tant que sujets, mais en tant que faire-valoir du boys club[19].

*

Dargis avoue avoir pris du temps avant d'accepter le fait que les films sont des objets complexes, paradoxaux, et qu'il faut poser sur eux un regard critique – refuser d'être complaisante, par rapport au film et au sexisme qu'il reproduit, ou par rapport au plaisir que malgré tout on y prend.

La critique de cinéma qu'est Dargis se dit tiraillée entre son amour du cinéma et le sexisme qu'il reconduit ; le cinéma qu'on aime cependant même qu'il nous blesse. Elle s'interroge sur ce que ça veut dire d'être une critique de cinéma après #MoiAussi : ce n'est pas que le sexisme lui apparaisse plus clairement depuis l'affaire Weinstein, écrit-elle, mais désormais, elle refuse de passer outre. Alors qu'avant elle se disait devoir accepter une certaine dose de sexisme pour pouvoir continuer à aimer les films et ne pas être en colère tout le temps, maintenant elle appelle un chat un chat et elle écrit noir sur blanc que l'industrie du cinéma traite les femmes essentiellement comme des êtres inférieurs, des subalternes, des dominées. D'où l'importance de s'indigner. D'où la nécessité de continuer à aimer le cinéma tout en pointant ce que le cinéma ne voit pas : les femmes dont la domination est perpétuée par les films qu'elles regardent et qu'elles sont appelées à regarder de son point de vue à lui.

Je me dis qu'il faut refuser cette injonction et faire au cinéma ce que le cinéma fait à celles qu'il regarde : s'approcher, agrandir le plan, regarder attentivement en prenant son temps pour détailler le sexisme. Continuer à aimer le cinéma, mais l'aimer en étant féministe, en lisant le cinéma en tant que féministe. Il faut refuser d'être aveuglée par les projecteurs et attendre la fin du film, quitter l'état de distraction, pour ensuite engager la pensée. On ne peut pas tout voir, mais on peut essayer, au moins, de voir ce sur quoi on a l'habitude de fermer les yeux. On peut être comme le personnage de Kate Macer dans *Sicario* : être celle qui voit, qui sait parce qu'elle voit, et qui menace de s'opposer, de dénoncer. Partager son désarroi au moment où on lui fait comprendre qu'elle n'a pas le droit de défendre ses principes, car si elle insiste, le boys club l'éliminera.

C'est là la force du boys club dans sa version la plus démente : faire front, ensemble, peu importe le prix, peu importe les vies en jeu. Les hommes de *Sicario* défendent leur place, et au passage sacrifient une femme. Kate Macer, cette agente du FBI au sein d'une équipe d'hommes qui se servent d'elles pour camoufler leurs gestes en la forçant à les endosser. L'actrice Emily Blunt joue ainsi le rôle d'une femme à qui on refuse de jouer le rôle qu'on lui attribue. Ne faut-il pas voir là une mise en abîme ? Le film donne un rôle principal à une femme, ainsi faite héroïne dans un film violent sur la guerre américaine contre la drogue. Un rôle défendu par la réalisation malgré le désir de certains actants, au sein de la production, de le confier à un homme.

Mais au final, ce rôle est bien celui d'un rôle contesté. Comme si le film avouait, malgré lui, que la place des femmes, au cinéma comme dans la vie, est loin d'être gagnée.

CHAPITRE VINGT-TROIS

L'EFFET PAPILLON

We can make them feel strong or weak.
We know them that well. We know their worst nightmares.
And with a bit of practice, that's what we'll become. Nightmares.

The Handmaid's Tale

But what butterflies together – sometimes even one –
can set in motion cannot be stopped.

Catharine MacKinnon, *Butterfly Politics*[1]

J'ai commencé cet essai en décrivant le boys club comme un dispositif. Je propose maintenant[2] que ce dispositif, il faut le profaner. C'est-à-dire le rendre à l'usage commun, lui enlever ce qu'il lui reste de sacré[3].

Si le dispositif est une machine qui produit des subjectivités, raison pour laquelle il est une machine du gouvernement, un mécanisme de gouvernementalité, la profanation est nécessaire en tant que geste de citoyenneté. Et profaner, ici, c'est faire l'effort de penser la structure du boys club, le système : son homogénéité, sa richesse, son hétérosexualité, sa blancheur... autant de jalons dans l'échelle du privilège. Profaner, c'est se tourner, chercher, imaginer, encourager, entretenir des contre ou des anti-boys clubs, ces configurations d'hommes qui dévient, des images qui nous permettent de penser la masculinité quand elle échappe à la structure du boys club, ou qui en réinvestissent, en réinventent la figure en prenant en considération des questions de classe, de préférence sexuelle, de couleur de peau, d'identité culturelle ou de genre; des groupes masculins qui ne correspondent pas à ou qui refusent la norme du boys club. Ceux-là débordent la figure, la déforment, la font éclater. Je pense aux exemples suivants, certains évoqués plus haut: le personnage de Patrick Melrose, victime d'abus aux mains de son père, devenu toxicomane et critique du boys club, et les personnages homosexuels de *London Spy* qui énoncent un discours critique sur le boys club et ses incarnations politico-espionnes. J'inclus aussi:

- les personnes trans qui s'approprient la scène de la mode dans *Paris Is Burning* (1991);
- la tendresse des garçons et des hommes dans *Moonlight* (Barry Jenkins, 2016);
- le militantisme des personnages de *Dallas Buyers Club* (2013);
- les garçons injustement jugés coupables du viol de Central Park et ramenés à la mémoire par Ava du Vernay dans *When They See Us* (2019);
- les soldats démineurs de *The Hurt Locker* (Kathryn Bigelow, 2010) et ceux qui se fabriquent quelque chose comme une cellule familiale dans *Fury* (David Ayer, 2014);
- les ingénieurs, pompiers, soldats et mineurs de la série *Chernobyl* (Johan Renck, 2019) sacrifiés pour le bénéfice du parti.

Je pense:

- au personnage non binaire de Taylor Mason qui, dans la série *Billions*, vient non seulement troubler l'équilibre du boys club, mais en révéler le côté sombre;
- à l'importance donnée à la « masculinité féminine » dans *Drag King* de Ben Churchill (2015);
- au regard que pose la documentariste André-Line Beauparlant sur l'univers des chasseurs dans *Panache* (2006);
- au regard sans compromis de Neil LaBute sur l'amitié masculine dans *Your Friends and Neighbors* (1998);

- à la critique des fraternités dans *Goat* (2016);
- au portrait des publicitaires de *Mad Men* (2007) dont le machisme s'effrite au fil des années;
- à l'histoire de la colonisation et au retour du refoulé entourant les Premières Nations, en lien avec le stade Percival-Molson et une équipe de football dans *Hochelaga, terre des âmes* de François Girard (2017);
- aux relations entre hommes atikamekw dans *Avant les rues* de Chloé Leriche (2016).

Je ne peux pas, ici, faire le tour des nombreuses anti-incarnations du boys club, les manifestations de sa déconstruction sur nos écrans et dans la réalité – ce serait pour d'autres livres –, mais je peux rêver la suite. « Plus les dispositifs se font envahissants et disséminent leur pouvoir dans chaque secteur de notre vie, plus le gouvernement se trouve face à un élément insaisissable qui semble d'autant plus se soustraire à sa prise qu'il s'y soumet avec docilité. [...] Aux yeux de l'autorité, écrit Agamben, rien ne ressemble autant à un terroriste qu'un homme ordinaire[4]. »

Ou plutôt: qu'une femme ordinaire.

Sous la docilité, la menace. Sous l'apparente quiétude, un frémissement inquiétant.

*

Quand les clubs privés pour hommes sont apparus à Londres, des clubs pour femmes ont aussi vu le jour. On avait tout fait pour exclure celles-ci des clubs privés, et on a tout fait pour leur interdire de former leurs propres clubs. On disait d'elles qu'elles n'avaient pas d'inclination naturelle pour la vie sociale. Timides et modestes, elles n'avaient pas les habiletés des hommes. Elles étaient incapables d'élargir leur point de vue, elles comprenaient peu les notions de classe, de groupe, d'allégeance. Et puis, on disait d'elles qu'elles étaient compétitives de « nature »[5]. Dans la *Saturday Review*, en 1874, on peut lire que « le vêtement même de la femme est en soi un élément non clubable ».

Dans son épilogue intitulé « A room of her own », Barbara Black décrit les différents clubs pour femmes, certains élitistes, d'autres de classes mixtes, et où on trouvait des attributs semblables à ceux des clubs pour hommes. Le club le plus remarquable et ambitieux de Londres, écrit-elle, était le Lyceum, créé en 1903 par Constance Smedley, qui avait la conviction que les jeunes professionnelles avaient besoin d'un espace où se rencontrer, faire des affaires, avoir une vie sociale. Elle rêvait d'un club qui permettrait aux femmes de tirer plaisir de leur droit à une vie professionnelle en repoussant les frontières sociales[6]. Le Lyceum était fréquenté par des femmes riches ou de revenus modestes, des femmes de lettres, des artistes et des scientifiques, des femmes diplômées d'université, les épouses et les filles d'écrivains… On y tenait des débats pour que les femmes puissent développer leurs habiletés oratoires, disait Smedley, et développer la capacité à s'exprimer comme si elles étaient des personnes d'influence sur la place publique. Y avaient lieu des expositions de livres et d'art, et aussi des bals. En un an, le nombre de membres a doublé.

Mais le rêve de Smedley, qui avait en tête l'idéal d'une « sororité mondiale[7] », était de créer un club international, un « Commonwealth de femmes voyageant et communiquant par-delà les nations et la politique[8] » qui permettrait de transcender les différences. Ces idéaux n'empruntent pas grand-chose à la formule des boys clubs qui carburaient à la hiérarchie et à la domination, et dont spontanément on avait exclu les femmes. Black cite Bernard Darwin, qui, en 1903, s'il considérait inévitable la création de clubs pour femmes, continuait à recycler les mêmes arguments concernant leur inadmissibilité essentielle :

> De manière évidente, ces clubs ont comblé un vif désir, mais en même temps, il est permis de suggérer que les femmes ne sont pas, ou peut-être est-ce seulement qu'elles n'ont pas encore pu le devenir, aussi « clubables » que les hommes. Ça pourrait être aussi parce qu'elles sont moins friandes des bonnes choses à manger et à boire, et sont moins portées à bien s'adosser dans des fauteuils profonds. Il est presque certain que, de manière générale, elles sont plus économes en matière de solide confort paresseux. Peu importe la raison, le visiteur masculin aura tendance à trouver, et c'est ingrat de sa part, une forme d'aridité dans un club pour femmes, de telle sorte que lui manquera l'atmosphère de son château jalousement gardé[9].

*

Je ne veux rien savoir d'un château jalousement gardé. Et qu'avons-nous à faire de bonnes choses à boire et à manger dans des fauteuils de cuir devant un feu de foyer pendant que dans la rue, sous les fenêtres, devant les portes fermées, des gens meurent de faim et tremblent de froid et de peur ? Mais je continue à croire en ce que nous sommes capables de faire.

De la même façon que des hommes qui refuseraient la machine du privilège non seulement ne formeraient plus un boys club mais ne seraient plus des « hommes », je me demande quel genre de « femmes » nous serions si nous refusions de nous accommoder d'une place de misère. Et quel genre de féministes inventerions-nous si nous abandonnions nos rêves de boys club, d'en faire partie ou de les fonder, pour imaginer un autre cinéma, d'autres figures, d'autres manières de faire ? Qui sait ce que nos désirs, nos idées et nos rages ont encore le pouvoir de provoquer ?

En vérité, je ne sais pas comment mettre fin à ce voyage de flâneuse traumatisée au pays du boys club. Je me suis arrêtée, quelque part, quand j'ai pensé qu'il était temps d'en finir et de rentrer chez moi, mais j'aurais pu, pendant encore longtemps, continuer à déambuler, et même, à l'infini, tant cette figure est tentaculaire. À l'heure qu'il est, il aurait encore fallu tirer les liens entre le boys club et le capitalisme, penser l'avenir de cette planète au regard des rapports entre le boys club, le pouvoir, l'argent et l'environnement, parce que la question demeure : qu'est-ce qui nous attend si perdurent l'accumulation des privilèges par une infime portion de la population, et un fossé toujours plus grand entre richesse et pauvreté, boys clubs dominants et groupes dominés ? Alors, quel est notre horizon ? Quel avenir peut-on espérer ?

Il aurait fallu déplier, et déplier encore, les multiples facettes de ce qui ressemble à un virus, un organisme vivant qui se reproduit sans cesse. Comment faire pour ralentir sa course ? Comment faire pour soigner notre corps social ?

Je ne suis pas certaine qu'il faille opposer au boys club une structure qui en serait le reflet. Je ne suis pas convaincue qu'au lieu d'un groupe d'hommes assis autour d'une forme ou une autre de pouvoir, on gagne quelque chose à imaginer un groupe de femmes. Au lieu d'imiter une figure qui nous fait du tort depuis toujours, je veux croire qu'on peut continuer à inventer la place des corps.

*

J'aurais préféré ne pas avoir écrit ce livre, ne pas avoir eu de raisons de le faire[10]. J'aurais préféré ne jamais sentir le besoin de le reprendre après avoir pensé, pendant un moment, que ce n'était peut-être plus nécessaire. J'aurais préféré ne pas avoir l'impression que si toutes ces images s'emboîtaient si facilement, c'est bien que quelque chose devait être mis en lumière.

J'aurai passé les dernières années à réfléchir, colliger, collectionner, analyser les manifestations du boys club, cette structure qui sous-tend, permet, alimente la domination de celles qui vivent, qu'elles le veuillent ou non, qu'elles le choisissent ou non, en tant que femmes. Je l'aurai fait depuis mon bureau dans une université, ma table de travail où j'écris aussi des romans et des récits, ces livres hybrides qui autopsient une vie menée en tant que femme.

J'aurai écrit ce livre-ci à la fois dans le bonheur pris dans l'assemblage des mots et des idées, et à mon corps défendant. En entendant, dans ma tête, votre voix. En anticipant ce que vous pourriez m'opposer depuis votre place, au fond de la salle: vos refus, vos questions, vos dénégations, vos menaces. Pour la première fois, sans doute, avec intensité, parce que j'ai pris le risque de vous dire ce que je vois depuis la position qui est la mienne. Et qu'en retour, j'ai pensé que je pouvais subir autre chose que le revers que j'ai déjà vécu: les phrases médiocres, pathétiques qui rejouent une scène mille fois jouée au cours des siècles, les phrases pour banaliser, infantiliser. Non, cette fois, j'ai imaginé de vraies menaces qui s'en prendraient à mon corps. Des menaces de mort.

Si j'ai avancé, je l'ai fait comme nous sommes nombreuses à le faire dans les livres et dans la vie, en repoussant le spectre de la peur.

J'ai avancé en lisant des femmes qui avaient fait comme moi avant, écrivant malgré tout, refusant d'être refoulées, épuisées, anéanties. Refusant d'être mises sous silence. Des femmes qui portaient elles aussi les mots d'autres femmes qui avaient peut-être, un jour, après beaucoup d'effort, baissé les bras, glissé des pierres dans leurs poches avant de s'avancer dans un cours d'eau, enroulé une écharpe autour de leur cou pour suffoquer leurs mots.

Toujours, vous nous annoncez un ressac, cette épée tenue en permanence au-dessus de nos têtes et qui tombera quand vous en aurez assez de nous entendre parler. Le *backlash* est toujours là, prêt à frapper, et on le sait trop bien. On connaît intimement l'aller-retour furieux d'une main et les coups de butoir enragés d'un sexe, la voix qui s'élève pour enterrer la nôtre, les phrases interrompues sans arrêt, les conversations déviées de leur chemin. On connaît le visage de vos attentats et de vos démolitions, de vos moqueries et de vos humiliations. Comment vous entamez ce qu'on essaie de construire. On sait tout ça, et à chaque fois on oublie, juste assez. Comme j'ai oublié cette fois-ci encore. Un oubli stratégique, nécessaire, pour pouvoir continuer à penser et à écrire. Et toujours recommencer.

Voilà comment finir ce livre. Si je ne suis pas venue à bout du boys club, si j'ai effleuré la pointe de l'iceberg, j'ai pu mettre en berne ma propre peur. Et je ne peux clore ces pages qu'en disant que je veux, je vais continuer à dire, de la manière la plus délicate et la plus claire possible, mais aussi le plus fermement possible, ce que je suis convaincue qu'il est nécessaire de dire. Je le ferai contre les mille injonctions au silence, petites et grandes, qui traversent nos journées. Je le ferai, tout simplement, parce que nos vies comptent.

NOTES

1. Ces hommes qui posent des questions

1. Rebecca Solnit, *Ces hommes qui m'expliquent la vie*, Paris, L'Olivier, 2018.
2. Jacques Derrida, *La vérité en peinture*, Paris, Flammarion, 1978, p. 297.
3. Marguerite Duras, *La vie matérielle*, Paris, Gallimard, 1987, p. 50-51.
4. Simone de Beauvoir, *Le deuxième sexe*, tome 1, Paris, Gallimard, 1949, p. 14.
5. Virginia Woolf, *Un lieu à soi*, trad. Marie Darrieussecq, Paris, Denoël, 2016, p. 51.
6. *Ibid.*, p. 53-54.
7. Virginia Woolf, *Trois guinées*, trad. Viviane Forrester, Paris, 10/18, 2002, p. 187.

2. Des filles en série aux boys clubs

1. Gilda Williams, « What Are You Looking At ? The Female Gaze », *Tate ETC*, n° 2, automne 2004.
2. *Ibid.*
3. « What They Were Thinking », *The New York Times*, 4 juillet 1999.
4. « Ça a l'effet d'un cercle. Les hommes réagissent à et considèrent comme significatif seulement ce que disent les hommes. D'aussi loin qu'on s'en souvienne, et suivant ce qui reste comme archives, existaient des cercles d'hommes pour qui comptaient les écrits et les propos d'autres hommes. Ce que les hommes faisaient comptait pour les hommes, était écrit par des hommes pour des hommes au sujet des hommes. Les hommes s'écoutaient les uns les autres. C'est comme ça qu'une tradition a pris forme. » Dorothy E. Smith, « A Peculiar Eclipsing : Women's Exclusion from Man's Culture », *Women's Studies International Quarterly*, vol. 1, 1978, p. 281.
5. Woolf, *Un lieu à soi*, p. 64.
6. James B. Twitchell, *Where Men Hide*, New York, Columbia University Press, 2006, p. 14.

3. Figure, images, montage

1. Jean-Philippe Uzel, « Le montage : de la vision à l'action », *Cinéma : revue d'études cinématographiques*, vol. 9, n° 1, automne 1998, p. 68. Suivant Benjamin, Uzel écrit qu'en déjouant les habitudes perceptives du spectateur, le montage oblige ce dernier à réagir… « La distraction (au sens de diversion plus que de divertissement) créée par le choc du montage débouche sur la praxis politique. » *Ibid.*, p. 69.
2. *Ibid.*, p. 71.
3. *Ibid.*
4. Georges Didi-Huberman, *Remontages du temps subi. L'œil de l'histoire, 2*, Paris, Minuit, 2010, p. 149.
5. *Ibid.*, p. 146
6. *Ibid.*, p. 194.
7. Woolf, *Trois guinées*, p. 116.
8. Les dénonciations entourant Harvey Weinstein ont levé le voile sur le silence entourant les rapports de sexe à Hollywood depuis les débuts de l'industrie. Comment ne pas penser que ce qui se passait derrière la caméra, dans les coulisses, cette attaque sexuelle systématique contre les femmes (au prix de leur santé et de leur carrière), a eu un impact sur ce qui a été servi au public sur les écrans ?
9. Nombre d'études ont été publiées au cours des 20 dernières années autour des facettes et incarnations multiples de la masculinité, parmi lesquelles : Elwood Watson et Marc E. Shaw (dir.), *Performing Masculinities : The 21st Century Man in Popular Culture*, Bloomington, Indiana University Press, 2011 ; R. W. Connell, *Masculinities*, 2e éd., Berkeley, University of California Press, 2005 ; R. W. Connell, *The Men and the Boys*, Berkeley, University of California Press, 2000 ; Herbert Sussman, *Masculine Identities : The History and Meanings of Manliness*, Santa Barbara, Praeger, 2012 ; John Stoltenberg, *Refuser d'être un homme : pour en finir avec la virilité*, Paris, Syllepse, 2013.
10. Michael Kimmel remarque une chose intéressante dans *Guyland* : « Quand je demande à des jeunes femmes ce qu'elles pensent que ça veut dire être une femme, elles me regardent, dubitatives, et en gros me disent : "Ça veut dire ce que je veux." Pour les hommes, la question a encore un sens, et du pouvoir. J'ai demandé à un nombre infini de jeunes hommes, dans des ateliers à l'université ou à des groupes d'élèves d'écoles secondaires, ce que ça veut dire être un homme. J'ai demandé à des garçons vivant dans chaque État des États-Unis, et dans à peu près 15 pays différents, quelles phrases ou quels mots leur viennent en tête quand ils entendent quelqu'un dire : "Sois un homme !" » Kimmel résume les réponses dans une liste de formules, autant de clichés qui enjoignent aux garçons de ne pas pleurer, d'être en colère plutôt que triste, de

ne pas se laisser faire (de se venger), d'avoir le plus de «jouets» possible pour gagner, de mettre l'épaule à la roue (*Just do it!*). Des sentences qui disent que la taille compte (*size matters*), qu'il ne faut pas demander son chemin, que les bons gars arrivent en dernier, et que tous les moyens sont bons (*it's all good*)! Michael Kimmel, *Guyland: The Perilous World Where Boys Become Men*, New York, HarperCollins, 2008, p. 44-45. (À noter que, dans cet essai, sauf dans le cas où une traduction est citée parce que publiée, tous les extraits traduits sont de moi.)
11. Michel Foucault cité dans Giorgio Agamben, *Qu'est-ce qu'un dispositif?*, Paris, Rivages poche, 2007, p. 8-9.
12. *Ibid.*, p. 31.
13. «Je suggérerais qu'il faut faire la distinction, et c'est important, entre "déployer" ou "employer" l'essentialisme, et "tomber" ou "chuter" dans l'essentialisme. "Tomber" ou "chuter" implique que l'essentialisme est intrinsèquement réactionnaire – que c'est, de manière inévitable, un problème ou une erreur. Par ailleurs, "déployer" ou "employer" signifie que l'essentialisme peut avoir une valeur en termes de stratégie ou d'intervention.» Diana Fuss, *Essentially Speaking: Feminism, Nature and Difference*, New York, Routledge, 1989, p. 20.
14. Georges Didi-Huberman, *Ce que nous voyons, ce qui nous regarde*, Paris, Minuit, 1992, p. 93.
15 Walter Benjamin, *L'œuvre d'art à l'époque de sa reproductibilité technique*, Paris, Allia, 2003, p. 19.
16. *Ibid.*, p. 17.
17. *Ibid.*, p. 26.

4. Origines
1. On parle souvent de l'invisibilité ou de l'invisibilisation des femmes (dans Caroline Criado Perez, *Invisible Women: Data Bias in a World Designed for Men*, New York, Abrams Press, 2019, par exemple), effet de la domination, mais peu souvent de cette autre forme d'invisibilité qui a à voir avec le privilège, la position de dominant.
2. Lettre du 29 mai 1870, dans Jan Marsh, «Gender Ideology & Separate Spheres in the 19th Century», *Victoria and Albert Museum*, 5 décembre 2003.
3. *Ibid.*
4. John Stuart Mill, *L'assujettissement des femmes*, trad. Émile Cazelles, Laval, Protagoras-Élaeis, 2010, p. 143-144.
5. Amy Milne-Smith, «A Flight to Domesticity? Making a Home in the Gentlemen's Clubs of London, 1880-1914», *History Faculty Publications*, vol. 14, p. 818.

6. Cité dans Barbara Black, *A Room of His Own: A Literary-Cultural Study of Victorian Clubland*, Athens, Ohio University Press, 2012, p. 21.
7. *Ibid.*, p. 14.
8. *Ibid.*, p. 18.
9. *Ibid.*, p. 19.
10. *Ibid.*, p. 20.
11. *Ibid.*, p. 21.
12. *Ibid.*, p. 9.
13. *Ibid.*, p. 224.
14. Abigail Solomon-Godeau, cité dans Black, *A Room of His Own*, p. 21.
15. Black, *A Room of His Own*, p. 21.
16. *Ibid.*, p. 23.
17. *Ibid.*, p. 1-2.
18. *Ibid.*, p. 12.
19. *Ibid.*, p. 11.
20. *Ibid.*, p. 12.
21. *Ibid.*, p. 14.

5. Des hommes, ensemble

1. Eve Kosofsky Sedgwick, *Between Men: English Literature and Male Homosocial Desire*, New York, Columbia University Press, 2015 [1985], p. 25.
2. *Ibid.*
3. Pauline Verduzier, « Quels sont ces clubs de "gentlemen" qui n'acceptent pas les femmes ? », *Le Figaro Madame*, 20 juillet 2015.
4. *Ibid.*
5. Boris Thiolay, « La guerre des ladies », *L'Express*, 2 mars 2006.
6. *Ibid.*
7. Verduzier, « Quels sont ces clubs de "gentlemen" qui n'acceptent pas les femmes ? ».
8. Anthony Layden, « Chairman Anthony Layden's Report to Travellers Club Members », *London Evening Standard*, 9 avril 2014.
9. *Ibid.*
10. *Ibid.*

6. Les fidèles

1. Abe Hawken, « Mayfair's Savile Club Bends 150-Year Old "Men Only" Rule to Allow a Transgender Member to Stay On After a Sex Change to a Woman (But Don't Get Your Hopes Up Ladies, It Is a One Off Only) », *Daily Mail*, 5 novembre 2017.

2. Amelia Gentleman, « Time, Gentlemen: When Will the Last All-Male Clubs Admit Women? », *The Guardian*, 30 avril 2015.
3. http://www.savageclub.com.
4. *Ibid.*
5. L'exclusion des femmes du Winnipeg Squash Racquet Club (ouvert en 1909) a été dénoncée en janvier 2018 par une femme d'affaires arguant que cette exclusion l'empêchait de faire du réseautage au même titre que les hommes (https://ici.radio-canada.ca/nouvelle/1078584/femme-daffaires-denonce-exclusion-femmes-club-squash-prive). Dans la vidéo du club intitulée *Members of the Club*, les membres expliquent ce qu'ils apprécient. Plusieurs membres fréquentent le club depuis qu'ils sont enfants et sont maintenant employés comme professeurs de squash. Comme dans le cas des *gentlemen's clubs* d'une autre époque, ils taisent le côté réseautage, ou le minimisent, prétextant qu'ils ne vont là que pour relaxer.
6. Robert Verkaik, « To Drain the Swamp of Men-Only Clubs There Must Be a Public Register of Members », *The Guardian*, 27 janvier 2018.
7. Comme l'écrit Gabriel Tate le 23 novembre 2015 dans *The Guardian*: « Le club privé Whitehall était parfait: un groupe de vieux croûtons dépourvus d'émotions pris dans un jeu de destruction mutuelle. Scottie a scellé son destin en haussant la mise de manière inacceptable. Je ne peux m'empêcher de penser que James (James Fox, bien choisi pour ce rôle, et déjà distant de Scottie avant que celui-ci ne lui demande un service) avait lui aussi un squelette gay dans son placard, ce qui a donné à Scottie une marge de manœuvre. En effet, « quelle honte ». Contrairement à Danny, Scottie sait exactement ce qu'ils doivent affronter, mais il persévère. Il y a quelque chose d'admirable là-dedans. »

7. Les *good old boys*

1. De manière générale, les mots pour *boy* – l'italien *ragazzo*, le français *garçon*, le grec *pais*, le moyen anglais *knave*, le slave ecclésiastique *otroku* – signifient « serviteur, employé » partout sur la carte indo-européenne. On trouve le sens de « nègre mâle esclave ou personnel serviteur asiatique de tout âge » à partir de 1600 environ. La forme *boyo* date de 1870. L'expression *oh, boy* date de 1892. *Boy meets girl*, « typique d'une romance conventionnelle », date de 1945. *Boy-crazy*, « impatiente de socialiser avec les mâles », date de 1923. Dans les textes, le sens d'« enfant mâle » date d'après 1400. En anglais moderne, *boy* évoque un mélange d'une onomatopée signifiant « esprit maléfique » (**boi*) et d'un mot d'enfant signifiant « frère » (**bo*). Voir Anatoly Liberman, « The Etymology of *boy*, *beacon* and *buoy* », *The Journal of Germanic Linguistics*, vol. 12, n° 2, automne 2000, p. 201-234.

2. Dans *Guyland*, Kimmel dénonce cette dernière expression. Citant l'ouvrage de Christina Hoff Sommers, *The War Against Boys*, essai antiféministe qui défend l'idée d'une masculinité en crise (notion déboutée, entre autres, par Francis Dupuis-Déri dans *La crise de la masculinité: autopsie d'un mythe tenace*, Montréal, Remue-ménage, 2019), il écrit de «ces quatre mots» qu'ils sont les plus déprimants dans les discussions sur l'éducation. Ces mots «laissent entendre une résignation des plus abjectes: les garçons sont de tels animaux sauvages, prédateurs et agressifs qu'il ne sert à rien de chercher à les contrôler» (Kimmel, *Guyland*, p. 72). Plus loin, il ajoute qu'en affirmant «*boys will be boys*», non seulement on laisse faire les garçons, mais on les encourage (p. 82).
3. *Ibid.*
4. Voir l'épisode de l'émission *On n'est pas couché* au cours de laquelle Yann Moix s'explique: https://www.youtube.com/watch?v=Iy3-1YrCqyY.
5. Michel Foucault, «Le jeu de Michel Foucault», *Dits et écrits, tome II: 1976-1988*, Paris, Gallimard, coll. Quarto, 2001, p. 302.
6. Pierre Bourdieu, *La domination masculine*, Paris, Seuil, 1998, p. 78.
7. Kimmel, *Guyland*, p. 47.
8. Emmanuel Lévinas, *De l'évasion*, Paris, Fata Morgana, 1998, p. 87.
9. Giorgio Agamben, *Ce qu'il reste d'Auschwitz*, Paris, Rivages, 1999, p. 136.
10. Voir «Gossip Within the Male Dominated Workplace», dans le blogue *Disappointing the Boys Club*, 18 juillet 2015, https://lianetessier.wordpress.com/2015/07/18/gossip-within-the-male-dominated-workplace/.
11. Lili Loofbourow, «The Year of the Old Boys», *Slate*, 21 décembre 2018.
12. *Ibid.*
13. Voir le documentaire *Beyond Boundaries: The Harvey Weinstein Scandal*, Jordan Hill, Entertain ME, 2018.
14. Loofbourow, «The Year of the Old Boys».
15. Diffusée depuis 2017 sur CBS All Access, c'est une émission dérivée de la série *The Good Wife (Une femme exemplaire)*, créée par les mêmes scénaristes, Michelle et Robert King.
16. Je souligne.
17. Deux ans avant le crime de Central Park, Trump annonce qu'il brigue la Maison-Blanche – une annonce reçue comme un coup publicitaire en lien avec la parution de son livre *The Art of the Deal*. Pour l'occasion, il a recours à la même tactique qu'en 1989, achetant un espace dans les journaux pour critiquer le gouvernement. En l'an 2000, il annonce à nouveau qu'il se présente comme candidat au Reform Party en vue de la présidence américaine. Cette fois, il se paye des publicités anonymes. Pour faire tomber un casino rival du sien lié aux Mohawks, il publie, sous l'image de seringues et de sachets de drogue, les mots

suivants : « Est-ce que ce sont les nouveaux voisins que nous souhaitons avoir ? L'activité criminelle des Mohawks de St. Regis est bien documentée. »
18. La série d'Ava du Vernay, *When They See Us* (Netflix, 2019) jette la lumière sur ces événements, leur impact sur chacun des garçons, leur vie pendant, après, et depuis.
19. La série d'Ava du Vernay nous apprend que Matias Reyes était connu des policiers, et qu'il aurait dû être considéré à l'époque comme le principal suspect. Le racisme des policiers et de la détective, par ailleurs féministe, ont donné lieu au profilage et à de la discrimination, stigmatisant ce groupe de jeunes hommes tous innocents.
20. « Trump Will Not Apologize for Calling for Death Penalty over Central Park Five », *The New York Times*, 18 juin 2019.
21. Kristen Martin, « Donald Trump's Sentimental Journey to the Top », *Literary Hub*, 22 mars 2016.

8. Le Donald

1. Jill Filipovic, « What Donald Trump Thinks It Takes to Be a Man », *The New York Times*, 2 novembre 2017.
2. Dwight Garner, « In Hindsight, an "American Psycho" Looks a Lot like Us », *The New York Times*, 24 mars 2016.
3. Voir Berengère Viennot, *La langue de Trump*, Paris, Les Arènes, 2019.
4. L'émission a duré 14 saisons, avec plus de 100 millions d'auditeurs et d'auditrices.
5. https://www.youtube.com/watch?v=x_duroDomVk.
6. Barbara A. Res, *All Alone on the 68th Floor: How One Woman Changed the Face of Construction*, CreateSpace Independent Publishing Platform, 2013.
7. « Il est terriblement sexiste. C'est un don Juan, c'est certain. Il m'a embauchée pour une raison bien précise : parce que j'étais vraiment bonne. Et il m'a dit, et il le croyait, que les femmes doivent travailler plus fort et être plus intelligentes et vouloir travailler plus fort que les hommes, et c'est ce qu'il voulait, et il y avait quelques femmes qui travaillaient pour lui [...] Quand son entreprise périclitait au début des années 1990, il blâmait ses cadres qui travaillaient mal quand il partait « baiser des femmes, deux ou trois en même temps » – il a vraiment dit ça ! On était dans une limousine la première fois, et il y avait là des gens qu'on ne connaissait pas très bien, vous voyez. Ça m'a rendue très mal à l'aise... Il voulait qu'on croie ça. » Dans Olivia Nuzzi, « Former Donald Trump Executive : "He's a Supreme Sexist" », *The Daily Beast*, 10 novembre 2016.
8. *Ibid*.
9. James Hamblin, « Trump Is a Climax of American Masculinity », *The Atlantic*, 8 août 2016.

10. *Ibid.*
11. David Leonhardt et Stuart A. Thomson, « Trump's Lies », *The New York Times*, 14 décembre 2017.
12. Marina Watanabe et Jessica De Jesus, « Commander in Disbelief: A Timeline of Sexual Assault Allegations Against Trump », *Bitchmedia*, 26 avril 2019.
13. Extrait de la vidéo : « D. Trump : J'ai intérêt à prendre des Tic Tac au cas où je l'embrasserais. Vous savez, je suis automatiquement attiré par des belles... Je me mets simplement à les embrasser. C'est comme un aimant. Juste les embrasser. Je n'attends même pas. Et quand vous êtes une vedette, elles vous laissent faire. Vous pouvez faire ce que vous voulez. B. Bush : Ce que vous voulez. D. Trump : Les attraper par la chatte. Vous pouvez faire n'importe quoi. »
14. Auteure du rapport *When Women Are the Enemy: The Intersection of Misogyny and White Supremacy*, Jessica Reaves affirme : « Il y a un courant profondément anti-femme dans plusieurs conversations en ligne entre suprémacistes blancs/*alt-right*, et ça peut facilement aller du manque de respect à la promotion de la violence la plus totale, y compris du viol. C'est encore plus évident si vous allez sur des pages Incel ou MRA, où la colère et la haine envers les femmes est le point de focalisation – les participants célèbrent et encouragent la violence misogyne. » Maya Oppenheim, « Misogyny Is a Key Element of White Supremacy, Anti-Defamation League Report Finds », *The Independent*, 25 juillet 2018.
15. Maggie Astor, Christina Caron et Daniel Victor, « A Guide to the Charlottesville Aftermath », *The New York Times*, 13 août 2017.
16. « Read the Complete Transcript of President Trump's Remarks at Trump Tower on Charlottesville », *Los Angeles Times*, 15 août 2017.
17. Ta-Nehisi Coates, *Huit ans au pouvoir : une tragédie américaine*, trad. Diana Hochraich, Paris, Présence africaine, 2018 [2017], p. 295.
18. Toni Morrison, « Make America White Again », *The New Yorker*, 14 novembre 2016.

9. Le joyau de la Couronne de Palm Beach
1. Je pense ici au dessin de Erik Hilgerdt paru dans le *New Yorker* en 2007, représentant sept hommes pratiquement identiques qu'on imagine en train de poser pour une photo officielle, et dont la légende disait : *The Guys Who Look Remarkably Alike Club*. Image reproduite dans Black, *A Room of His Own*, p. 4.
2. Sur le racisme inhérent aux politiques de Trump en matière de santé, et sur les dangers qu'elles représentent pour ceux que justement il dit défendre – les hommes blancs –, lire l'ouvrage de Jonathan Metzl, *Dying of Whiteness: How*

the Politics of Racial Resentment Is Killing America's Heartland, New York, Basic Books, 2019.
3. Laurence Leamer, *Mar-a-Lago: Inside the Gates of Power at Donald Trump's Presidential Palace*, New York, Flatiron Books, 2019, p. 4.
4. *Ibid.*, p. 5.
5. Nicholas Confessore, Maggie Haberman et Eric Lipton, « Trump's "Winter White House" : A Peek at the Exclusive Members' List at Mar-a-Lago », *The New York Times*, 18 février 2017.
6. Jon Meacham, historien spécialisé dans la présidence américaine.
7. Leamer, *Mar-a-Lago*, p. 250.
8. *Ibid.*, p. 251.

10. Xanadu
1. https://www.cbsnews.com/pictures/donald-trumps-favorite-movies/.
2. https://www.youtube.com/watch?v=aeQOJZ-QzBk.
3. À ce sujet, lire Anthony Audi, « Donald Trump Modeled His Life on Cinematic Loser Charles Foster Kane : What Does a Presidential Candidate's Favorite Movie Reveal ? », *Literary Hub*, 26 octobre 2016.
4. « Barry : Combien de fois est-ce que tu l'as vu ?
Bobby : Ce sera la première.
Barry : Mon Dieu, tu vas te régaler.
Wags : Vous savez, Monsieur Bernstein, si je n'avais pas été très riche, j'aurais peut-être été un très grand homme.
Bobby : Wags, mon gars, qu'est-ce que tu fais ici ?
Wags : Pardonne-moi de ne pas respecter la mise en demeure et d'entrer dans Xanadu, mais j'avais une pile de documents à te faire signer. »
5. Scénario de *Citizen Kane*, http://www.dailyscript.com/scripts/citizenkane.html.
6. Shayne Benowitz, « French Designer Makes a New Mark on Miami », *Miami Herald*, 14 décembre 2016.
7. Benjamin, *L'œuvre d'art à l'époque de sa reproductibilité technique*, p. 71.

11. Des villes à eux
1. Marylène Lieber, *Genres, violences et espaces publics : la vulnérabilité des femmes en question*, Paris, Presses de Sciences Po, 2008.
2. https://www.demainlaville.com/saviez-vous-que-lurbanite-etait-genree/.
3. *Ibid.*
4. http://mentakingup2muchspaceonthetrain.tumblr.com.
5. Dolores Hayden, « What Would a Non-Sexist City Be Like ? Speculations on Housing, Urban Design, and Human Work », *Signs*, vol. 5, n° 3, 1980, p. 170-187.

6. Jusqu'à ce que Marie Darrieussecq, rappelons-le, dans une nouvelle traduction de l'essai, propose le mot « lieu » au lieu de « chambre ». Woolf, *Un lieu à soi.*
7. Van Badham, « "Mentrification" : How Men Appropriated Computers, Beer and the Beatles », *The Guardian*, 28 mai 2019.
8. Tout comme les noms qui représentent des communautés minoritaires ou dominées – d'où l'importance, par exemple, d'avoir remplacé à Montréal le nom du général Amherst par Atateken, mot mohawk qui signifie « fraternité » ou encore « groupe de personnes ou des nations avec qui l'on partage des valeurs », comme l'explique Hilda Nicolas, directrice du Centre culturel et linguistique de Kanesatake depuis 26 ans. Voir https://ici.radio-canada.ca/espaces-autochtones/1193382/rue-amherst-montreal-nom-changement-autochtones.
9. Yves Raibaud, *La ville faite par et pour les hommes : dans l'espace urbain, une mixité en trompe-l'œil*, Paris, Belin, 2015, p. 11.
10. Jeanne Corriveau, « Au nom des femmes », *Le Devoir*, 23 décembre 2014.
11. Pierre Sansot, dans *Poétique de la ville*, Paris, Klincksieck, 1973, p. 57.
12. Raibaud, *La ville faite par et pour les hommes*, p. 43.
13. *Ibid.*, p. 15.
14. *Ibid.*, p. 19.
15. Françoise Collin, *Parcours féministe : entretiens avec Irène Kaufer*, Bruxelles, Labor, 2005, p. 187-188.
16. Organisme de prise de conscience entourant le harcèlement de rue, créé en 2005 par un groupe d'ami·e·s new-yorkais·e·s sous forme de blogue. Devenu depuis un organisme sans but lucratif qui intervient contre le harcèlement, dans les rues et en ligne : « Hollaback ! est un mouvement global, mené par la population pour mettre fin au harcèlement. Nous travaillons ensemble pour comprendre le problème, susciter la conversation publique, et développer des pratiques innovantes qui garantiront un accès égalitaire aux espaces publics. Nous nous servons des espaces où le harcèlement a lieu – en ligne ou dans les rues – afin de nous protéger et de construire un monde où nous pouvons être qui nous voulons, peu importe où nous nous trouvons. »
https://www.ihollaback.org/about/history-and-values/.
17. Woolf, *Trois guinées*, p. 52.
18. *Ibid.*
19. *Ibid.*, p. 53.
20. *Ibid.*, p. 55.
21. *Ibid.*, p. 54.

12. Architectes du monde

1. La critique de Mark Wigley est claire : « La production active de différences de genre se retrouve à tous les niveaux du discours architectural : dans ses rituels de légitimation, ses pratiques d'embauche, ses systèmes de classification, ses techniques de conférence, ses images publicitaires, le canon mis de l'avant dans la formation, la division du travail, les bibliographies, les conventions en matière de design, ses codes légaux, ses échelles salariales, ses pratiques de publication, son langage, son éthique professionnelle, ses protocoles d'édition, la manière dont on reconnaît la participation de quelqu'un à un projet, etc. Partout, le discours est complice de la subordination culturelle générale du "féminin", et la subordination de certaines "femmes" en particulier peut se manifester souvent de manière explicite, mais habituellement par le biais de mécanismes sociaux imperceptibles qui maintiennent les préjugés allant à l'encontre de ce qui est dit ouvertement. » Mark Wigley, « Untitled : The Housing of Gender », dans Beatriz Colomina (dir.), *Sexuality and Space*, Princeton, Princeton Papers on Architectures, 1992, p. 329.

2. Allison Arieff, « Where Are All the Female Architects ? », *The New York Times*, 15 décembre 2018.

3. http://eqxdesign.com et http://designforequality.org.

4. Dans le rapport, il est écrit que « le nombre de femmes architectes rattrape celui des hommes à la vitesse grand V : au 31 mars 2013, le tableau de l'Ordre montrait que la relève féminine dépasse sa contrepartie masculine. Au total, la profession demeure largement masculine (63 % contre 37 %), mais chez les 25-34 ans, par exemple, le portrait est inversé (58 % de femmes contre 42 % d'hommes). Non seulement la profession est en santé, mais elle se dirige tout droit vers l'égalité. Pourrait-on demander mieux ? ». https://www.oaq.com/esquisses/archives_en_html/balades_au_fil_de_leau/tout_le_reste/portrait_chiffre.html.

5. Robin Pogrebin, « I Am Not the Decorator : Female Architects Speak Out », *The New York Times*, 12 avril 2016.

6. Arieff, « Where Are All the Female Architects ? ».

7. Denise Scott Brown, « Sexism and the Star System in Architecture », dans Jane Rendell, Barbara Penner et Iain Borden (dir.), *Gender Space Architecture : An Interdisciplinary Introduction*, Londres, Routledge, 2000, p. 261.

8. Arieff, « Where Are All the Female Architects ? ».

9. Pour une étude des rapports entre genre et architecture, voir Dörte Kuhlmann, *Gender Studies in Architecture : Space, Power and Difference*, Londres, Routledge, 2013.

10. « Du fait qu'ils identifient la masculinité avec "l'authenticité" et la féminité avec "l'artifice", les architectes, depuis Vitruve, associent la surface

ornementée avec la féminité plutôt qu'avec la masculinité. Commentant les origines des colonnes doriques et ioniques, Vitruve écrit : "Dans l'invention des deux types de colonnes, on a, d'une part, emprunté à la beauté masculine, nue et sans ornements, d'autre part, à la délicatesse, aux ornements et aux proportions caractéristiques des femmes". » Joel Sanders, *Stud : Architectures of Masculinity*, New York, Princeton University Press, 1996, p. 14.
11. « Le Modulor est un outil de mesure issu de la stature humaine et de la mathématique. Un homme-le-bras-levé fournit aux points déterminants de l'occupation de l'espace, le pied, le plexus solaire, la tête, l'extrémité des doigts, le bras étant levé, trois intervalles qui engendrent une section d'or, dite de Fibonacci. D'autre part, la mathématique offre la variation la plus simple comme la plus forte d'une valeur : le simple, le double, les deux sections d'or. » Le Corbusier, *Le Modulor : essai sur une mesure harmonique à l'échelle humaine applicable universellement à l'architecture et à la mécanique*, Paris, Édition de l'Architecture d'Aujourd'hui, 1950.
12. Wigley, « Untitled : The Housing of Gender », p. 376.
13. Suivant Alberti, au 15e siècle, qui disait qu'il fallait recouvrir d'une fine couche de plâtre blanc la structure érigée. *Ibid.*, p. 379.
14. *Ibid.*, p. 360.
15. *Ibid.*, p. 359.
16. *Ibid.*, p. 358.
17. *Ibid.*, p. 365.
18. Le Corbusier, « Le lait de chaux : la loi du Ripolin », *L'art décoratif d'aujourd'hui*, Paris, Vincent, Fred & Cie, 1959 [1925], p. 191.
19. *Ibid.*, p. 192-193.
20. Mabel O. Wilson et Julian Rose, « Changing the Subject : Race and Public Space », *Artforum*, été 2017.
21. *Ibid.*
22. Sanders, *Stud*, p. 12.

13. Le règne de la beauté
1. Ce film passé inaperçu, ou objet de critiques négatives, non seulement est porté par des actrices connues – Viola Davis et Isabella Rossellini, entre autres –, mais touche à des sujets importants : racisme, sexisme, homosexualité, adolescence…
2. Ayn Rand, *La source vive*, trad. Jane Fillion, Paris, Plon, 1998 [1981], p. 14.
3. Sanders, *Stud*, p. 11.
4. *Ibid.*
5. « Une belle coquille vide », titre d'une critique du *Voir* signée Manon Dumais, 15 mai 2014, et « La dictature du vide absolu », écrit Dominique Corneillier dans *Le Devoir*, 24 mai 2014.

6. Serge Bouchard, « C'est fou », *Radio-Canada*, 2 septembre 2018.
7. Twitchell, *Where Men Hide*, p. 37.
8. *Ibid.*, p. 38.
9. *Ibid.*
10. Colomina, *Sexuality and Space*, p. viii.

14. Terroristes

1. Catharine A. MacKinnon, *Are Women Human?*, Cambridge, Belknap Press of Harvard University Press, 2006, p. 27.
2. « Difficile de ne pas avoir l'impression que ce qu'on appelle "guerre" est ce que les hommes se font les uns aux autres, et que ce qu'ils font aux femmes s'appelle "la vie de tous les jours". » *Ibid.*, p. 27.
3. « [La Convention de Genève] interdit la violence faite à la vie et à la personne, en particulier le meurtre, la mutilation, la cruauté et la torture, et tout outrage à la dignité, notamment les traitements humiliants et dégradants. » *Ibid.*, p. 8.
4. *Ibid.*, p. 142.
5. *Ibid.*, p. 17. Il faut noter par ailleurs l'hésitation dans les propos suivants d'Alison M. Jaggar : « Il doit y avoir une manière de parler du terrorisme qui nous permet de voir clairement si des épisodes de lynchage, de croix brûlées, de violence homophobe et même de violence domestique représentent des pratiques terroristes. » « What Is Terrorism, Why Is It Wrong, and Could It Ever Be Morally Permissible? », *Journal of Social Philosophy*, vol. 36, n° 2, 2005, p. 204. (Je souligne.)
6. « Les réponses militaires au terrorisme font du tort aux femmes de manière disproportionnée, en particulier aux femmes pauvres et à leurs enfants. Au cours du 20e siècle, les civils plutôt que les soldats en sont venus à représenter une proportion toujours grandissante des victimes de guerre. Les combattants étaient des hommes de manière prédominante, mais les civils vulnérables étaient des femmes et des enfants, en particulier des femmes et des enfants du tiers monde, où on trouve le plus grand nombre de victimes des guerres récentes. Les femmes et les enfants représentent 80 % des millions de réfugiés déplacés par la guerre. Le viol est une arme de guerre traditionnelle, et l'action militaire est habituellement associée à la prostitution organisée et parfois forcée. » Alison M. Jaggar, « Responding to the Evil of Terrorism », *Hypatia*, vol. 18, n° 1, hiver 2003, p. 179.
7. MacKinnon, *Are Women Human?*, p. 277-278.
8. *Ibid.*, p. 274.
9. Giorgio Agamben, *La guerre civile : pour une théorie politique de la stasis*, Paris, Seuil, 2015, p. 22.

10. Carol Hanisch, « The Personal Is Political », *Notes from the Second Year: Women's Liberation*, New York, 1970.
11. Voir le communiqué de presse : https://www.mmiwg-ffada.ca/wp-content/uploads/2019/06/Communiqué-de-presse-rapport-final.pdf.
12. *Enquête nationale sur les femmes et les filles autochtones disparues et assassinées : une analyse juridique du génocide*, 2019, https://www.mmiwg-ffada.ca/wp-content/uploads/2019/06/Rapport-supplémentaire_Genocide-1.pdf, p. 4.
13. *Ibid.*, p. 8 et 9.
14. Dans le communiqué de presse qui présente le rapport final, Michèle Audette affirme : « Pour mettre un terme à cette tragédie, il faut rendre aux femmes, aux filles et aux personnes 2ELGBTQQIA le pouvoir et la place qui leur reviennent, ce qui nécessite de faire tomber les structures du colonialisme au sein de la société canadienne. Cette tâche n'incombe pas seulement aux gouvernements et aux politiciens. Il appartient à tous les Canadiens et Canadiennes d'en tenir nos dirigeants responsables. »

15. S'habiller pour gagner
1. Despina Stratigakos, *Where Are the Women Architects ?*, Princeton, Princeton University Press, 2016, p. 42-43.
2. *Ibid.*, p. 40.
3. Voir Alicia Cornwell, « Making the Man : Suiting Masculinity in Performance Art », *The Eagle Feather*, vol. 2, 2005, p. 1-10.
4. Paul Schrader, *American Gigolo*, États-Unis, 1980, 117 min.
5. Dans *White* (trad. Pierre Guglielmina, Paris, Robert Laffont, 2019, p. 23-24.), Bret Easton Ellis souligne l'impact de l'image de Richard Gere, la dimension gay de sa sexualisation ; une manière, pour la caméra, de regarder un corps d'homme, habituellement réservée aux corps des femmes. Le réalisateur, Paul Schrader, non seulement prend le temps de montrer Gere en train de choisir ses vêtements avec minutie, mais le filme souvent à demi ou complètement nu.
6. « La garde-robe du pouvoir était elle-même une forme de pouvoir. Ainsi, les vêtements étaient importants dans le contexte de la culture politique, justement parce qu'ils incarnaient les relations sociales, sexuelles, politiques, religieuses et économiques auxquelles ils donnaient une forme, une matérialité et une visibilité. Les vêtements rendaient le pouvoir visible et ont dès lors modelé la façon dont il était pensé, agi, reformulé. » David Kuchta, *The Three-Piece Suit and Modern Masculinity : England 1550-1850*, Berkeley, University of California Press, 2002, p. 7.
7. Brenden Gallagher, « American Gigolo and the Rise of the Armani Generation », *Grailed*, 27 février 2018.

8. D'où l'importance de faire l'histoire du complet, écrit David Kuchta: « Au cours des trois derniers siècles, le personnel a été dépolitisé. Ainsi, il nous faut une histoire de ce qui semble évident pour repolitiser, dénaturaliser et déstabiliser ces valeurs en lien avec la masculinité. » Kuchta, *The Three-Piece Suit*, p. 3.
9. Tim Lewis, « Interview. Tom Ford: "I Wore a Suit on Set. It's a Uniform… I Feel Weak in Trainers" », *The Guardian*, 23 octobre 2016.
10. Cintra Wilson, « A Brief History of the Power Suit », *Medium*, 11 octobre 2018.
11. *Ibid.*
12. Le costume est éminemment paradoxal, comme l'écrit Anne Hollander: « Même si les hommes d'État portent des costumes aux rencontres au sommet, que des hommes les portent pour passer un entretien d'embauche, et que des hommes accusés de viol et de meurtre les portent à la cour pour augmenter leurs chances d'être acquittés, le complet-veston, formel ou informel, est souvent considéré comme terne, voire pire. Comme d'autres choses excellentes et simples dont on ne peut se passer, les costumes pour hommes ont acquis une qualité esthétique irritante, je dirais une perfection agaçante. » Anne Hollander, cité dans Tim Edwards, *Men in the Mirror: Men's Fashion, Masculinity and Consumer Society*, Londres, Cassell, 1991, p. 18.
13. Dans les faits, le nombre de pages où la violence est explicite est limité, et Mary Harron, dans son adaptation, montre les instruments de la violence, mais laisse celle-ci à l'extérieur de l'écran.
14. Ezinne Ukoha, « How *American Psycho* Serves as the White Man's Code for Behavioral Dysfunction », *Medium*, 10 février 2018.
15. Luke Leitch, « Last Trump for the Suit? », *1843 Magazine*, août/septembre 2016.
16. Par exemple: « Le look de Melania Trump pour les inondations fait sourciller », *La Presse*, 29 août 2017.
17. Et au Québec, ce texte de Marie-Anne Casselot: « L'habillement est un piège pour les femmes en politique », *Le Devoir*, 22 décembre 2018.

16. Blancs

1. Alex Hawgood, « The Men Powerful Enough to Wear the Same Thing Every Day », *The New York Times*, 3 avril 2015.
2. *Ibid.*
3. La coscénariste Guinevere Turner, citée dans Angelica Jade Bastién, « The Female Gaze of *American Psycho*: How Mary Harron Made Fantasy into Timeless Satire », *The Village Voice*, 7 juin 2016: « Je crois vraiment que *American Psycho* est un film féministe. C'est une satire de la manière dont les hommes rivalisent les uns avec les autres et sur comment, dans ce monde

hyperréel qu'on a créé, les femmes sont moins importantes que votre bronzage ou votre complet ou l'endroit où vous allez en vacances l'été. Et pour moi, même si tous les personnages de femmes sont tragiques et assassinés, le film concerne la manière dont les hommes les voient et comment ils les traitent. »

4. Ce que Laura Mulvey a fait comprendre dans son célèbre article « Visual Pleasure and Narrative Cinema » (dans Leo Braudy et Marshall Cohen [dir.], *Film Theory and Criticism : Introductory Readings*, New York, Oxford University Press, 1999, p. 833-844), où elle suggère que la femme est l'image et l'homme celui qui pose le regard, et que dans l'économie hétérosexuelle dominante, l'érotisation de la femme sert le plaisir de l'homme.

5. Cette anecdote est reprise par Bret Easton Ellis dans son dernier ouvrage, *White*, New York, Knoff, 2019, p. 228.

6. Dans l'entretien de Mary Harron, Christian Bale et Bret Easton Ellis avec Charlie Rose le 13 avril 2000, https://charlierose.com/videos/1102.

7. Lili Loofbourow, « The Male Glance », *VQR Online*, vol. 94, n° 1, printemps 2018.

8. Voir la performance de Marie-Ève Milot et Marie-Claude St-Laurent à propos du vocabulaire utilisé dans la réception critique des œuvres d'hommes et de femmes, à l'occasion de *La place des femmes en théâtre : chantier féministe*, Montréal, Espace Go, du 8 au 13 avril 2019.

9. Grayson Perry, « Grayson Perry : The Rise and Fall of Default Man », *New Statesman America*, 8 octobre 2014.

10. *Ibid.*

11. Criado-Pérez, *Invisible Women*, p. 3.

12. *Ibid.*, p. 13.

13. *Ibid.*, p. 5.

14. *Ibid.*, p. 21.

15. *Ibid.*

16. Richard Dyer écrivait en 1985 : « On pourrait penser qu'écrire sur les images de la sexualité masculine est un jeu d'enfant. Nous vivons dans un monde saturé d'images, empreint de sexualité. Mais c'est une des raisons pour lesquelles il est difficile d'écrire là-dessus. La sexualité masculine ressemble à l'air qu'on respire – on le respire tout le temps, sans en être bien conscient. » Cité dans Edwards, *Men in the Mirror*, p. 40.

17. Ross Chambers, « The Unexamined », dans Mike Hill (dir.), *Whiteness : A Critical Reader*, New York, New York University Press, 1997, p. 187-203.

18. Ce que Chambers nomme la « *blank whiteness* ». *Ibid.*, p. 193.

19. *Ibid.*, p. 202.

20. Pour le dire avec Todd Reeser dans son introduction à *Masculinities in Theory : An Introduction*, Chichester, Wiley-Blackwell, 2013, p. 9.

21. George Yancy, *Look, a White! Philosophical Essays on Whiteness*, Philadelphie, Temple University Press, 2012.
22. « Marquer la blancheur permet d'exposer les manières dont les Blancs ont créé une forme d'"humanisme" qui dissimule leurs efforts hégémoniques afin de considérer leurs expériences comme universelles et représentatives. » *Ibid.*, p. 7.
23. Sur la théorie du « grand remplacement », formulée par l'auteur Renaud Camus, et sa circulation parmi les suprémacistes blancs, voir John Eligon, « The El Paso Screed, and the Racist Doctrine Behind It », *The New York Times*, 7 août 2019. Voir aussi Alia E. Dastagir, « Mass Shootings and Misogyny : The Violent Ideology We Can't Ignore », *USA Today*, 6 août 2019.

17. Gouvernement
1. Iris Young, « Gender as Seriality : Thinking about Women as a Social Collective », *Signs*, vol. 19, n° 3, printemps 1994, p. 713-738.
2. Jackson Katz, « Violence Against Women : It's a Men's Issue », *Ted*, mai 2013, https://www.ted.com/talks/jackson_katz_violence_against_women_it_s_a_men_s_issue ?language=fr-ca.
3. La troisième saison de *Designated Survivor* (Netflix) est particulièrement intéressante dans sa manière d'aborder frontalement un ensemble de questions sensibles concernant la politique et l'économie américaine (les compagnies pharmaceutiques, par exemple, la crise des opioïdes, les coûts de l'insuline…) ainsi que des sujets sociaux (la question du VIH et des rapports sexuels quand le virus est indétectable, les droits des personnes trans, le droit à la fin de vie…).
4. La députée et coporte-parole de Québec solidaire Manon Massé a eu le malheur de dénoncer la culture du boys club, la présence, depuis 30 ans, de « la même clique qui se passe la rondelle du pouvoir ». Ses propos ont suscité une vague de protestations de la part de divers politiciens et politiciennes à Québec. Voir Caroline Plante, « "Boys club" : des propos de Manon Massé décriés », *Le Soleil*, 15 mars 2018.
5. Au Québec, après l'élection de François Legault, on constate que : « La rhétorique paritaire caquiste s'est arrêtée aux portes des cabinets […]. Au total, on trouve deux fois plus d'hommes que de femmes aux commandes des cabinets, soit 19 hommes (68 %) pour 9 femmes (32 %). […] Depuis qu'il est aux commandes, M. Legault a procédé à 21 nominations dans la haute fonction publique québécoise : du total, 7 sont allées à des femmes (33 %) et 14, soit le double, à des hommes (66 %). […] Les postes les plus stratégiques et les mieux rémunérés de l'administration publique ont été réservés aux messieurs. » Jocelyne Richer, « Le "boys' club" de François Legault », *Le Devoir*, 5 novembre 2018.

6. Pascale Navarro, *Femmes et pouvoir: les changements nécessaires. Plaidoyer pour la parité*, Montréal, Leméac, 2015, p. 26.
7. Françoise Collin, « La démocratie est-elle démocratique ? », dans *Anthologie québécoise, 1977-2000*, Montréal, Remue-ménage, 2014, p. 73.
8. Giorgio Agamben, *Homo Sacer I: le pouvoir souverain et la vie nue*, Paris, Seuil, 1997, p. 202.
9. Katha Pollitt, « Why We Need Women in Power », *The Nation*, 3 mars 2016.
10. Silvia Federici, *Le capitalisme patriarcal*, Paris, La Fabrique, 2019, p. 143.
11. *Ibid.*, p. 159. Federici relie cette résistance des femmes à la naissance de la psychanalyse : « La proposition de Freud est : une sexualité plus libre pour une vie familiale plus saine, pour une famille où la femme peut s'identifier avec sa fonction d'épouse, au lieu de devenir hystérique, névrosée et de s'envelopper dans un voile de frigidité après les premiers mois de mariage et, peut-être, d'être tentée de transgresser par des expériences "dégénérées" comme le lesbianisme. » *Ibid.*, p. 164. De Freud à la « libération sexuelle » en passant par le rapport Kinsey, les expériences de Masters et Johnson, l'existence de l'orgasme féminin et du point G, le sexe est devenu un impératif, voire un travail. « La principale différence, écrit Federici, est que nos mères et grand-mères considéraient les services sexuels dans une logique d'échange : vous couchiez avec l'homme que vous aviez épousé, c'est-à-dire l'homme qui vous promettait une certaine sécurité financière. Aujourd'hui, en revanche, nous travaillons gratuitement, au lit comme en cuisine, non seulement parce que le travail sexuel n'est jamais payé, mais parce que de plus en plus souvent, nous fournissons des services sexuels sans rien attendre en retour. Le symbole de la femme libérée est d'ailleurs la femme toujours disponible mais qui ne demande plus rien en retour. » *Ibid.*, p. 170-171.
12. Solnit, *Ces hommes qui m'expliquent la vie*.
13. Woolf, *Un lieu à soi*, p. 64.

18. Monsieur Tout-le-Monde

1. Pendant la tournée de promotion, Kelly McGillis, qui joue le rôle de la procureure dans le film, a raconté avoir été victime d'un viol collectif. Elle a insisté pour identifier ses agresseurs, même si la police avait dit ne pouvoir rien faire, et les poursuivre. L'un d'eux a passé trois ans en prison.
2. Au moment de la sortie du film, la scène de viol, qui ne dure que trois minutes à l'écran, était la représentation au cinéma la plus longue, la plus explicite et la plus forte d'une agression sexuelle. Voir Rebecca Ford, « *The Accused*'s Oral History: A Brutal Rape Scene, Traumatized Actors and Producers' Fights to Make a Movie », *The Hollywood Reporter*, 5 décembre 2016.

3. Les cris des hommes font écho à ceux qu'on entend pendant la partie de hockey à laquelle assiste le personnage de Kelly McGillis avec son patron, manière d'être « *one of the boys* ».
4. Parmi les témoignages à propos du tournage, Jodie Foster raconte ne pas se souvenir de la scène de viol en tant que telle : « Je me suis déconnectée », dit-elle. Quant aux acteurs qui jouaient les violeurs, Ann Hearn (dans le rôle de la serveuse) dit : « Les gars étaient incroyablement bouleversés. On aurait dit que personne ne s'attendait à ce que ce soit aussi troublant pour eux », et Foster encore : « Les gars n'allaient vraiment pas bien. » *Ibid.*
5. Emily Chang, *Brotopia : Breaking Up the Boys' Club of Silicon Valley*, New York, Penguin, 2018, p. 8.
6. *Ibid.*, p. 1.
7. Le long-métrage *Hidden Figures* (*Les figures de l'ombre*) a enfin fait connaître les mathématiciennes noires derrière Apollo 11 : Kathryn Johnson, Dorothy Vaughan et Mary Jackson. Les femmes étaient nombreuses dans l'ombre des premiers pas de « l'Homme » sur la Lune. Parmi elles, on compte aussi Margaret Hamilton, JoAnn Morgan, Poppy Northcutt, Jamye Flowers.
8. Chang, *Brotopia*, p. 33.
9. *Ibid.*, p. 177-185.
10. *Ibid.*, p. 43-48.
11. « Je me suis inspirée des gars de l'école d'art, pour les gars du café [*the café nerds*] qui ont eu la gentillesse d'être honnêtes au sujet de leurs expériences, et pas dégoûtants dans leur manière d'en parler comme le sont ceux qui rédigent les commentaires sur les prostituées. » Cité dans Jennifer Vineyard, « *Top of the Lake : China Girl.* Jane Campion on Her "Ovarian" Series », *The New York Times*, 12 septembre 2017.
12. Hannah Arendt, *Eichmann à Jérusalem*, Paris, Gallimard, 1966, p. 440.
13. *Ibid.*, p. 97-98.

19. Chasseurs

1. Dans *Stiffed : The Betrayal of the American Man* (1999), Susan Faludi se penche sur l'école militaire Citadel (qui, à l'époque de la parution de son livre, était toujours exclusivement masculine). Si l'école refusait l'admission aux femmes, c'était pour « préserver » une intimité entre hommes. Certains d'entre eux citent l'exemple des douches : « Nous formons une masse, nus ensemble, et ça nous rapproche... Vous êtes rasés, vous êtes nus, vous avez peur ensemble. Vous pouvez pleurer. » Comme l'exprime un des professeurs : « Sans femmes, nous pouvons nous serrer dans nos bras. Il n'y a rien de plus réconfortant [*nurturing*] qu'un peloton d'infanterie. » Cité par Nicholas L.

Syrett, *The Company He Keeps: A History of White College Fraternities*, Chapel Hill, University of North Carolina Press, 2009, p. 291.
2. Dans *La Presse* en décembre 2014, Suzanne Laplante Edward, qui a perdu sa fille Anne-Marie dans la tuerie de Polytechnique, déclarait: « C'est une arme pour tuer du monde. Ce n'est pas une arme pour tuer des chevreuils. » Sturm, Ruger & Co, qui fabrique le Ruger Mini-14 utilisé par Marc Lépine, décrit pourtant son arme comme étant parfaite « sur la ferme, au ranch, au fond des bois ou pour se défendre. » Philippe Teisceira-Lessard, « Des semi-automatiques similaires à celui de Lépine toujours accessibles », *La Presse*, 2 décembre 2014.
3. Gunther Anders, *La haine*, Paris, Rivages, 2007.
4. Zoe Williams, « Raw Hatred: Why the Incel Movement Targets and Terrorises Women », *The Guardian*, 25 avril 2018.
5. Voir la description du mouvement par Francis Dupuis-Déri dans le chapitre 6 de *La crise de la masculinité*.
6. Anders, *La haine*, p. 36.
7. *Ibid.*, p. 76.
8. Kirby Dick, *The Invisible War*, États-Unis, 2012, 97 min.
9. La question des agressions sexuelles dans l'armée a fait couler beaucoup d'encre, autant aux États-Unis qu'au Canada. L'enquête de Noémi Mercier, publiée dans *L'Actualité* le 25 avril 2014, « Crimes sexuels: le cancer qui ronge l'armée canadienne », a été primée plusieurs fois. Mercier a publié plusieurs articles, certains documentant la lutte de l'ex-caporale Stéphanie Raymond pour que son présumé agresseur subisse un autre procès après avoir été acquitté par un jury composé de cinq hommes militaires d'un âge avancé. Le juge en chef de la Cour suprême, Richard Wagner, a statué « qu'il n'y avait aucune preuve » permettant de conclure que l'accusé André Gagnon, supérieur de Stéphanie Raymond au moment des faits, « avait pris des mesures raisonnables pour s'assurer du consentement ». Le travail de Mercier a eu des répercussions partout au Canada et dans le monde: dans les semaines suivant sa publication, plus de 400 articles sont parus sur le même sujet. Le 19 juillet 2019, on annonçait que le gouvernement canadien verserait 900 millions de dollars pour régler de multiples actions collectives déposées au nom de victimes de harcèlement sexuel, de discrimination et d'agressions sexuelles au sein de l'armée.
10. Dave Philipps, « "This Is Unacceptable": Military Reports a Surge of Sexual Assaults in the Ranks », *The New York Times*, 2 mai 2019.
11. S'appliquant d'abord et surtout au monde du sport, le code de loi inclut le harcèlement sexuel, l'agression et la violence à caractère sexuel qui ont pour effet d'empêcher l'accès de la victime à l'éducation.
12. www.itsonus.org.

13. Manohla Dargis, « Review: *The Hunting Ground* Documentary, a Searing Look at Campus Rape », *The New York Times*, 26 février 2015.
14. Jessica Valenti, « Frat Brothers Rape 300 % More. One in 5 Women Is Sexually Assaulted on Campus. Should We Ban Frats ? », *The Guardian*, 24 septembre 2014.
15. En juin 2019, dans le *Figaro*, on révélait que deux femmes avaient été « photoshoppées » pour être insérées dans une photo d'entrepreneurs de Silicon Valley… alors que pendant cette rencontre (lors d'un voyage ressourçant en Italie), il n'y avait que des hommes. Harold Grand, « Deux femmes "photoshoppées" pour rendre une réunion de la Silicon Valley moins masculine », *Le Figaro*, 13 juin 2019.
16. Ce que Jessica Bennett décrit comme le « *fraternity pipeline* » : « Il glisse directement dans le boys club du milieu des affaires, où les frères se trouvent des postes à Wall Street par l'entremise du "pipeline des fraternités" […] un endroit où les poignées de main secrètes signifient qu'on reçoit un traitement de faveur dans un monde déjà dominé par ses hommes. Les fraternités ont produit nombre de brillants fondateurs à Silicon Valley: les créateurs de Facebook et d'Instagram, entre autres. Elles nous ont aussi donné Justin Mateen, le créateur de Tinder, qui a quitté son poste à cause d'une poursuite pour harcèlement sexuel, et Evan Spiegel, le PDG de Snapchat, qui a récemment fait des excuses pour des courriels envoyés quand il était membre d'une fraternité de Stanford, où Snapchat a été créé, des courriels où il disait vouloir convaincre des femmes membres de sororités d'accomplir certains actes sexuels, et où il racontait avoir uriné sur une femme dans un lit alors qu'il était saoul. » Jessica Bennett, « The Problem with Frats Isn't Just Rape. It's Power », *Time*, 3 décembre 2014.
17. *Ibid.*
18. Valenti, « Frat Brothers Rape 300 % More ».
19. Kimmel, *Guyland.*
20. Dans Charlotte Allen, « Of Frats and Men », *The Weekly Standard*, 24 août 2015.
21. Comme l'explique Caitlin Flanagan dans « The Dark Power of Fraternities », *The Atlantic*, mars 2014 : en 1825, à Union College, « un petit groupe de jeunes hommes a imaginé un geste de révolte contre ceux qui leur interdisaient de s'amuser : la formation d'un club secret, appelé pompeusement Kappa Alpha Society ». Ces fraternités étaient une mesure de leur époque, écrit Flanagan, citant Syrett dans *The Company He Keeps*. Les fraternités combinaient les gestuelles secrètes et mots de passe des clubs de garçons, les symboles et rituels des francs-maçons, l'intérêt grandissant pour la culture grecque, la popularité des sociétés littéraires.

22. *Ibid.* Flanagan dénombre, par exemple, les cas de chute dans plusieurs fraternités, certaines mortelles, d'autres ayant causé la paralysie.
23. Lionel Tiger, *Men in Groups*, New Brunswick, Transaction Publishers, 2007 [1977].
24. Kelly Oliver, *Hunting Girls: Sexual Violence from* The Hunger Games *to Campus Rape*, New York, Columbia University Press, 2016.
25. *Ibid.*, p. 7.
26. Voir le parallèle dressé entre Trump et Johnson par le comité éditorial du *New York Times*: « Donald Trump too Tame for You? Meet Britain's Boris Johnson », *The New York Times*, 29 juin 2019.
27. Amy Woolsey, « Total Carnage: The Timely Anger of *The Riot Club* », *Film School Rejects*, 1er novembre 2018.

20. Boys will be boys

1. Romain Blondeau, « Sur le tournage d'un bukkake, le X extrême », *Les Inrockuptibles*, 30 juillet 2015.
2. *Ibid.*
3. Virginie Despentes, *Baise-moi*, Paris, Florent Massot, 1994, p. 53-54.
4. Virginie Despentes, *King Kong théorie*, Paris, Grasset, 2006, p. 34-35.
5. *Ibid.*, p. 47.
6. *Ibid.*, p. 50-51.
7. Hélène Duffau, *Trauma*, Paris, Gallimard, 2003, p. 115.
8. Il faut souligner le rôle joué par Anonymous – figure intéressante d'abolition du genre dans le contexte d'une histoire de viol collectif – dans l'affaire Steubenville et la sensibilisation qui s'est opérée, par la suite, en ce qui a trait à la violence sexuelle dans les équipes de sport masculin et au silence qui l'entoure. De même, le viol de Jyoti Singh a donné lieu, en Inde, à des manifestations sans précédent contre les violences sexuelles faites aux femmes, une mobilisation contre une culture qui culpabilise les victimes au lieu des agresseurs. Voir le documentaire de Nancy Schwartzman, *Roll Red Roll* (2019).
9. Je pense aussi aux examens gynécologiques effectués sur des patientes sous anesthésie par des étudiants de médecine –une pratique permise dans certains programmes de médecine aux États-Unis et légale dans 42 États américains. Voir l'article de Phoebe Friesen, « Educational Pelvic Exams on Anesthetized Women: Why Consent Matters », *Bioethics*, 1er février 2018. Cette pratique a aussi été dénoncée en France. Voir Lucile Quillet, « Toucher vaginal sans consentement: une pratique bien réelle », *Le Figaro*, 28 octobre 2015.
10. Voir Katie J. M. Baker, « Here's the Powerful Letter the Stanford Victim Read to Her Attacker », *BuzzFeed News*, 3 juin 2016.

11. Roxane Gay, *Affamée: une histoire de mon corps*, Montréal, Edito, 2019 [2017], p. 47-50.

21. Ligues du LOL

1. Cité par Lili Loofbourow dans « The Female Price of Male Pleasure », *The Week*, 25 janvier 2018, à partir de la thèse de Sara McLelland soutenue en 2009 à l'Université de New York: *Intimate Justice: Sexual Satisfaction in Young Adults*.
2. Jian Ghomeshi, « Reflections from a Hashtag », *The New York Review of Books*, 11 octobre 2018.
3. Ces mots, dans leur version originale en anglais, ont été peints sur des trottoirs du campus de l'Université Yale, entre autres devant la Faculté de droit, au lendemain de son témoignage.
4. « J'ai pris une bière. Bon, est-ce que vous pensez que – non, une seule bière. Comment êtes-vous rentrée chez vous ? Je ne me souviens pas. Comment vous y êtes-vous rendue ? Je ne me souviens pas. Où ça s'est passé ? Je ne me souviens pas. Ça fait combien d'années ? Je ne sais pas. Je ne sais pas. Je ne sais pas. Dans quel quartier c'était ? Je ne sais pas. Où se trouve la maison ? Je ne sais pas. En haut, en bas – c'était où ? Je ne sais pas – mais je n'ai pris qu'une bière. C'est la seule chose dont je me souviens. » Allie Malloy, Kate Sullivan et Jeff Zeleny, « Trump Mocks Christine Blasey Ford's Testimony, Tells People to "Think of Your Son" », *CNN Politics*, 2 octobre 2018.
5. Jia Tolentino, « Brett Kavanaugh, Donald Trump, and the Things Men Do for Other Men », *The New Yorker*, 26 septembre 2018.
6. *Ibid.*
7. Comme le dit Chad à Howard: « On continue à jouer le jeu… on accepte ce "paye l'addition", "une fille a le droit de changer d'idée"… et on ne peut même plus faire de blagues au travail ? Il va y avoir un prix à payer, c'est certain ! Il faut qu'on y mette le holà. » Neil LaBute, *In the Company of Men*, États-Unis, 1997, 97 min.
8. Lili Loofbourow, « Brett Kavanaugh and the Cruelty of Male Bonding », *Slate*, 25 septembre 2018.
9. Roxane Gay, « Louis C. K. and Men Who Think Justice Takes as Long as They Want It To », *The New York Times*, 29 août 2018.
10. Katie Way, « I Went on a Date with Aziz Ansari. It Turned into the Worst Night of My Life », *Babe*, 14 janvier 2018.
11. Une seule cause aura été retenue parmi les 14 dénonciations déposées au criminel. En janvier 2019, Rozon a été accusé de viol et d'attentat à la pudeur pour des gestes commis il y a 39 ans. L'action collective au civil, autorisée par la Cour supérieure, est contestée par les avocats de Rozon. Améli Pineda,

«Comparution de Gilbert Rozon, accusé de viol et d'attentat à la pudeur», *Le Devoir*, 22 janvier 2019.
12. Dans Louis Nadau, «Affaire "Ligue du LOL": le crash des journalistes "caïds de Twitter"», *Marianne*, 11 février 2019.
13. *Ibid.*
14. Lâm Hua, dans Fabien Jannic-Cherbonnel, «"Ligue du LOL": "les mises à pied c'est bien mais on veut des embauches de femmes et de minorités aux postes à responsabilité"», *Komitid*, 11 février 2019.
15. Olivier Tesquet, «Pour en finir avec la culture web», *Télérama*, 10 novembre 2017.
16. La rédaction de LCI, «Ligue du LOL: une association féministe saisit le procureur de Paris», *LCI*, 20 mai 2019.
17. Dans Meg Wright, «Hannah Gadsby Calls Out Hollywood's "Good Men" for Their Hot Takes on Misogyny», *Vulture*, 5 décembre 2018.
18. Saskia Schuster, à la tête du réseau anglais de comédie ITV, a annoncé qu'elle ne produira plus d'émissions dont l'équipe de scénaristes est entièrement masculine ou qui ne présente qu'une seule femme pour faire bonne figure – les femmes ne s'épanouissent pas quand elles sont «la seule» dans la pièce, dit-elle. Elle ne reçoit qu'un scénario écrit par une femme contre cinq écrits par des hommes: «Trop souvent, la salle de rédaction n'est pas dirigée de manière sensible. Il peut y avoir de l'agressivité et un peu d'intimidation.» Dans «Head of ITV Comedy Drops All-Male Writing Teams», *The Guardian*, 18 juin 2019.
19. Catharine MacKinnon, *Butterfly Politics*, Cambridge, Belknap Press of Harvard University Press, 2017, p. 330.

22. Le principe de la Schtroumpfette

1. Charlotte Beradt, *Rêver sous le IIIe Reich*, Paris, Rivages, 2004, p. 51.
2. *Ibid.*, p. 57.
3. *Ibid.*, p. 184-185.
4. Katha Pollitt, «Hers: The Smurfette Principle», *The New York Times*, 7 avril 1991. Elle était la première à le faire de cette façon.
5. *Ibid.*
6. Peyo, *La Schtroumpfette*, Bruxelles, Dupuis, 1967, p. 6.
7. Dans «La honte», un des textes publiés de façon posthume dans le recueil *Burqa de chair*, Nelly Arcan renvoie à son passage à l'émission *Tout le monde en parle*, le 16 septembre 2007 – dénonçant le principe de la Schtroumpfette. Sur le plateau, elle était la seule femme, assise au milieu de cinq hommes. Elle écrit: «Du panel, elle était la seule proie possible» (*Burqa de chair*, p. 120).
8. Dargis, «Review: The Hunting Ground Documentary, a Searing Look at Campus Rape».

9. Uzel, « Le montage : de la vision à l'action », p. 66.
10. *Ibid.*
11. Benjamin, *L'œuvre d'art à l'époque de sa reproductibilié technique*, p. 77.
12. https://womenintvfilm.sdsu.edu/wp-content/uploads/2019/02/2018_Its_a_Mans_Celluloid_World_Report.pdf
13. En ce qui concerne la réalisation de longs-métrages de fiction au Québec, Isabelle Hayeur souligne que si les filles représentent entre 43 et 60 % des étudiant·e·s dans les écoles de cinéma et de télévision, elles ne constituent que 31 % des membres de l'Association des réalisateurs et réalisatrices du Québec (en 2016). Dans les principaux programmes de financement public, les femmes réalisent entre 15 et 28 % des projets acceptés et reçoivent entre 11 et 19 % des enveloppes budgétaires. Plus les budgets sont élevés, moins les réalisatrices sont nombreuses. Toutefois, de nouvelles mesures ont été annoncées par l'ONF en 2016, qui s'est engagé à accorder la parité dans le choix des projets et l'attribution des budgets. Il en est de même de Téléfilm Canada et de la SODEC. Ces informations font partie de l'ajout au mémoire *Enfin l'équité pour les femmes en culture* d'Isabelle Hayeur et Sophie Bissonnette, présenté le 16 juin 2016 à l'Assemblée nationale. Voir aussi l'étude publiée par Anna Lupien, en 2013, pour les Réalisatrices équitables : « L'avant et l'arrière de l'écran : l'influence du sexe des cinéastes sur la représentation des hommes et des femmes dans le cinéma québécois récent ». Lupien pointe que « le premier rôle est nettement plus souvent accordé à un homme lorsque le film est réalisé par un homme ». Elle observe aussi plusieurs facteurs tels que la sexualisation des personnages ou la place accordée à la violence et aux relations de pouvoir, de manière à vérifier quel rôle joue l'identité de la personne derrière la réalisation, ce qui l'amène à affirmer qu'un plus grand nombre de réalisatrices « apporterait nécessairement une diversité de points de vue ».
14. *Ibid.*
15. Dans Cédric Bélanger, « Place aux réalisatrices », *Le Journal de Québec*, 17 décembre 2018.
16. Dargis, « What the Movies Taught Me ».
17. Woolf, *Un lieu à soi*, p. 130.
18. La capsule d'Anita Sarkeesian diffusée sur YouTube en novembre 2013, « Ms. Male Character – Tropes vs Women in Video Games », a été vue plus d'un million de fois. Le travail féministe de Sarkeesian, critique de l'univers du jeu vidéo, entre autres, sur son site *Feminist Frequency*, lui a valu plusieurs menaces de mort.
19. Les rôles de femmes varient entre la personne à sauver (*War of the Worlds*, *Mission Impossible*, la série des Jason Bourne…) et l'objet de désir (*The Firm*, *Ocean's Eleven*). Dans d'autres cas, l'héroïne est seule et représente une menace

pour le boys club (*Alien, Contact, Silence of the Lambs, Zero Dark Thirty...*). Parfois, elle est l'élément étranger, inquiétant: *It, Stranger Things...* D'autres fois, encore, elle fait partie du groupe mais toujours en tant que femme, à titre d'exception dans un milieu d'hommes: *Seinfeld, Mad Men, Fargo...*

23. L'effet papillon

1. « Pris séparément, en tant qu'images, les papillons sont délicats, vulnérables, même fragiles. Ils peuvent être réduits à une fonction décorative ou voler tout près sans être vus. Leur résilience et leur pouvoir repose dans le collectif. Pendant son voyage, un papillon peut se retrouver écrasé contre un pare-brise, mourir de dénutrition ou être attrapé pour faire partie d'une collection, classé, épinglé dans une boîte. Mais ce que les papillons peuvent déclencher ensemble – et même l'un d'eux à lui seul – est impossible à enrayer. » MacKinnon, *Butterfly Politics*, p. 331.

2. Dans la foulée de Giorgio Agamben, bien entendu, dans *Qu'est-ce qu'un dispositif?* et *Profanations*, Paris, Rivages, 2006.

3. « Ce n'est pas simple: ça prend du temps, de la planification, et de l'engagement. Et les réseaux fermés sur eux-mêmes peuvent rapidement devenir des cliques toxiques comme n'importe quel boys club; il est donc important de se concentrer sur leur subversion. Mais c'est une structure de pouvoir que nous pouvons commencer à créer pour nous-mêmes, parce que l'alternative consiste soit à réifier et à appuyer leur existence en jouant le jeu, soit à en être tout à fait exclues. Aucune de ces issues n'est la bonne. Mais en construisant nos propres systèmes et nos propres structures, nous pouvons arriver à les contourner. Et ça, c'est bon pour tout le monde. » Liz Elting, « How to Navigate a Boys' Club Culture », *ForbesWomen*, 27 juillet 2018.

4. Agamben, *Qu'est-ce qu'un dispositif?*, p. 48-49.

5. Black, *A Room of His Own*, p. 219.

6. *Ibid.*, p. 231.

7. *Ibid.*, p. 232.

8. *Ibid.*

9. *Ibid.*

10. Au moment où je finis d'écrire ce livre, ça continue: Donald Trump vient d'insulter ouvertement des jeunes députées, membres du Congrès américain, issues de la diversité. Le financier américain Jeffrey Epstein vient de s'enlever la vie après avoir été emprisonné pour trafic sexuel et abus d'un nombre effarant de mineures – il avait été protégé jusqu'à maintenant par le boys club d'hommes riches et célèbres dont il faisait partie. Aux États-Unis et au Canada, le droit à l'avortement est attaqué de toutes parts et de mille et une façons, à la veille des élections canadiennes et en vue des élections

américaines de 2020. La chaîne HBO diffuse la série *The Loudest Voice* sur Roger Ailes, ses abus de pouvoir et agressions sexuelles, et Hulu annonce la diffusion imminente du documentaire *Untouchable* sur le producteur hollywoodien Harvey Weinstein accusé de violence sexuelle par, à ce jour, 80 femmes.Enfin, Netflix vient de mettre en ligne la minisérie documentaire *The Family* (réalisée à partir des livres d'enquête de Jeff Sharlet), autour d'une organisation américaine ultrachrétienne du nom d'Ivanwald. Non mixte masculine, prenant appui sur la ségrégation des sexes et la cohabitation des « frères » (à la manière des fraternités universitaires), Ivanwald a tout à voir avec le pouvoir, les hommes de pouvoir en général (à travers le monde) et le Congrès américain en particulier. Son objectif est d'implanter, dans la tête de jeunes hommes américains, la conviction qu'ils ont été choisis par Dieu en tant que leaders. Cette organisation exerce, de manière « invisible », un important pouvoir antidémocratique. D'aucuns décrivent Ivanwald comme un club privé auquel on donne le nom d'« Église ».

BIBLIOGRAPHIE

Agamben, Giorgio. *La guerre civile : pour une théorie politique de la* stasis, Paris, Seuil, 2015.

— *Qu'est-ce qu'un dispositif?*, Paris, Rivages poche, 2007.

— *Profanations*, Paris, Rivages, 2006.

— *Ce qu'il reste d'Auschwitz*, Paris, Rivages, 1999.

— *Homo Sacer I : le pouvoir souverain et la vie nue*, Paris, Seuil, 1997.

Anders, Günther. *La haine*, Paris, Payot/ Rivages, coll. Petite Bibliothèque, 2009.

Anti-Defamation League's Center of Extremist. « When Women are the Enemy : The Intersection of Misogyny and White Supremacy », *ADL : Fighting for Good*, 2018, https://www.adl.org/resources/reports/when-women-are-the-enemy-the-intersection-of-misogyny-and-white-supremacy.

Arcan, Nelly. *Burqa de chair*, Paris, Seuil, 2011.

Arendt, Hannah. *Eichmann à Jérusalem*, Paris, Gallimard, 1966.

Arieff, Allison. « Where Are All the Female Architects ? », *The New York Times*, 15 décembre 2018, https://www.nytimes.com/2018/12/15/opinion/sunday/women-architects.html.

Audi, Anthony. « Donald Trump Modeled His Life on Cinematic Loser Charles Foster Kane : What Does a Presidential Candidate's Favorite Movie Reveal ? », *Literary Hub*, 26 octobre 2016, https://lithub.com/donald-trump-modeled-his-life-on-cinematic-loser-charles-foster-kane/.

Badham, Van. « "Mentrification" : How Men Appropriated Computers, Beer and the Beatles », *The Guardian*, 28 mai 2019, https://www.theguardian.com/music/2019/may/29/mentrification-how-men-appropriated-computers-beer-and-the-beatles.

Bastién, Angelica Jade. « The Female Gaze of *American Psycho* : How Mary Harron Made Fantasy Into Timeless Satire », *The Village Voice*, 7 juin 2016, https://www.google.com/search?q=The+Female+Gaze+of+American+Psycho%3A+How+Mary+Harron+Made+Fantasy+Into+Timeless+Satire&oq=The+Female+Gaze+of+American+Psycho%3A+How+Mary+Harron+Made+Fantasy+Into+Timeless+Satire&aqs=chrome..69i57.531j0j4&sourceid=chrome&ie=UTF-8.

Benjamin, Walter. *L'œuvre d'art à l'époque de sa reproductibilité technique*, Paris, Allia, 2003.

Bennett, Jessica. « The Problem with Frats Isn't Just Rape. It's Power », *Time*, 3 décembre 2014, http://time.com/3616158/fraternity-rape-uva-rolling-stone-sexual-assault/.

Beradt, Charlotte. *Rêver sous le IIIe Reich*, Paris, Rivages, 2004.

Black, Barbara. *A Room of His Own: A Literary-Cultural Study of Victorian Clubland*, Athens, Ohio University Press, 2012.

Blondeau, Romain. « Sur le tournage d'un bukkake, le X extrême », *Les Inrockuptibles*, 30 juillet 2015, https://www.lesinrocks.com/2015/07/30/sexe/sexe/bukkake/.

Bourdieu, Pierre. *La domination masculine*, Paris, Seuil, 1998.

Casselot, Marie-Anne. « L'habillement est un piège pour les femmes en politique », *Le Devoir*, 22 décembre 2018, https://www.ledevoir.com/societe/le-devoir-de-philo-histoire/544175/l-habillement-est-un-piege-pour-les-femmes-en-politique.

Chang, Emily. *Brotopia: Breaking Up the Boys' Club of Silicon Valley*, New York, Portfolio/Penguin, 2018.

Coates, Ta-Nehisi. *Huit ans au pouvoir: une tragédie américaine*, trad. Diana Hochraich, Paris, Présence africaine, 2018 [2017].

Collin, Françoise. *Anthologie québécoise, 1977-2000*, Montréal, Remue-ménage, 2014.

— *Parcours féministe: entretiens avec Irène Kaufer*, Bruxelles, Labor, coll. Trace, 2005.

Colomina, Beatriz (dir.). *Sexuality and Space*, Princeton, Princeton Papers on Architectures, 1992.

Connell, R. W. *Masculinities*, 2e éd., Berkeley, University of California Press, 2005.

— *The Men and the Boys*, Berkeley, University of California Press, 2000.

Confessore, Nicholas, Maggie Haberman et Eric Lipton. « Trump's "Winter White House": A Peek at the Exclusive Members' List at Mar-a-Lago », *The New York Times*, 18 février 2017, https://www.nytimes.com/2017/02/18/us/mar-a-lago-trump-ethics-winter-white-house.html.

Cornwell, Alicia. « Making the Man: "Suiting" Masculinity in Performance Art », *The Eagle Feather*, vol. 2, 2005, p. 1-10.

Corriveau, Jeanne. « Au nom des femmes », *Le Devoir*, 23 décembre 2014, http://www.ledevoir.com/politique/montreal/427477/toponymie-au-nom-des-femmes.

Criado Perez, Caroline. *Invisible Women: Data Bias in a World Designed for Men*, New York, Abrams Press, 2019.

Dargis, Manohla. « Review: *The Hunting Ground* Documentary, a Searing Look at Campus Rape », *The New York Times*, 26 février 2015, https://www.nytimes.com/2015/02/27/movies/review-the-hunting-ground-documentary-a-searing-look-at-campus-rape.html.

Dastagir, Alia E. « Mass Shootings and Misogyny: The Violent Ideology We Can't Ignore », *USA Today*, 6 août 2019.

Derrida, Jacques. *La vérité en peinture*, Paris, Flammarion, 1978.

Despentes, Virginie. *King Kong théorie*, Paris, Grasset, 2006.

— *Baise-moi*, Paris, Florent Massot, 1994.

Dick, Kirby. *The Invisible War*, États-Unis, 2012, 97 min.

Didi-Huberman, Georges. *Aperçues*, Paris, Minuit, 2018.

— *Remontages du temps subi: l'œil de l'histoire 2*, Paris, Minuit, 2010.

— *Ce que nous voyons, ce qui nous regarde*, Paris, Minuit, 1992.

Duffau, Hélène. *Trauma*, Paris, Gallimard, 2003.

Dupuis-Déri, Francis. *La crise de la masculinité: autopsie d'un mythe tenace*, Montréal, Remue-ménage, coll. Observatoire de l'antiféminisme, 2018.

Duras, Marguerite. *La vie matérielle*, Paris, Gallimard, 1987.

Dyer, Richard. *White*, New York, Routledge, 1997.

Easton Ellis, Bret. *White*, trad. Pierre Guglielmina, Paris, Robert Laffont, 2019.

Edwards, Tim. *Men in the Mirror: Men's Fashion, Masculinity and Consumer Society*, Londres, Cassell, 1991.

Eligon, John. « The El Paso Screed, and the Racist Doctrine Behind It », *The New York Times*, 7 août 2019.

Elting, Liz. « How to Navigate a Boys' Club Culture », *ForbesWomen*, 27 juillet 2018, https://www.forbes.com/sites/lizelting/2018/07/27/how-to-navigate-a-boys-club-culture/.

Faludi, Susan. *Stiffed: The Betrayal of the American Man*, New York, Harper Collins, 1999.

Federici, Silvia. *Le capitalisme patriarcal*, Paris, La Fabrique, 2019.

— *Caliban and the Witch: Women, The Body and Primitive Accumulation*, Brooklyn, Autonomedia, 2014 [2004]; *Caliban et la sorcière: femmes, corps et accumulation primitive*, trad. Collectif Senonevero et Julien Guazzini, Paris, Entremonde, 1998.

Filipovic, Jill. « What Donald Trump Thinks It Takes to Be a Man », *The New York Times*, 2 novembre 2017, https://www.nytimes.com/2017/11/02/opinion/sunday/donald-trump-masculinity.html.

Ford, Rebecca. « *The Accused*'s Oral History : A Brutal Rape Scene, Traumatized Actors and Producers' Fights to Make a Movie », *The Hollywood Reporter*, 5 décembre 2016, https://www.hollywoodreporter.com/features/accused-oral-history-a-brutal-rape-scene-traumatized-actors-producers-fights-make-movie-952.

Foucault, Michel. « Le jeu de Michel Foucault », *Dits et écrits, tome II : 1976-1988*, Paris, Gallimard, coll. Quarto, 2001.

Fuss, Diana. *Essentially Speaking : Feminism, Nature & Difference*, New York, Routledge, 1989.

Gallagher, Brenden. « American Gigolo and the Rise of the Armani Generation », *Grailed*, 27 février 2018, https://www.grailed.com/drycleanonly/american-gigolo-rise-of-armani.

Garner, Dwight. « In Hindsight, an "American Psycho" Looks a Lot Like Us », *The New York Times*, 24 mars 2016, https://www.nytimes.com/2016/03/27/theater/in-hindsight-an-american-psycho-looks-a-lot-like-us.html.

Gay, Roxane. « Louis C. K. and Men Who Think Justice Takes as Long as They Want It To », *The New York Times*, 29 août 2018, https://www.nytimes.com/2018/08/29/opinion/louis-ck-comeback-justice.html.

— *Hunger : A Memoir of (My) Body*, New York, Harper Collins Publishers, 2017 ;

Gentleman, Amelia. « Time, Gentlemen : When Will the Last All-Male Clubs Admit Women ? », *The Guardian*, 30 avril 2015, https://www.theguardian.com/news/2015/apr/30/time-gentlemen-when-will-last-all-male-clubs-admit-women.

Ghomeshi, Jian. « Reflections from a Hashtag », *The New York Review of Books*, 11 octobre 2018, https://www.nybooks.com/articles/2018/10/11/reflections-hashtag/.

Grand, Harold. « Deux femmes "photoshoppées" pour rendre une réunion de la Silicon Valley moins masculine », *Le Figaro*, 13 juin 2019, http://www.lefigaro.fr/secteur/high-tech/deux-femmes-photoshoppees-pour-rendre-une-reunion-de-la-silicon-valley-moins-masculine-20190613?fbclid=IwAR1IxMh5bOEO9I34MxCanIOPxdElwgYPtSRTzXfav83YQeUYxLdnje9PcYI.

Halberstam, Jack. *The Queer Art of Failure*, Durham, Duke University Press, 2011.

Hamblin, James. « Trump Is a Climax of American Masculinity », *The Atlantic*, 8 août 2016, https://www.theatlantic.com/health/archive/2016/08/trump-masculinity-problem/494582/.

Hawgood, Alex. « The Men Powerful Enough to Wear the Same Thing Every Day », *The New York Times*, 3 avril 2015, https://www.nytimes.com/interactive/2015/04/02/fashion/mens-style/The-Men-Powerful-Enough-to-Wear-the-Same-Thing.html?mtrref=undefined&gwh=D359F3E08428FF95F55315338BFFB5DD&gwt=pay.

Hawken, Abe. « Mayfair's Savile Club Bends 150-Year Old 'Men Only' Rule to Allow a Transgender Member to Stay On After a Sex Change to a Woman (But Don't Get Your Hopes Up Ladies, It Is a One Off Only) », *Daily Mail*, 5 novembre 2017, https://www.dailymail.co.uk/news/article-5051383/Mayfair-s-Savile-Club-bends-150-year-old-men-rule.html.

Hayden, Dolores. « What Would a Non-Sexist City Be Like? Speculations on Housing, Urban Design, and Human Work », *Signs*, vol. 5, n° 3, 1980, p. 170-187.

Hill, Mike (dir). *Whiteness: A Critical Reader*, New York, New York University Press, 1997.

Jaggar, Alison. « What Is Terrorism, Why Is It Wrong, and Could It Ever Be Morally Permissible? », *Journal of Social Philosophy*, vol. 36, n° 2, 2005, p. 202-217.

— « Responding to the Evil of Terrorism », *Hypatia*, vol. 18 n° 1, hiver 2003, p. 175-182.

Jannic-Cherbonnel, Fabien. « "Ligue du LOL" : "les mises à pied c'est bien mais on veut des embauches de femmes et de minorités aux postes à responsabilité" », *Komitid*, 11 février 2019, https://www.komitid.fr/2019/02/11/ligue-du-lol-les-mises-a-pied-cest-bien-mais-on-veut-des-embauches-de-femmes-et-de-minorites-aux-postes-a-responsabilite/.

Kahn, Nathaniel. *My Architect*, Canada, 2003, 110 min.

Kimmel, Michel. *Guyland: The Perilous World Where Boys Become Men*, New York, Harper Collins, 2008.

Kuchta, David. *The Three-Piece Suit and Modern Masculinity: England 1550-1850*, Berkeley, University of California Press, 2002.

Kuhlmann, Dörte. *Gender Studies in Architecture: Space, Power and Difference*, Londres, Routledge, 2013.

Layden, Anthony. « Chairman Anthony Layden's Report to Travellers Club Members », *London Evening Standard*, 9 avril 2014, https://www.standard.co.uk/news/londoners-diary/chairman-anthony-layden-s-report-to-travellers-club-members-9248509.html.

Leamer, Laurence. *Mar-a-Lago: Inside the Gates of Power at Donald Trump's Presidential Palace*, New York, Flatiron Books, 2019.

Le Corbusier. *L'art décoratif d'aujourd'hui*, Paris, Vincent, Fred & Cie, 1959 [1925].

— *Le Modulor: essai sur une mesure harmonique à l'échelle humaine applicable universellement à l'architecture et à la mécanique*, Paris, L'Architecture d'aujourd'hui, 1950.

Leitch, Luke. « Last Trump for the Suit? », *1843 Magazine*, août/septembre 2016, https://www.1843magazine.com/style/last-trump-for-the-suit.

Leonhardt, David et Stuart A. Thomson. « Trump's Lies », *The New York Times*, 14 décembre 2017, https://www.nytimes.com/interactive/2017/06/23/opinion/trumps-lies.html.

Lévinas, Emmanuel. *De l'évasion*, Paris, Fata Morgana, 1998.

Lewis, Tim. « Interview. Tom Ford : "I Wore a Suit on Set. It's a Uniform… I Feel Weak in Trainers" », *The Guardian*, 23 octobre 2016, https://www.theguardian.com/film/2016/oct/23/tom-ford-suit-set-film-nocturnal-animals-director.

Liberman, Anatoly. « Will Boys Be Boys ? », *OUPblog : Oxford University Press's Academic Insights for the Thinking World*, 10 avril 2013, https://blog.oup.com/2013/04/boy-word-origin-etymology/.

Lieber, Marylène. *Genres, violences et espaces publics : la vulnérabilité des femmes en question*, Paris, Presses de Sciences Po, 2008.

Loofbourow, Lili. « The Year of the Old Boys », *Slate*, 21 décembre 2018, https://slate.com/human-interest/2018/12/old-boys-trump-kavanaugh-moonves-epstein-childish-masculinity.html.

— « Brett Kavanaugh and the Cruelty of Male Bonding », *Slate*, 25 septembre 2018, https://slate.com/news-and-politics/2018/09/brett-kavanaugh-allegations-yearbook-male-bonding.html.

— « The Male Glance », *VQR Online*, vol. 94, n° 1, printemps 2018, https://www.vqronline.org/essays-articles/2018/03/male-glance.

— « The Female Price of Male Pleasure », *The Week*, 25 janvier 2018, https://theweek.com/articles/749978/female-price-male-pleasure.

MacKinnon, Catharine A. *Butterfly Politics*, Cambridge, Belknap Press of Harvard University Press, 2017.

— *Are Women Human ?*, Cambridge, Belknap Press of Harvard University Press, 2006.

Malloy, Allie, Kate Sullivan et Jeff Zeleny. « Trump Mocks Christine Blasey Ford's Testimony, Tells People to "Think of Your Son" », *CNN Politics*, 2 octobre 2018, https://www.cnn.com/2018/10/02/politics/trump-mocks-christine-blasey-ford-kavanaugh-supreme-court/index.html.

Marsh, Jan. « Gender Ideology & Separate Spheres in the 19th Century », *Victoria and Albert Museum*, 5 décembre 2003, http://www.vam.ac.uk/content/articles/g/gender-ideology-and-separate-spheres-19th-century/.

Martin, Kristen. « Donald Trump's Sentimental Journey to the Top », *Literary Hub*, 22 mars 2016, https://lithub.com/donald-trumps-sentimental-journey-to-the-top/.

Mercier, Noémi. « Crimes sexuels : le cancer qui ronge l'armée canadienne », *L'Actualité*, 25 avril 2014, https://lactualite.com/societe/crimes-sexuels-le-cancer-qui-ronge-larmee-canadienne/.

Metzl, Jonathan M. *Dying of Whiteness : How the Politics of Racial Resentment Is Killing America's Heartland*, New York, Basic Books, 2019.

Mill, John Stuart. *L'assujettissement des femmes*, trad. Émile Cazelles, Laval, Protagoras-Élaeis, 2010.

Milne-Smith, Amy. « A Flight to Domesticity ? Making a Home in the Gentlemen's Clubs of London, 1880–1914 », *History Faculty Publications*, vol. 14, p. 796-818.

Morrison, Toni. « Make America White Again », *The New Yorker*, 14 novembre 2016, https://www.newyorker.com/magazine/2016/11/21/making-america-white-again.

Mulvey, Laura. « Visual Pleasure and Narrative Cinema », dans Leo Braudy et Marshall Cohen (dir.), *Film Theory and Criticism : Introductory Readings*, New York, Oxford University Press, 1999, p. 833-844.

Nadau, Louis. « Affaire "Ligue du LOL" : le crash des journalistes "caïds de Twitter" », *Marianne*, 11 février 2019, https://www.marianne.net/societe/affaire-ligue-du-lol-le-crash-des-journalistes-caids-de-twitter.

Navarro, Pascale. *Femmes et pouvoir : les changements nécessaires. Plaidoyer pour la parité*, Montréal, Leméac, 2015.

Naussbaum, Emily. « Reacting to the Louis C.K. Revelations », *The New Yorker*, 9 novembre 2017, https://www.newyorker.com/culture/cultural-comment/reacting-to-the-louis-ck-revelations.

Nuzzi, Olivia. « Former Donald Trump Executive : 'He's a Supreme Sexist' », *The Daily Beast*, 10 novembre 2016, https://www.thedailybeast.com/former-donald-trump-executive-hes-a-supreme-sexist?ref=scroll.

Oliver, Kelly. *Hunting Girls : Sexual Violence from* The Hunger Games *to Campus Rape*, New York, Columbia University Press, 2016.

Oppenheim, Maya. « Misogyny Is a Key Element of White Supremacy, Anti-Defamation League Report Finds », *The Independent*, 25 juillet 2018, https://www.independent.co.uk/news/world/americas/misogyny-white-supremacy-links-alt-right-antidefamation-league-report-incel-a8463611.html.

Perry, Grayson. « Grayson Perry : The Rise and Fall of Default Man », *New Statesman America*, 8 octobre 2014, https://www.newstatesman.com/culture/2014/10/grayson-perry-rise-and-fall-default-man.

Peyo. *La Schtroumpfette*, Bruxelles, Dupuis, 1967.

Philipps, Dave. « "This Is Unacceptable" : Military Reports a Surge of Sexual Assaults in the Ranks », *The New York Times*, 2 mai 2019, https://www.nytimes.com/2019/05/02/us/military-sexual-assault.html.

Phillips, Steve. « Is Trump a Racist ? », *The Nation*, 20 février 2019, https://www.thenation.com/article/donald-trump-racist-democratic-party/.

Plante, Caroline. « “Boys club” : des propos de Manon Massé décriés », *Le Soleil*, 15 mars 2018, https://www.lesoleil.com/actualite/politique/boys-club-des-propos-de-manon-masse-decries-7d88442734551c29d893c92f87984a6b.

Pineda, Améli. « Comparution de Gilbert Rozon, accusé de viol et d'attentat à la pudeur », *Le Devoir*, 22 janvier 2019, https://www.ledevoir.com/societe/546069/comparution-de-gilbert-rozon-accuse-de-viol-et-d-attentat-a-la-pudeur.

Pogrebin, Robin. « I Am Not the Decorator : Female Architects Speak Out », *The New York Times*, 12 avril 2016, https://www.nytimes.com/2016/04/13/arts/design/female-architects-speak-out-on-sexism-unequal-pay-and-more.html.

Pollitt, Katha. « Why We Need Women in Power », *The Nation*, 3 mars 2016, https://www.thenation.com/article/why-we-need-women-in-power/.

— « Hers : The Smurfette Principle », *The New York Times*, 7 avril 1991, https://www.nytimes.com/1991/04/07/magazine/hers-the-smurfette-principle.html.

Raibaud, Yves. *La ville faite par et pour les hommes : dans l'espace urbain, une mixité en trompe-l'œil*, Paris, Belin, 2015.

Rand, Ayn. *La source vive*, trad. Jane Fillion, Paris, Plon, 1998 [1981].

Ransom, Jan. « Trump Will Not Apologize for Calling for Death Penalty over Central Park Five », *The New York Times*, 18 juin 2018, https://www.nytimes.com/2019/06/18/nyregion/central-park-five-trump.html?action=click&module=Top %20Stories&pgtype=Homepage.

Reeser, Todd W. *Masculinities in Theory : An Introduction*, Chichester, Wiley-Blackwell, 2013.

Rendell, Jane, Barbara Penner et Iain Borden (dir.). *Gender Space Architecture : An Interdisciplinary Introduction*, Londres, Routledge, 2000.

Res, Barbara A. *All Alone on the 68th Floor : How One Woman Changed the Face of Construction*, CreateSpace Independent Publishing Platform, 2013.

Richer, Jocelyne. « Le “boys' club” de François Legault », *Le Devoir*, 5 novembre 2018, https://www.ledevoir.com/politique/quebec/540633/les-hommes-aux-commandes-de-l-etat-le-boys-club-de-francois-legault.

Sanders, Joel. *Stud : Architectures of Masculinity*, Princeton, Princeton University Press, 1996.

Sansot, Pierre. *Poétique de la ville*, Paris, Klincksieck, 1973.

Schrader, Paul. *American Gigolo*, États-Unis, 1980, 117 min.

Sedgwick, Eve Kosofsky. *Between Men : English Literature and Male Homosocial Desire*, New York, Columbia University Press, 2015 [1985].

Smith, Dorothy E. « A Peculiar Eclipsing : Women's Exclusion from Man's Culture », *Women's Studies International Quarterly*, vol. 1, 1978, p. 281-295.

Solnit, Rebecca. *Ces hommes qui m'expliquent la vie*, Paris, L'Olivier, 2018.

Solomon-Godeau, Abigail. *Male Trouble: A Crisis in Representation*, Londres, Thames and Hudson, 1997.

Stoltenberg, John. *Refuser d'être un homme: pour en finir avec la virilité*, Paris, Syllepse, 2013.

Stratigakos, Despina. *Where Are the Women Architects?*, Princeton, Princeton University Press, 2016.

Sussman, Herbert. *Masculine Identities: The History and Meanings of Manliness*, Santa Barbara, Praeger, 2012.

Syrett, Nicholas L. *The Company He Keeps: A History of White College Fraternities*, Chapel Hill, University of North Carolina Press, 2009.

Tate, Gabriel. « *London Spy* Recap: Episode Three – "I Knew You'd Make a Lot of Mistakes" », *The Guardian*, 23 novembre 2015, https://www.theguardian.com/tv-and-radio/tvandradioblog/2015/nov/23/london-spy-recap-episode-three-danny-mistakes-nightmare.

Teisceira-Lessard, Philippe. « Des semi-automatiques similaires à celui de Lépine toujours accessibles », *La Presse*, 2 décembre 2014, https://www.lapresse.ca/actualites/201412/01/01-4824299-des-semi-automatiques-similaires-a-celui-de-lepine-toujours-accessibles.php

Tesquet, Olivier. « Pour en finir avec la culture web », *Télérama*, 10 novembre 2017, https://www.marianne.net/societe/affaire-ligue-du-lol-le-crash-des-journalistes-caids-de-twitter.

Thiolay, Boris. « La guerre des ladies », *L'Express*, 2 mars 2006, https://www.lexpress.fr/actualite/monde/europe/la-guerre-des-ladies_482861.html.

Tiger, Lionel. *Men in Groups*, New Brunswick, Transaction Publishers, 2007 [1977].

Tolentino, Jia. « Brett Kavanaugh, Donald Trump, and the Things Men Do for Other Men », *The New Yorker*, 26 septembre 2018, https://www.newyorker.com/news/our-columnists/brett-kavanaugh-donald-trump-and-the-things-men-do-for-other-men.

Trinidad, Kelsi. « The Suit: A Modern Man's Guide. What Makes Up the Most Masculine Uniform? », *The Gentlemanual: A Handbook for Gentlemen & Scoundrels*, 2019, https://www.ties.com/blog/suit-modern-mans-guide.

Twitchell, James B. *Where Men Hide*, New York, Columbia University Press, 2006.

Ukoha, Ezinne. « How *American Psycho* Serves as the White Man's Code for Behavioral Dysfunction », *Medium*, 10 février 2018, https://medium.com/@nilegirl/how-american-psycho-serves-as-the-white-man-s-code-for-behavioral-dysfunction-acf0eb58abe0.

Uzel, Jean-Philippe. « Le montage: de la vision à l'action », *Cinéma: revue d'études cinématographiques*, vol. 9, n° 1, automne 1998, p. 63-78.

Valenti, Jessica. « Frat Brothers Rape 300 % More. One in 5 Women Is Sexually Assaulted on Campus: Should We Ban Frats ? », *The Guardian*, 24 septembre 2014, https://www.theguardian.com/commentisfree/2014/sep/24/rape-sexual-assault-ban-frats.

Verduzier, Pauline. « Quels sont ces clubs de "gentlemen" qui n'acceptent pas les femmes ? », *Le Figaro Madame*, 20 juillet 2015, http://madame.lefigaro.fr/societe/quels-sont-ces-clubs-tres-prives-reserves-aux-hommes-170715-97505.

Verkaik, Robert. «To Drain the Swamp of Men-Only Clubs There Must Be a Public Register of Members», *The Guardian*, 27 janvier 2018, https://www.theguardian.com/commentisfree/2018/jan/27/to-drain-the-swamp-of-men-only-clubs-there-must-be-a-public-register.

Vineyard, Jennifer. « *Top of the Lake: China Girl*. Jane Campion on Her "Ovarian" Series », *The New York Times*, 12 septembre 2017, https://www.nytimes.com/2017/09/12/arts/television/top-of-the-lake-china-girl-jane-campion.html.

Viennot, Berengère. *La langue de Trump*, Paris, Les Arènes, 2019.

Watson, Elwood et Marc E. Shaw (dir.). *Performing Masculinities: The 21st Century Man in Popular Culture*, Bloomington, Indiana University Press, 2011.

Way, Katie. « I Went on a Date with Aziz Ansari. It Turned into the Worst Night of My Life », *Babe*, 14 janvier 2018, https://babe.net/2018/01/13/aziz-ansari-28355.

Williams, Alex. « From "Wolf" to Sheepish Clothing », *The New York Times*, 24 décembre 2013, https://www.nytimes.com/2013/12/26/fashion/Wolf-of-Wall-Street-fashion-80s-clothing-mens-clothing.html?_r=0.

Williams, Gilda. « What Are You Looking At ? The Female Gaze », *Tate ETC*, nº 2, automne 2004, https://www.tate.org.uk/tate-etc/issue-2-autumn-2004/what-are-you-looking.

Williams, Zoe. « Raw Hatred : Why the Incel Movement Targets and Terrorises Women », *The Guardian*, 25 avril 2018, https://www.theguardian.com/world/2018/apr/25/raw-hatred-why-incel-movement-targets-terrorises-women.

Wilson, Cintra. « A Brief History of the Power Suit », *Medium*, 11 octobre 2018, https://medium.com/s/powertrip/a-brief-history-of-the-power-suit-544ed4dee095.

Wilson, Mabel O. et Julian Rose. « Changing the Subject : Race and Public Space », *Artforum*, été 2017, https://www.artforum.com/print/201706/changing-the-subject-race-and-public-space-68687.

Woolf, Virginia. *Un lieu à soi*, trad. Marie Darrieussecq, Paris, Denoël, 2016.

— *Trois guinées*, Paris, 10/18, 2002.

Woosley, Amy. « Total Carnage : The Timely Anger of *The Riot Club* », *Film School Rejects*, 1er novembre 2018, https://filmschoolrejects.com/timely-anger-the-riot-club/.

Wright, Meg. « Hannah Gadsby Calls Out Hollywood's "Good Men" for Their Hot Takes on Misogyny », *Vulture*, 5 décembre 2018, https://www.vulture.com/2018/12/hannah-gadsby-hollywood-reporter-bad-men-sexism-misogyny.html.

Yancy, George. « bell hooks : Buddhism, the Beats and Loving Blackness », *The New York Times*, le 10 décembre 2015.

— *Look, a White! Philosophical Essays on Whiteness*, Philadelphie, Temple University Press, 2012.

Young, Iris. « Gender as Seriality : Thinking about Women as a Social Collective », *Signs*, vol. 19, n° 3, printemps 1994, p. 713-738.

« Donald Trump Too Tame for You ? Meet Britain's Boris Johnson », *The New York Times*, 29 juin 2019, https://www.nytimes.com/2019/06/29/opinion/sunday/boris-johnson-britain-trump.html ?action=click&module=Opinion&pgtype=Homepage.

« Head of ITV Comedy Drops All-Male Writing Teams », *The Guardian*, 18 juin 2019, https://www.theguardian.com/business/2019/jun/18/head-of-itv-comedy-drops-all-male-writing-teams?fbclid=IwAR2Nij6YBG20QW4tgymHlsOTDjgCy2t2LKVO_7GQ_9H80uUv5YUnClTt5w4.

« Ligue du LOL : une association féministe saisit le procureur de Paris », *LCI*, 20 mai 2019, https://www.lci.fr/population/ligue-du-lol-association-feministe-prenons-la-une-saisit-le-procureur-de-paris-2121626.html.

« Le look de Melania Trump pour les inondations fait sourciller », *La Presse*, 29 août 2017, https://www.lapresse.ca/international/etats-unis/201708/29/01-5128579-le-look-de-melania-trump-pour-les-inondations-fait-sourciller.php.

« Read the Complete Transcript of President Trump's Remarks at Trump Tower on Charlottesville », *Los Angeles Times*, 15 août 2017, https://www.latimes.com/politics/la-na-pol-trump-charlottesville-transcript-20170815-story.html.

« What They Were Thinking », *The New York Times*, 4 juillet 1999, https://www.nytimes.com/1999/07/04/magazine/the-way-we-live-now-7-4-99-what-they-were-thinking.html.

REMERCIEMENTS

Merci au RéQEF pour son appui financier au cours des dernières années, sans lequel ce livre aurait eu du mal à exister.

Merci à Gabrielle Doré, Jennifer Bélanger et Jean-François Lebel pour leurs recherches et leurs délires.

Merci à Mélodie Drouin et Laurence Pelletier pour l'accompagnement patient et l'œil de lynx des dernières semaines.

Merci à Patrick Harrop pour les mille discussions sur l'architecture et sur les hommes, bien sûr.

Enfin, merci à Valérie Lebrun pour la lecture généreuse, précise, exigeante et combien nécessaire, de ce manuscrit. Merci d'être restée tout près.

Une première version du chapitre 1 est parue dans *À bâbord!*, n° 79, mai 2019.

TABLE

Achevé d'imprimer
sur les presses de l'imprimerie Gauvin,
Gatineau, Québec, Canada